EDIZIONI MEDITERRANEE - ROMA
Via Flaminia, 158

PAOLA GIOVETTI

Dizionario del Mistero

Il mondo dell'ignoto, dell'esoterismo e della parapsicologia

Seconda edizione ampliata

EDIZIONI MEDITERRANEE

Alessio Marinelli

ISBN 88 - 272- 0671 - X

Finito di stampare nel mese di Aprile 1995

Prima edizione: 1987
Seconda edizione ampliata: 1995

❑ Printed in Italy ❑ S.T.A.R. - Via Luigi Arati, 12 - 00151 Roma

Dizionario del Mistero

Introduzione

Il mistero ha sempre fatto parte dell'uomo e accompagnato la sua storia. Nelle comunità primitive il ricorso ai poteri magici era di uso comune, come è confermato ancor oggi dalle descrizioni dei missionari vissuti presso popoli rimasti privi di contatto con la civiltà moderna. L'antichissima tradizione sciamanica, per altro ancor viva in molte parti del mondo, fa ampio ricorso agli stati alterati di coscienza e alle facoltà paranormali. Nelle prime civiltà storiche il sacerdote era in pratica un sensitivo: vedeva eventi lontani, leggeva il futuro, comunicava coi defunti, curava i malati coi suoi poteri taumaturgici. In Grecia, a Roma, e ancora nel Medioevo e nel Rinascimento, divinazione, magia, profezia erano fatti accettati da tutti. Fenomeni quali infestazioni, apparizioni, contatti con l'aldilà, sogni veridici e profetici sono tramandati da sempre presso tutti i popoli.

Nel corso della storia ritroviamo poi altre importanti tradizioni dove il mistero ha un ruolo di primo piano: dall'alchimia alle società segrete, dalla stregoneria alle pratiche esorcistiche, dall'occultismo all'esoterismo.

Poi, nell'Ottocento, ebbe inizio lo studio sistematico dei poteri paranormali: furono per primi i fenomeni medianici e spiritici ad attirare l'attenzione dei ricercatori, i quali in seguito si dedicarono allo studio della percezione extrasensoriale, arrivando gradualmente alla creazione di società e istituti di ricerca e infine, dopo la 2ª guerra mondiale, all'istituzione di istituti e cattedre di parapsicologia per lo studio sistematico del misterioso potenziale umano.

Se il mistero è sempre esistito e in tutti i tempi ha esercitato il suo fascino, in questa nostra epoca di crisi e transizione esso è più forte e più sentito che mai. E benché da un lato si riscontri un abuso di mistero, un suo consumo troppo affrettato e intriso di attese miracolistiche, è pur vero che all'uomo moderno si aprono orizzonti nuovi, si prospetta una dilatazione di coscienza che, se ben compresa e ben gestita, potrà dare frutti positivi. A questa dilatazione degli orizzonti della coscienza possono certamente fornire il loro contributo la ricerca parapsicologica, lo yoga e le correnti di pensiero che vengono dall'Oriente, la magia e l'esoterismo, l'ufologia e l'astrologia col loro aprirsi verso il cosmo, la tanatologia che cerca di penetrare oltre la soglia della morte, lo studio degli stati alterati di coscienza, la medicina alternativa col suo recupero delle tradizioni naturali, la psicologia transpersonale coi suoi rapporti col paranormale e la sua tensione alla trascendenza, e tutti i movimenti di pensiero che accompagnano la fine ormai imminente del secondo millennio e preparano — in modo inavvertito ma sicuro — l'avvicinarsi del terzo e la nascita dell'uomo nuovo: un uomo che sa guardare fuori ma sa anche guardarsi dentro, capace di tenere veramente conto della natura e del prossimo, più consapevole dei diritti altrui e dei propri doveri verso l'universo intero, più intuitivo e proiettato verso l'alto, per il quale pace e mentalità ecologica non sono concetti astratti, ma atteggiamenti naturali e acquisiti.

In questo processo il mistero — inteso nel senso migliore, più nobile e completo del termine, ovvero come consapevolezza delle proprie ancora inespresse potenzialità interiori, e soprattutto come rispetto per quel segreto che tuttora circonda la vita e la morte e che tutte le tradizioni religiose, filosofiche, magiche, esoteriche ed occultistiche hanno sempre ricercato e indagato — può avere un ruolo di primo piano.

Questo piccolo *Dizionario* vuole essere un contributo in questo senso: una guida a quel mondo variopinto e misterioso nel quale l'uomo ha sempre creduto e che ha sempre tenacemente cercato, un invito a studi più ampi, uno stimolo a maggiormente approfondire certi temi, a portare avanti certe istanze. Non un «collage di parole», quindi, ma un'introduzione ai lati più misteriosi e affascinanti della vicenda umana.

Vi si troveranno perciò oltre alle antiche tradizioni magiche, occulte e iniziatiche, anche i più moderni risultati della ricerca parapsicologica, i termini di matrice orientale che fanno ormai parte integrante anche della nostra cultura, e quelli delle nuove discipline alternative, olistiche e «di frontiera».

Le necessarie spiegazioni di base sono state integrate da una vasta scelta di esempi, vicende, fenomeni realmente vissuti e accompagnate dalla presentazione di un gran numero di personaggi — studiosi, ricercatori, protagonisti di fatti paranormali, sensitivi, medium, iniziati e illuminati — al fine di presentare una panorama sintetico, ma il più possibile esauriente, del mondo dei misteri di ieri, di oggi, di domani.

PAOLA GIOVETTI

A

Acqua (Prova dell')
È il latino *iudicium aquaticum* applicato per l'individuazione e la condanna delle *streghe* (v.): era una sorta di «giudizio di Dio». La prova consisteva in questo: la persona sospettata di essere una strega veniva legata a una croce e con una corda calata in acqua (corrente o stagnante). Se non andava a fondo, voleva dire che era una strega.

Acquario (Età dell')
Termine con cui l'*astrologia* (v.) indica l'età che tra breve seguirà quella attuale e che dovrà essere totalmente diversa da questa. Ogni età astrologica dura circa 2000 anni: l'età dei Pesci, quella che stiamo vivendo, ebbe inizio con la nascita di Cristo, quella dell'Acquario sta preparandosi ad iniziare. Essa è legata all'idea di invenzione, scoperta, novità, e anche di amore, fratellanza, unione di materia e spirito, evoluzione, rifiuto di ogni tipo di autoritarismo. Il raggiungimento di questo clima di armonia, libertà e spiritualità potrà richiedere conflitti e tensioni di vasta portata, che però dovrebbero – auguriamocelo – essere forieri di una nuova «età dell'oro».

Adamsky George
È stato il primo «contattista», la prima persona cioè ad affermare di essere stato in contatto con presunti piloti di dischi volanti. Polacco di origine e americano di adozione, combattente nella prima guerra mondiale, dotato di notevoli doti telepatiche, Adamsky visse a lungo presso il monte Palomar, tra California e Oceano Pacifico, dove si trova il più grande osservatorio astronomico del mondo. Fu in quella zona che affermò di aver incontrato gli extraterrestri, che ha descritto come biondi, alti a pacifici, e di essere salito sui loro velivoli. Tra gli anni Cinquanta e Sessanta Adamsky ha scritto numerosi libri sulle sue esperienze, suscitando interesse in alcuni, incredulità in altri. La sua descrizione delle «lucciole spaziali», fatta nel 1955, vari anni prima che gli astronauti scoprissero questo fenomeno, lascia tuttora sorpresi e non trova spiegazione.

Agente
È così chiamato negli esperimenti di telepatia colui che cerca di trasmettere mentalmente al *percipiente* (v.) il messaggio telepatico.

Agiografia
Si intende con questo termine la descrizione della vita di personalità mistiche, di santi e beati. Siccome in queste vite i fenomeni paranormali sono frequenti e molto ampi, l'agiografia è una fonte inesauribile di informazioni e di materiale di primario interesse. Si veda anche la voce *mistica.*

Agopuntura
L'origine dell'agopuntura cinese è antichissima ed è affidata a una leggenda. Va premesso che, come tutti i popoli primitivi, anche i Cinesi attribuivano un tempo le malattie all'azione di demoni e spiriti maligni penetrati in qualche modo nel corpo umano. In quel tempo lontano, dunque, durante una battuta di caccia un uomo sofferente di sciatica fu accidentalmente colpito da una freccia al piede, tra il tendine di Achille e il malleolo esterno. La freccia gli fu tolta e la ferita sanguinò, ma contemporaneamente il cacciatore si accorse che il suo dolore sciatico era sparito. Quello quindi era il punto giu-

sto per cacciare il demone della sciatica dal corpo. Questa osservazione diede inizio a una serie di esperimenti per identificare i demoni responsabili di altre malattie e ben presto ne furono identificati tredici. Col tempo i punti diventarono molto più numerosi e attualmente gli esperti ne sanno indicare addirittura novecento.

Codificatore dell'agopuntura cinese è considerato l'imperatore Huang-Ti, vissuto 2600 anni a.C.: fu lui a ordinare che fosse redatto il famoso libro di medicina noto come Nei Tching su Wen, che è un trattato sotto forma di dialogo tra l'imperatore e il suo medico; qui sono esposti i principi della medicina e sottolineate le ripercussioni del cosmo sulla salute dell'uomo; si parla anche della diagnosi secondo i polsi e dei vari interventi terapeutici, tra cui l'agopuntura.

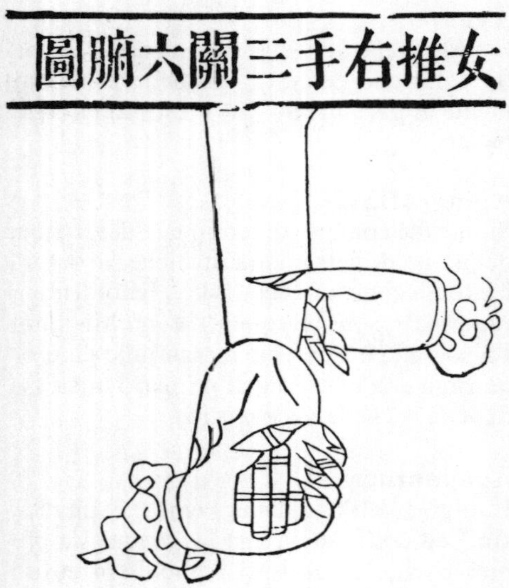

La diagnosi con i polsi che si esegue nell'agopuntura tradizionale cinese

I primi aghi usati dai Cinesi erano fatti di pietra, sostituita poi da osso, bambù e infine dai metalli, soprattutto oro e argento: oro per stimolare, argento per disperdere.

Il principio di funzionamento dell'agopuntura cinese è questo: inserendo gli aghi in certi punti della cute, si influisce sullo stato di salute della persona. La medicina cinese ritiene infatti che il corpo umano sia percorso da *meridiani* (v.), ovvero da tragitti attraverso i quali organi e visceri sfociano sulla superficie del corpo umano: si tratta quindi di zone che sono in relazione con gli organi interni. Sollecitando con gli aghi questi punti, si agisce per riflesso anche sugli organi interessati, ristabilendo l'equilibrio di *Yin* e *Yang* (v.) e quindi l'armonia generale della persona. Oggi l'agopuntura cinese gode di un meritato interesse anche in Occidente, che se ne serve anche se non sempre ne condivide le premesse.

Ritratto di H.C. Agrippa contenuto nella sua opera «De Occulta Philosophia»

Agrippa Heinrich Cornelius (1486-1535)

Nato a Colonia, Agrippa fu una tipica figura di mago rinascimentale, che seppe, secondo le tendenze dell'eclettismo umanistico dell'epoca, fondere conoscenze ermetiche, cabalistiche, astrologiche e neoplatoniche in un organico insegnamento magico. Le sue idee gli suscitarono l'avversione degli ambienti dell'ortodossia religiosa ed accademica. Ebbe una vita assai movimentata, che lo vide di volta in volta impegnarsi nel mestiere delle armi, nell'insegnamento, nell'attività medica e forense, nel ruolo del teologo. Fondamentale per la conoscenza del suo pensiero magico è l'opera *De Occulta philosophia.*

Akasha - Vedi *Cronaca Akasika.*

Aksakov Alexander (1832-1903)
Studioso di *metapsichica* (v.), fu un pioniere delle ricerche in questo campo. Sia in Russia, sua terra natale, che in Germania e altri paesi europei sperimentò coi più validi medium del suo tempo: Eusapia Paladino, Elisabetta D'Espérance e vari altri. Aksakov fu un convinto assertore dello spiritismo e la sua opera più importante è *Animismo e Spiritismo* (1890), apparsa in tedesco.

Alchimia
Per molto tempo si è creduto che la più antica delle scienze, l'alchimia, fosse l'antenata della chimica, da cui questa aveva preso le origini e si era sviluppata. In realtà l'alchimia (che pare derivare dall'arabo *al-kimiya* = pietra filosofale) non è mai stata una sorta di chimica rozza e primitiva, tutta tesa a trasformare i metalli in oro, ma prima di tutto un sistema filosofico che si poneva come scopo primo la trasformazione interiore dell'operatore e prevedeva quindi regole di vita e principi ben precisi. I moltissimi testi alchemici che sono giunti fino a noi sono di ardua lettura, ricchi di simbolismi e di complesse allusioni. Sostanzialmente si può dire che fondatore dell'alchimia è ritenuto il chimico Ermete Trismegisto, che l'alchimia ha avuto seguaci e cultori in tutto l'Oriente, oltre che in Europa, e che il suo vero fine è sia esteriore che interiore: l'alchimista opera sui metalli per trasmutarli e sulle sostanze naturali per ricavarne farmaci, e al tempo stesso opera su se stesso e sui discepoli allo scopo di agire profondamente sulla totalità psicologica e spirituale e arrivare a una globale trasformazione positiva, nel senso di longevità (e forse immortalità), benessere e ascesi interiore. Oggetto primo degli studi e degli esperimenti alchemici era quindi l'uomo, inteso nella sua globalità di corpo, anima e spirito, sui cui bisognava agire con procedimenti segreti che ancora oggi conservano tutto il loro mistero. In tempi recenti si sono occupati di alchimia C.G. Jung, che inviduò nell'opera degli alchimisti una anticipazione del suo processo di *individuazione* (v.), Fulcanelli, E. Canseliet, J. Evola e T. Burckhardt.

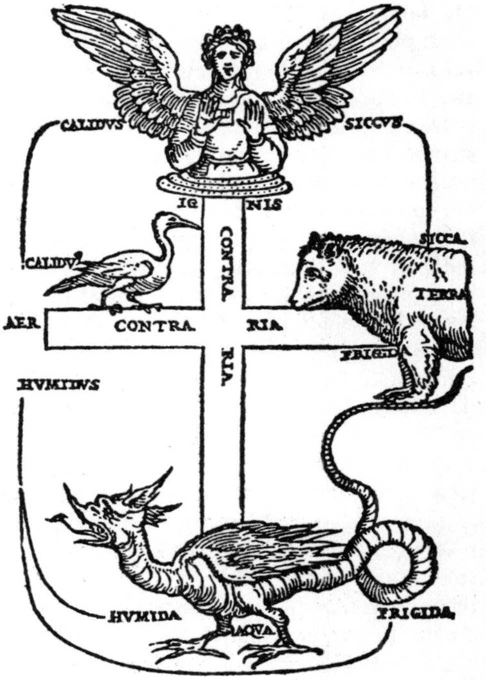

Rappresentazione simbolica dei quattro elementi e dei loro attributi alchemici

Aldilà
In tutti i tempi le religioni hanno espresso concezioni sulla vita dopo la morte e l'aldilà. Nel campo del paranormale troviamo spesso trattato questo tema nei messaggi medianici che vengono trasmessi dai sensitivi in trance durante le sedute spiritiche e, più di recente, anche nelle descrizioni di chi è stato in coma o ha subìto l'arresto cardiaco, e in questa condizione ha «visto» o «sentito» qualcosa.
Le descrizioni dell'aldilà che ricorrono nei messaggi medianici sono molto varie tra di

loro e questa varietà sembra dovuta alla diversa situazione in cui vengono a trovarsi i trapassati dopo la morte: ognuno infatti, in base alle dottrine spiritiche, verrebbe a trovarsi in quell'ambiente che più è conforme alla sua evoluzione spirituale. Di qui i vari piani di esistenza che vengono descritti, molto simili alcuni a quelli terreni, più elevati e sublimati altri.
Dai tanti messaggi che fin dal secolo scorso sono pervenuti su questo tema si ricava la sensazione di un mondo molto simile al nostro che accoglierebbe i defunti subito dopo il trapasso, fatto di sostanza «pensata» e comprendente paesaggi come li abbiamo noi, città, abitazioni, attività di tipo terreno. Un mondo creato dalla forza plastificatrice del pensiero, dove i defunti si riprendono dalla crisi della morte, fanno un bilancio della propria esistenza, incontrano i propri cari precedentemente defunti e si dedicano alle attività che più sono loro congeniali. Pur aiutati dagli «spiriti-guida», i trapassati devono trovare in sé la forza e la capacità di andare oltre, superando questo primo livello e innalzandosi a piani più elevati di esistenza. In questo mondo, che viene definito astrale, ci si intende senza bisogno di parole, ci si muove alla velocità del pensiero, si può avere tutto quello di cui si sente il bisogno in quanto basta pensare per avere e creare. In questa prima sfera avverrebbe anche il ripensamento delle azioni compiute in vita e qui si trascorrerebbe il necessario periodo di pena e rimorso, conseguenza delle cattive azioni compiute. Una volta superato questo periodo e raggiunta l'illuminazione, avverrebbe il graduale passaggio a sfere superiori, che sono state parimenti descritte, ma con minore precisione e vivezza: ripetutamente le entità hanno affermato che è difficile, se non impossibile, descrivere con parole umane ambienti e «attività» che non hanno più nulla di umano. Nelle descrizioni relative all'aldilà fatte dalle entità comunicanti viene costantemente fatto cenno alla *reincarnazione* (v.), intesa come processo necessario per conseguire l'evoluzione.
Le descrizioni fatte da chi è stato in punto di morte ed è stato riportato in vita grazie alle moderne tecniche di rianimazione, non contrastano con quanto detto finora: il morente si ritrova in piena coscienza in un ambiente sereno e rasserenante, incontra parenti e amici precedentemente defunti, sente della musica, vede dei bei paesaggi, si trova immerso in una luce fatta di pace e di amore. In questi ultimi anni sono state raccolte centinaia di descrizioni di questo tipo un po' in tutto il mondo presso persone diversissime dal punto di vista socio-culturale, e si è constatato che le descrizioni sono complessivamente molto simili. Si tratta in ogni caso di descrizioni molto brevi e limitate, che riguardano una sorta di preambolo: una prima occhiata in una diversa dimensione. Si veda a questo proposito anche la voce *Esperienze in punto di morte.*

Allucinazione
Falsa percezione sensoriale priva di stimolo visibile o conoscibile. Si distingue l'allucinazione ottica dall'allucinazione acustica (voci, rumori, musica), olfattiva, tattile. In psichiatria il tipo di allucinazione è indicativo della malattia. Le allucinazioni possono essere anche provocate dall'alcool e si presentano raramente nelle persone sane. In ipnosi però è possibile provocare allucinazioni indotte per suggestione (per esempio da parte di medium e fachiri). Oggetto delle allucinazioni possono essere i trapassati: si veda a questo proposito la voce *Apparizioni.*

Amuleti e talismani
Si tratta di oggetti che si portano addosso per scongiurare sventure. La consuetudine è antichissima e diffusa presso tutti i popoli, che ci hanno lasciato numerosi esempi di amuleti e talismani: anticamente si trattava di parti di animali (denti, zampe, pelo, ecc.), che simbolizzando l'animale stesso, conferivano per magia a chi li portava le virtù dell'antico possessore. In seguito si passò a reperti del mondo vegetale (ritenuti utili anche per scongiurare le malattie) e quindi agli amuleti artificiali (metalli, pietre dure, ecc.). Negli amuleti artificiali è in genere la forma (mano, occhio, cerchio, mezzaluna, trian-

golo, ecc.) a dare significato al tutto. Spesso l'amuleto porta anche incisa una formula magica di scongiuro o di protezione. Il talismano differisce leggermente dall'amuleto in quanto non è mai di sostanza naturale, ma sempre artificiale, e può essere anche custodito in casa come portafortuna.

Talismano magico di Caterina de' Medici

Anastenaridi Vedi *Pirobazia.*

Angeli
Il termine deriva dal greco *Aggelos* e significa messaggero. Nella Bibbia l'angelo è l'intermediario fra cielo e terra, fra uomini e Dio, di cui Dio si serve per annunciare agli uomini la sua volontà e farla eseguire in terra. Però anche prima della Bibbia la parola *aggelos* era usata per indicare divinità protettrici: per Ermete e Artemide, che erano ritenute guide dei defunti, e perfino per Zeus, definito *agozòs aggelos* = angelo buono. Esseri angelici si trovano in tutte le religioni. Molto diffusa nel cristianesimo la concezione dell'angelo custode che ogni persona avrebbe accanto per tutta la vita, per guidarla e proteggerla.
La presenza dell'angelo non è riscontrabile soltanto in ambito religioso: anche nella vita quotidiana delle persone normali si possono ritrovare interventi angelici. E non poche persone che sono state in punto di morte, si sono viste accanto una figura di custode, le cui caratteristiche corrispondono a quelle tradizionali dell'angelo. La figura dell'angelo è presente come poche altre nell'immaginario collettivo: nessun tema è stato trattato dagli artisti con l'ampiezza e la varietà di questo, come testimoniano le innumerevoli raffigurazioni pittoriche, scultoree e letterarie che si conoscono.

L'angelo di Paul Klee

Anima
È il termine latino *anima*, che significa vento, principio vitale, emanazione. Indica in termini filosofici il principio della vita e della coscienza. Aristotele attribuiva ai vegetali un'anima vegetativa (che presiede alla nutrizione, allo sviluppo e alla riproduzione), agli animali un'anima sensitiva (responsabile delle sensazioni e degli appetiti) e agli uomini un'anima intellettiva. Il Cristianesimo considera l'anima il principio spirituale destinato a sopravvivere alla morte del corpo, emanato da Dio e immortale.
Le dottrine occultiste e spiritiche parlano di una tripartizione dell'uomo: corpo fisico, anima e spirito. L'anima sarebbe il principio informatore del corpo, responsabile del pensiero, delle emozioni, dei sentimenti, della personalità dell'individuo. Essa sarebbe inoltre latrice dello *spirito* (v.), la scintilla divina immortale. L'anima, pur sopravvivendo al corpo, sarebbe nel tempo destinata a dissolversi una volta esaurito il suo com-

pito, quando cioè ogni legame con l'Io personale sia stato superato.

Anima-Animus
Concetto che rientra nella psicologia di Jung: l'*anima* è l'immagine femminile dell'uomo, *animus* l'immagine maschile della donna. *Anima* è anche la componente inconscia femminile nell'uomo (per es. la sua creatività), mentre *animus* è il corrispondente maschile nella donna.

Anima del mondo
È il principio che fa muovere l'universo, che gli dà vita, unità e armonia e che lo organizza nelle manifestazioni che si presentano ai nostri occhi. C'è chi identifica anima del mondo e Dio. Il concetto di «anima del mondo» si ritrova in Platone, nei Neoplatonici, nell'alchimia e nell'astrologia. Anche le dottrine filosofico-religiose orientali (hinduismo e buddhismo) si fondano sul concetto di una Mente Assoluta che tutto governa.

Anima di gruppo
Si intende con questo termine, che rientra nella psicologia sociale e nella dinamica di gruppo, l'identificazione dei membri di un gruppo in un'unica entità. Il discorso vale anche e soprattutto per gli animali: tutto il gruppo si muove e agisce come se a guidarlo fosse una sola volontà.

Animali
Anche se non sono stati compiuti studi regolari in proposito e ci si basa soprattutto su materiale anedottico, sembra che gli animali dispongano di un particolare intuito e di una particolare sensibilità: si conoscono infatti numerosi casi di intesa telepatica tra l'animale e il suo padrone, e casi in cui gli animali sono stati in grado di prevenire catastrofi: famoso l'episodio dell'anatra di Friburgo, che durante la guerra starnazzò tanto violentemente e con tanta insistenza in un quartiere cittadino da indurre la popolazione, sconcertata, a correre nei rifugi: giusto in tempo per evitare una bomba, che uccise però la povera anatra. La città di Friburgo ha eretto all'anatra, per ricordarla, un piccolo monumento nel parco cittadino. Gli animali, a quanto pare, sono anche capaci di vedere l'invisibile: nei casi di avvistamenti Ufo è stato spesso riferito di irrequietezza e spavento degli animali prima ancora che l'oggetto volante fosse avvistato dall'uomo. E anche in casi di apparizioni di fantasmi gli animali si sono dimostrati capaci di vedere «oltre». Si tratta, come abbiamo detto, di una casistica aneddotica, che però trova sempre nuovi riscontri.

Animalismo
Adorazione religiosa degli animali, tipica di certe civiltà basate sulla caccia, presso le quali veniva a crearsi un rapporto quasi mistico tra uomo e animale, con il ricorso a spiriti-guida animali, ad antenati-animali, al doppio-animale.

Animismo
L'animismo rappresenta un momento del pensiero religioso umano, proprio delle popolazioni primitive, che attribuisce una vita (ovvero un'anima) a tutto, anche alle cose inanimate e ad ogni manifestazione della natura, che ritiene dotate di una propria esistenza e di una forza particolare di cui è possibile valersi. In parapsicologia il termine ha un diverso significato: esso fu adottato alla fine dell'Ottocento, per indicare un'interpretazione dei fenomeni diversa da quella spiritica: secondo l'interpretazione animistica i fenomeni paranormali, anche quelli ottenuti nelle sedute medianiche, non sarebbero dovuti all'intervento di disincarnati (interpretazione spiritica) ma alle capacità dell'uomo, o meglio dell'anima umana, della psiche dei viventi. Nonostante si dibatta da decenni sull'interpretazione spiritica e animistica, non si è ancora raggiunto un accordo tra gli studiosi; i pareri sono tuttora divisi e con ogni probabilità, continueranno ad esserlo.

Antroposofia
Dottrina filosofica fondata all'inizio del secolo dal letterato tedesco *Rudolf Steiner* (v.), il quale dopo aver aderito per anni al movimento teosofico se ne staccò per pren-

dere vie sue. L'antroposofia è sostanzialmente affine alla *teosofia* (v.) però si mantiene più vicina al cristianesimo. Come quasi tutte le dottrine occulte, crede nella reincarnazione, nella molteplicità dei «corpi» dell'uomo, da quello fisico e quello eterico, astrale, spirituale, e nell'evoluzione dell'individualità.

Apparizioni

In base alla definizione di Andrew MacKenzie di Londra, uno dei più autorevoli studiosi di questo fenomeno, un'apparizione è «il presentarsi spontaneo di figure spettrali a persone che non sono medium e che non hanno mai manifestato doti di sensitività. Queste apparizioni, che comunemente chiamiamo *fantasmi* (v.), possono essere figure umane o anche di animali, come si è verificato in vari casi».

Il fenomeno «apparizioni» viene studiato assiduamente da oltre cento anni e in materia sono state fatte anche statistiche, che mostrano che i fantasmi sono di casa un po' dovunque. Secondo un'inchiesta Gallup compiuta nel 1982 in Gran Bretagna, il 9% degli Inglesi afferma di aver visto un fantasma. E un'analoga indagine del 1980 in Islanda ha dato come risultato che un adulto su sette (il che significa il 14% della popolazione) afferma di aver visto, sentito o percepito un fantasma. Nel 1975 un'inchiesta compiuta in Virginia (USA) ha dimostrato che il 17% degli intervistati ritiene di aver visualizzato un fantasma. I dati più o meno corrispondono e indicano che sia in Europa sia negli Stati Uniti le esperienze di questo tipo sono piuttosto frequenti.

I casi migliori sono quelli in cui due o più persone vivono la medesima esperienza: in effetti è possibile che qualcuno si trovi in un particolare stato di coscienza e abbia delle allucinazioni, ma non si vede perché altre persone, indipendentemente dalla prima, dovrebbero avere la stessa allucinazione e vedere la medesima apparizione, che sovente ha caratteristiche strane, porta vesti antiquate, compie gesti insoliti e così via. I casi di apparizioni percepite collettivamente sono quindi quelli che meritano la massima considerazione da parte dei ricercatori e che possono essere ritenuti oggettivi.

Apparizione di una figura femminile in una foto di Hector Durville

Uno dei casi migliori che si conoscano è quello di Chentenham in Inghilterra, dove in una casa che esiste ancor oggi un fantasma fu visto per sette anni di seguito. Data la lunga durata, un importante studio in merito fu compiuto quando il caso era ancora attivo, fatto insolito, perché quasi tutti i rapporti sui fantasmi vengono stesi quando i casi sono ormai conclusi.

Alle indagini su questo caso prese parte anche *F. Myers* (v.), una delle colonne della SPR di Londra: Myers abitava a Chentenham e più volte intervistò tutta la famiglia, i servitori e i vicini, rimanendo colpito dall'uniformità delle testimonianze.

L'apparizione era una figura femminile alta,

vestita di nero, con in capo una cuffia da vedova. Si muoveva per la casa, bussava alle porte chiuse, faceva sentire il rumore dei propri passi. Pare che fosse la moglie del precedente proprietario della casa, che era morta due anni dopo il marito e in quel periodo aveva indossato abiti da vedova.
In tutto il mondo si conoscono casi di apparizioni: il fenomeno è antico e in esso l'uomo ha sempre creduto. Casi molto probanti di apparizioni sono quelli in cui una persona vede un fantasma, lo prende per un vivente e solo in seguito scopre che si tratta di un defunto. L'interpretazione più diffusa delle apparizioni è che si tratti di un reale ritorno di trapassati allo scopo di dare una dimostrazione della propria sopravvivenza. Il fenomeno fa ipotizzare che l'uomo abbia una componente eterica, qualcosa cioè che resta e che in certe condizioni può essere visualizzato. Le apparizioni non costituiscono una prova della sopravvivenza, ma sono senz'altro un forte indizio a favore dell'ipotesi che qualcosa sopravvive alla morte del corpo.

Apparizioni di Maria
Le apparizioni della Vergine costituiscono, nell'ambito del cattolicesimo, un fenomeno che si è venuto manifestando dopo l'epoca della Riforma, in particolare quando la controriforma diede un maggiore risalto al culto di Maria: la proclamazione del dogma dell'immacolata concezione è del 1854, quello dell'ascensione al cielo col corpo del 1950. Le apparizioni di Maria sono numerosissime, ma quelle accettate dalla Chiesa sono poche: meno di dieci, tra cui La Salette (1846), Lourdes (1858) e Fatima (1917).
Le apparizioni sono accompagnate da casi di guarigione, straordinario accrescimento della fede e talora anche da fenomeni celesti (apparizioni di croci in cielo, aloni luminosi intorno al sole, il ben noto «ruotare» del sole a Fatima).
Nel 1981 sono iniziate le famose apparizioni di Medjugorje in Jugoslavia: anche in questo caso, come del resto era avvenuto in occasione di tutte le altre apparizioni, la Vergine appare a ragazzi molto giovani.
La Vergine Maria, apparendo ai ragazzi di Medjugorje, e anche in numerosi altri luoghi tra cui Schio, esorta l'umanità alla fede e alla pace, e ha dato anche messaggi segreti che non sono stati ancora rivelati.

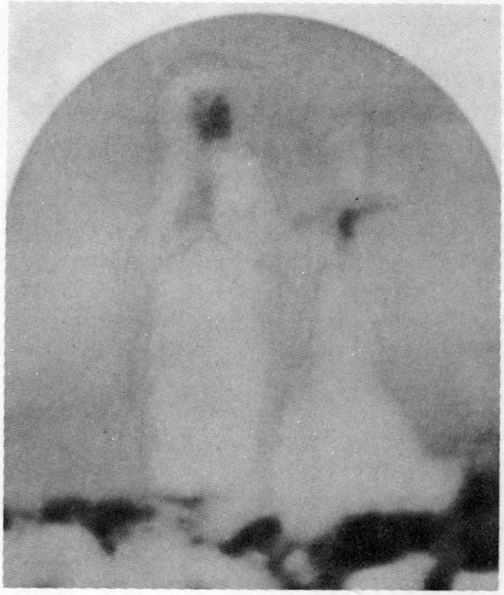

Foto eseguita durante una apparizione della Vergine a Medjugorje

Apporto (e Asporto)
Si intende col termine «apporto» la comparsa improvvisa di oggetti (anche appartenenti al mondo vegetale) nella stanza dove il medium sta facendo una seduta. L'asporto è il fenomeno inverso: gli oggetti spariscono dalla stanza in cui sono contenuti. Fin dal secolo scorso sono stati notati apporti nel corso delle sedute e sono stati eseguiti controlli minuziosi per salvaguardarsi da trucchi e imbrogli: stanze sigillate, finestre chiuse e sprangate, medium accuratamente perquisiti. Ciò nonostante il fenomeno ha continuato a prodursi. La spiegazione più accreditata presso gli studiosi è quella della smaterializzazione e rimaterializzazione degli oggetti stessi, fatto avvalorato anche dalla circostanza che sovente gli oggetti apportati sono caldi. Famosi gli apporti ottenuti per

anni dal medium *Roberto Setti* (v.), del Cerchio 77 di Firenze, nelle mani del quale si sono formati centinaia di oggetti preziosi che venivano poi donati ai presenti. Questi oggetti subivano una materializzazione lenta, che durava alcuni minuti, così che tutto il processo poteva essere osservato dai presenti grazie anche alla luminosità che in quei momenti scaturiva dalle mani del medium. In altre occasioni, con altri medium, gli oggetti apportati sono apparsi improvvisamente, spesso cadendo dall'alto. Fenomeni di apporto e asporto si sono avuti coi famosi medium *Stainton Moses, D.D. Home, Eusapia Paladino, Centurione Scotto, Elizabeth D'Espérance* e altri (v.).
Durante i fenomeni di *poltergeist* (v.) sono stati notati spesso apporti di vario genere; oppure gli oggetti cambiano di posto, trasferendosi da soli in altri punti della stanza. Gli apporti e gli asporti restano tra i fenomeni più complessi e misteriosi di tutto il campo del paranormale.

Archetipo
In senso junghiano, l'archetipo è la forma primigenia e originaria dell'esperienza umana da che mondo è mondo. È una sorta di «idea» dell'inconscio collettivo, di modello fenomenologico. Ritroviamo l'archetipo nei miti e nelle leggende di tutti i popoli, nelle tradizioni religiose, nelle rappresentazioni artistiche.
A livello personale, l'archetipo emerge nei sogni, nelle fantasie, nelle immaginazioni, nei processi automatici. È un'idea archetipa la forma rotonda del *mandala* (v.), che ritroviamo in tutti i tempi e presso tutti i popoli, simbolo di perfezione e completezza, come pure il concetto di «madre» che ritroviamo in tutte le leggende e le religioni.

Archivio di Documentazione Storica della Ricerca Psichica
Istituito a partire dal gennaio 1985 a Bologna su iniziativa di Silvio Ravaldini, l'Archivio si prefigge di censire e reperire tutto quanto attiene all'indagine storica sul paranormale. Esso attinge alla *Biblioteca Bozzano-De Boni* (v.), e ad altre importanti raccolte di testi specializzati esistenti in Italia. L'Archivio, che sta continuamente ampliando i propri schedari, comprende la classificazione analitica dei fenomeni e dei personaggi della ricerca psichica (ivi comprese le schede che *Ernesto Bozzano* (v.), predispose in 50 anni di lavoro), delle opere relative al paranormale e delle comunicazioni medianiche ad alto livello. Suo organo ufficiale è la rivista «*Luce e Ombra*» (v.).

Arigò (Josè Pedro de Freitas, 1918-1970)
È stato certamente uno dei celebri medium-guaritori brasiliani. Famose le operazioni che eseguiva in trance servendosi di un coltello da cucina e senza praticare anestesia né disinfezione alcuna. I pazienti non avvertivano alcun dolore, non subivano infezioni e constatavano notevoli miglioramenti nella loro salute. Arigò si diceva guidato da un medico tedesco, il dr. Fritz, che gli faceva anche parlare la sua lingua, da un chirurgo francese e da uno giapponese. Arigò ebbe diversi problemi con la medicina ufficiale, ma se la cavò sempre in quanto non percepiva alcun compenso. Lui stesso aveva previsto la propria morte per incidente.

Ars moriendi
Termine latino che significa «arte di morire» e indica una serie di testi, raffigurazioni e insegnamenti – diffusi soprattutto nel tardo Medioevo – tesi a preparare la persona all'esperienza della morte: la preparazione all'ultimo viaggio consisteva soprattutto nella comprensione dell'importanza della morte e della sua onnipresenza nella vita, e aveva lo scopo di far sì che ogni giorno fosse vissuto in pienezza, come se fosse l'ultimo, così che «l'arte di morire» diventava in realtà «un'arte di vivere». Oggi, dopo secoli di occultamento della morte divenuta addirittura l'ultimo tabù, si riscontra di nuovo un graduale avvicinamento, una ricerca di maggior comprensione e migliore accettazione del nostro destino ultimo: sia attraverso il recupero di antiche tradizioni orientali (si veda per esempio il *Libro tibetano dei morti*), che attraverso l'indagine tanatologica (v. *Tanatologia*) e lo

studio delle *Esperienze in punto di morte* (v.).

Aruspice
Era il sacerdote mesopotamico (e poi anche etrusco e romano) capace di interpretare i tempi e predire l'avvenire basandosi sull'osservazione delle viscere delle vittime sacrificate. L'interpretazione si basava su conoscenze simboliche ed esoteriche (il fegato rappresenta la vitalità, i polmoni l'intelletto, il cuore la spiritualità, ecc.), ed era tenuta dal popolo in grande considerazione.

Ascesi
Rinuncia volontaria, su basi religiose, ai piaceri dei sensi: dominio degli istinti, digiuno, riduzione del sonno e del riposo, castità, limitazione del movimento, ecc. Questo tipo di vita favorisce stati psichici particolari, allucinazioni, effetti psicocinetici (tra cui la levitazione), fenomeni paranormali (veggenza, precognizione, telepatia). Tali manifestazioni vengono vissute dal soggetto come conferma del proprio stato ascetico e accetto a Dio, ma in sé e per sé vengono considerate fenomeni secondari: quello che conta è l'elevazione spirituale.

Ashram
Termine sanscrito che significa rifugio, eremitaggio, comunità, e indica il luogo, spesso isolato, dove il saggio hindu si ritira coi suoi seguaci in India. Un *ashram* è quindi una comunità spirituale organizzata intorno a un Maestro, dove si praticano riti iniziatici e religiosi.

A.S.P.R.
American Society for Psychical Research: la Società Americana per la Ricerca Psichica, fondata a New York nel 1885, tre anni dopo la consorella Società inglese (v.), che è stata la prima in assoluto del suo genere. È stata presieduta da importanti ricercatori e tuttora svolge una vasta opera di ricerca e divulgazione. Suo organo è il *Journal of the A.S.P.R.*

Asporto Vedi *Apporto*

Assagioli Roberto (1888-1974)
Medico e psichiatra, è il fondatore della *psicosintesi* (v.), una scuola psicologica che incontra notevole interesse in Italia e all'estero. Ebreo di nascita, con profondi interessi culturali ed esoterici, Assagioli fu il primo seguace di Freud in Italia; presto però ne prese le distanze e creò a Roma l'Istituto di Psicosintesi, che dopo la guerra fu trasferito a Firenze, dove tuttora risiede. Conoscitore di molte lingue, Assagioli viaggiò molto per far conoscere le sue idee, ed è considerato uno dei fondatori della medicina psicosomatica e della psicologia transpersonale. Il suo pensiero è abbastanza vicino a quello di C.G. Jung, col quale fu in rapporto di cordiale amicizia. Assagioli propugna la «psicologia dell'alto» e sottolinea le istanze superiori dell'uomo, il suo bisogno di creatività, intuizione, trascendenza.

Assassini
Setta politico-religiosa di impronta islamica, che faceva un uso rituale dell'hashish (di qui il termine «Assassini»): sotto l'effetto della droga, i membri della setta uccidevano i loro nemici, per ordine dei loro capi. Gli Assassini furono sterminati alla metà del XIII secolo dai Mongoli e la loro biblioteca, contenente insegnamenti e rituali, andò a fuoco. Leggendario capo degli Assassini fu «il vecchio della montagna», di cui parla anche Marco Polo.

Associazione Italiana Scientifica di Metapsichica (AISM)
Fondata a Milano nel 1950 dal prof. Ferdinando Cazzamalli che si era allontanato dalla SIP di Roma da lui fondata nel 1937, si dedica da allora allo studio rigoroso dei fenomeni paranormali. Suo organo è la rivista *Metapsichica*.

Astrale
Nel linguaggio spiritico ed esoterico, si intende con astrale un piano di esistenza che sta al di là di quello fisico e terreno e che precede il piano puramente spirituale. Sa-

rebbe il piano delle emozioni e dei sentimenti, dove soggiornerebbero gli spiriti tra una incarnazione e l'altra; un piano ancora legato alla vita terrena, da cui fra l'altro trarrebbe origine la maggior parte dei contatti spiritici che avvengono durante le sedute coi medium.

Il *corpo astrale* sarebbe uno dei diversi involucri costituenti il corpo umano, sede appunto di desideri ed emozioni. Questo corpo sarebbe destinato a disgregarsi con il raggiungimento di determinati livelli di evoluzione.

Con *proiezione astrale* si intende invece l'*esperienza fuori dal corpo* o *bilocazione* (v.), durante la quale possono esservi contatti col piano astrale sopra descritto.

Astrologia

Scienza antichissima che ha sempre avuto sostenitori e detrattori e che gode oggi di un vasto interesse. L'astrologia studia il rapporto esistente tra l'uomo e il cosmo, più esattamente tra il momento della nascita della persona e la situazione planetaria corrispondente. Essa presuppone quindi un rapporto di causa ed effetto tra le forze cosmiche rappresentate dalle stelle e la vita umana, e presuppone un'interpretazione di questo rapporto, interpretazione che varia a seconda dei tempi e degli astrologi. Ci sono astrologi che ritengono, dal tema natale, di poter descrivere tutta la vita della persona, e altri che preferiscono fare un ritratto psicologico della persona derivante dalla posizione degli astri al momento della sua nascita. C'è addirittura chi considera tutta l'astrologia una *mantica* (v.), ovvero un mezzo che consente al consultante di estrinsecare le proprie doti di sensitivo.

In ogni caso la tecnica astrologica è molto complessa e non facilmente riassumibile in poche righe. L'astrologia nacque con ogni probabilità in Mesopotamia alcuni millenni prima di Cristo e fu tenuta in grande considerazione dai Sumeri, dagli Egiziani, dagli Assiri, dai Caldei, dai Babilonesi. Anche Greci e Romani se ne interessarono molto, mentre contro di essa si batterono i Padri della Chiesa. Col tempo tuttavia l'interesse per l'astrologia rinacque, e toccò il culmine nel Rinascimento. Nell'Illuminismo cadde in discredito e la sua ripresa risale alla fine del secolo scorso. Grandi cultori di astrologia sono stati anche gli Arabi.

Segni e case astrologiche con relativi simboli e attribuzioni

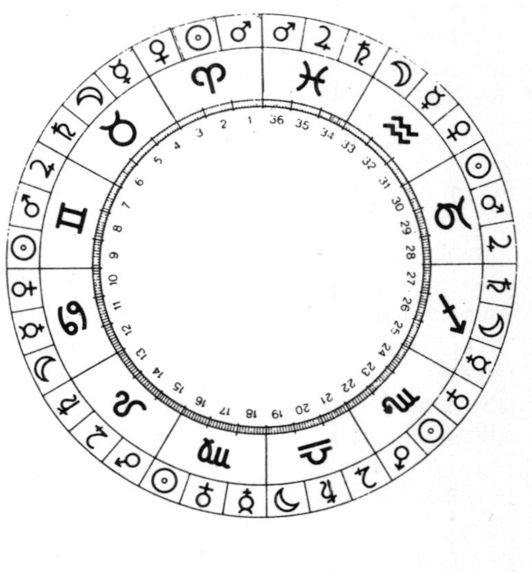

Schema per la stesura dell'oroscopo

Oggi l'astrologia gode di una grande popolarità: prova ne sia il fatto che ogni giornale propone l'oroscopo del giorno, della settimana o del mese. Il quale non può certo essere troppo preciso, ma soddisfa la curiosità epidermica dei lettori.
Nella sua vera essenza l'astrologia ha un significato molto profondo, in quanto si propone di individuare il posto dell'uomo nel cosmo, gli influssi dell'universo su di lui, il significato della sua esistenza qui e adesso.

Atlantide
Grande continente che sarebbe esistito appunto nell'Atlantico, tra Europa e America, e si sarebbe poi inabissato in mare: Azzorre, Groenlandia e forse anche le Canarie ne sarebbero gli ultimi testimoni. Di Atlantide parla Platone nelle sue opere *Timeo* e *Crizia*: gli Atlantidi sarebbero stati discendenti degli dèi, uomini di grande saggezza e virtù, creatori di stupende città e di un perfetto ordinamento sociale. Col tempo avrebbero però perduto le loro qualità positive e la loro terra avrebbe finito per inabissarsi in mare, forse a seguito di qualche immane catastrofe. Si presume che Platone nelle sue descrizioni si sia ispirato a tradizioni precedenti e si ignora totalmente quanto di vero ci sia nella leggenda di Atlantide, il cui mito continua però ad affascinare l'uomo moderno.

Âtman
Termine sanscrito la cui radice indica «soffio, respiro». L'*âtman* è l'Io eterno, supremo, immortale, destinato ad unirsi alle divinità dopo la morte, oppure a reincarnarsi se sono necessarie altre esperienze.

Aura
I seguaci degli studi occultistici ed esoterici ritengono che il corpo umano, e in particolare la testa, emanino una radiazione (aura, appunto), invisibile ai più ma perfettamente leggibile e interpretabile da persone di particolare sensibilità; da questa radiazione sarebbe possibile capire le caratteristiche psicologiche e spirituali della persona in questione e formulare anche diagnosi di tipo medico. Il fatto che fin dall'antichità mistici e santi siano stati raffigurati con l'aureola intorno al capo o addirittura con un alone completo intorno a tutto il corpo, fa capire come il concetto di aura risalga indietro nel tempo e sia radicato nell'uomo.
All'inizio del secolo il medico inglese Walter Kilner inventò speciali schermi alla dicianina (una sostanza derivata dal catrame), che consentirebbero di vedere l'aura di tutte le persone. Più interessanti gli studi del fotografo sovietico *Semyon Kirlian* (v.), che fin da prima della seconda guerra mondiale mise a punto la cosiddetta «camera Kirlian», un procedimento fotografico che si serve della corrente ad alta frequenza e che consente di evidenziare le aure degli oggetti animati e inanimati e anche delle persone. Queste aure mostrano cambiamenti rilevanti a seconda delle circostanze e delle situazioni ambientali e psicologiche, per cui si può ipotizzare che il fenomeno, ancora discusso, sia qualcosa di più di un fatto fisico, ma capti veramente qualcosa della natura dell'oggetto o della persona in questione.

Aureola
Si intende con questo termine la particolare luminosità che nella iconografia pittorica viene rappresentata dietro la testa di divinità, santi e mistici. Vedi anche *Aura*.

Aurobindo (1872-1950)
Nato a Calcutta, studiò fin dall'età di sette anni in Inghilterra e si immerse completamente nel pensiero europeo e occidentale. Quando a vent'anni tornò in India, non conosceva nulla della sua patria e della sua tradizione, mentre era padrone del greco e del latino, dell'inglese e della storia e della letteratura dell'Occidente. In India però avvenne per Aurobindo il totale recupero del pensiero e della tradizione della sua terra e l'intuizione di una sintesi, di una unione interiore di tutte le scuole *yoga* (v.), di una grandiosa *summa* di tutta la sapienza filosofica e religiosa dell'India — anche al fine di rendere questo patrimonio straordinario accessibile al mondo occidentale. Con le sue

opere, tra cui ricordiamo in particolare «Sintesi dello yoga», Aurobindo vuole insegnare a sentire la divina presenza in ogni manifestazione dell'universo, insegnamento ultimo — questo — sia del pensiero orientale che di quello occidentale. Aurobindo visse quasi sempre a Pondicherry, nell'India del Sud, dove ancora oggi opera una comunità che si ispira al suo insegnamento e pubblica le sue opere.

Auspicio
«Trarre gli auspici» significava nell'antichità cercare di individuare il volere degli dèi: a questo scopo si ricercavano certi segni e li si interpretava (volo degli uccelli, viscere degli animali, modo di beccare dei polli ecc.). Famosi veggenti sono stati Calcante e Tiresia, ricordati da Omero: le varie tecniche da loro usate avevano sostanzialmente il valore di *mantiche* (v.). Queste pratiche si ritrovano ancor oggi presso i popoli primitivi: per esempio in Africa certe popolazioni osservano le orme di particolari animali e ne traggono auspici.

Autogeno (Training)
Metodo autosuggestivo ideato all'inizio del secolo dal neurologo di Berlino Heinrich Schultz, per ottenere distensione e rilassamento.
A questo il training giunge attraverso esercizi specifici. Esiste una certa similitudine tra questi esercizi e quelli tradizionali dello yoga.

Automatismo
Si intende con «automatismo» un'azione non controllata della volontà, che si svolge cioè senza controllo cosciente o con controllo cosciente molto ridotto. Processi quali il respiro e il battito cardiaco sono definiti automatici dalla medicina; e la psicologia parla di comportamenti automatici ereditati o appresi, che si producono non volutamente, come i riflessi e le azioni istintive. Processi come scrivere, disegnare, guidare la macchina, ecc., possono, una volta appresi, diventare automatici.
Gli automatismi divengono oggetti di studio da parte della parapsicologia quando attraverso essi si evidenziano informazioni non riconducibili alla cultura e alle conoscenze della persona in questione, e produzioni che si svolgono in condizioni esteriori insolite e che non sembrano attribuibili a chi sta operando. La parapsicologia ritiene che l'inconscio sia in grado di acquisire per via paranormale conoscenza di eventi passati, presenti e futuri, o del contenuto di un'altra psiche, e che possa fare emergere tutto questo a livello di coscienza tramite gli automatismi, che il medico e parapsicologo tedesco Rudolf Tischner definì con un'immagine felice «canali montanti dell'inconscio».
Con buona volontà e perseveranza tutti possono imparare a mettersi in comunicazione col proprio inconscio attraverso gli automatismi più semplici; nei sensitivi più dotati l'automatismo si presenta invece spontaneamente, senza particolari esercizi.
Tra gli automatismi più semplici figurano il pendolo, che va usato da una persona sola, il bicchiere col cartellone, e il tavolino che richiedono in genere l'intervento di più persone. Esistono poi forme più complesse per le quali occorre essere particolarmente dotati: per esempio il linguaggio automatico, in cui il sensitivo in trance parla senza rendersene conto e senza conservare successivamente il ricordo di quanto ha detto. Può capitare in questi casi che il sensitivo si esprima in lingue che non conosce (v. *Xenoglossia*) o che fornisca dati di estremo interesse dal punto di vista del contenuto. L'automatismo più frequente è quello della *scrittura automatica* (v.), attraverso la quale i sensitivi trasmettono opere letterarie, musica e anche opere grafiche di pregevole fattura, che in genere non attribuiscono a sé, ma a entità che guiderebbero loro la mano.

Avatar
Termine sanscrito indicante «discesa della forza divina», ovvero incarnazione di una divinità a scopi di insegnamento e di esempio. La figura dell'avatar è presente soprattutto nella tradizione hinduista; essa rappresenta, oltre che una incarnazione divina, an-

che una personalità altamente evoluta e spiritualizzata.

Avvisi di morte

Si tratta di fenomeni fisici che avvengono in concomitanza con la morte di una persona e che in un certo senso l'annunciano: orologi che si fermano nell'ora esatta in cui la persona muore, quadri che si staccano da soli dal chiodo, lampadine che scoppiano, oggetti che cadono dai mobili, eccetera. Fatti di questo genere sono noti fin dall'antichità e sono sempre stati considerati forieri di sventure. Un'interpretazione diversa da quella spiritica potrebbe essere questa: qualcuno dei presenti nel luogo dove avviene il fatto apprende per telepatia o chiaroveggenza della morte del parente o dell'amico lontano, e quindi per psicocinesi produce inconsapevolmente il fenomeno fisico. È un'interpretazione piuttosto complessa, non dimostrabile al pari di quella spiritica.

Ayurveda

Termine sanscrito che significa «scienza della vita» e indica l'antica medicina indiana, risalente a tremila anni fa ed espressione di una grande saggezza. La medicina ayurvedica considera la malattia una mancanza di equilibrio della persona, dovuta a errori dell'alimentazione e dell'igiene di vita, per cui la guarigione può avvenire soltanto attraverso un rinnovato equilibrio e un rafforzamento delle difese: in altre parole, attraverso l'autorisanamento. I farmaci ayurvedici vengono in prevalenza dal mondo vegetale, ma anche da quello animale e minerale (se pure in minore misura). È in atto oggi un recupero, anche in Occidente, della medicina indiana, che può utilmente integrare quella occidentale.

Ba
Concetto proveniente dall'antico Egitto: il *Ba* è l'anima che sopravvive al disfacimento del corpo e che dopo la morte può muoversi liberamente sulla terra.

Backster Cleve
Ricercatore americano divenuto famoso per i suoi esperimenti con le piante. A partire dal 1966, applicando gli elettrodi del *liedetector* (= macchina della verità) (v.) alle foglie delle piante, egli ne registrò quelli che poi definì stimoli emozionali: la pianta sembrava reagire in modo molto preciso quando nella stanza avveniva qualcosa di sgradevole (qualcuno le tagliava una foglia o gliela bruciava, oppure veniva fatto del male ad altri organismi viventi). Gli esperimenti di Backster non sono stati ripetuti da altri ricercatori.

Bambini prodigio
Bambini che dimostrano precocemente facoltà e capacità che alla loro giovane età non dovrebbero possedere e che superano sovente anche le possibilità degli adulti. Famoso il caso di Mozart, che a sei anni componeva già in modo mirabile. C'è chi vede in questi casi una prova a sostegno della dottrina della *reincarnazione* (v.): quei bambini cioè sarebbero la reincarnazione di grandi personalità dell'arte e della scienza, il che conferirebbe loro un grado di maturità straordinario e inconsueto per quell'età.

Bardo Thödol Vedi *Libro tibetano dei morti.*

Barret, Sir William (1845-1926)
Fisico inglese, fu uno dei pionieri della ricerca psichica. Insieme ad altri studiosi, fu uno dei promotori della creazione della *Società per la Ricerca Psichica* di Londra (v.), nel 1882, fatto che segnò l'inizio dello studio scientifico del paranormale. Sperimentò a lungo con medium validi e sicuri e si convinse della realtà dei fenomeni da loro prodotti, al punto da arrivare ad accettare il credo spiritico. Numerose le sue opere dedicate alla ricerca psichica, tra cui ricordiamo in particolare un'inchiesta sulle *Visioni al letto di morte*, che precorre la moderne ricerche in questo campo.

Belmez
In questo villaggio dell'Andalusia, sul pavimento di terra battuta di una cucina, apparvero nel 1971 disegni colorati rappresentanti volti umani, che nel tempo cambiavano forma ed espressione. Scavi effettuati sul luogo portarono alla luce due scheletri. A quanto pare, il fenomeno si avvaleva delle forze medianiche della proprietaria dell'abitazione. Sul posto sono state effettuate anche varie registrazioni psicofoniche, che alcuni hanno interpretato come scene di violenza.

Bender Hans (1907-1993)
Medico e psicologo, è considerato il padre della parapsicologia nei paesi di lingua tedesca. Creò a Friburgo in Germania, la sua città, l'*Istituto per le Zone di Frontiera della Psicologia e della Psicoigiene* (v.); nel 1953 ebbe la cattedra di parapsicologia presso la locale università, che attualmente è retta dal prof. Johannes Mischo. Studioso attento, appassionato e rigoroso, si può dire si sia dedicato all'indagine di tutti i campi del paranormale: dalla percezione extrasensoriale (specie la precognizione) alla psicocinesi (specie il *poltergeist*, nel cui studio l'Istituto è specializzato), dai guaritori filippini all'indagine qualitativa delle facoltà dei sensitivi (per es. Gerard Croiset, col quale ha

sperimentato a lungo). Ha fondato la *Zeitschrift für Parapsychologie* ed è autore di numerose opere, alcune delle quali tradotte anche in italiano. La posizione del prof. Bender è stata serenamente equidistante tra quella quantitativa e quella qualitativa.

Hans Bender

Benedetto XIV (Prospero Lambertini, 1675-1758)
Il nome di questo pontefice è legato alla parapsicologia per le indagini che compì, quando era ancora cardinale, sui fenomeni cosiddetti soprannaturali e che espose nel suo *De Canonizatione*, che non pochi oggi considerano il primo testo aperto e scientifico dedicato ai fenomeni paranormali. Analizzando i «miracoli» delle persone proposte per la canonizzazione, egli anticipò infatti molte opinioni basilari della moderna parapsicologia e liberò questi fenomeni dall'aura divina o diabolica che al suo tempo veniva loro attribuita.

Bermude (Triangolo delle)
Triangolo geografico che si trova davanti alla costa della Florida, tra Miami, Jamaica e le Bermude; qui dal 1945 sono sparite decine di navi e aeroplani: a quanto pare le sparizioni sarebbero misteriose e inspiegabili. C'è chi ipotizza insolite condizioni metereologiche, chi differenze gravitazionali, chi addirittura parla di Ufo o di residui di Atlantide. Il mistero delle Bermude è ancora tale, ma non manca chi attribuisce tutto a suggestione e a troppo fervida fantasia.

Besant Annie (1847-1933)
Dopo un lungo periodo di militanza nel socialismo, la Besant, che era inglese, lesse la «Dottrina segreta» della *Blavatsky* (v.) ed entrò nella Società Teosofica, di cui divenne in seguito presidente. Fu precoce riconoscitrice del genio del *Krishnamurti* (v.), e additò in lui il futuro «istruttore mondiale», cosa che egli però rifiutò. La Besant è autrice di numerose opere nel campo della teosofia.

Bhagavadgita
Significa in sanscrito «Canto del beato» ed è un poema sacro contenuto nell'epopea indiana «Mahabharata» (primi secoli dell'era cristiana). In esso Krishna, divinità che si manifesta come uomo sotto le spoglie di un auriga, spiega al guerriero Arjuna la dottrina della liberazione dal ciclo delle esistenze terrene, la via dell'amore e della devozione come mezzo di unione con Dio. L'opera è di grande bellezza poetica ed è considerata in India una sorta di Vangelo. Si veda anche la voce *Reincarnazione*.

Bhakti
Termine sanscrito che indica l'amore intenso di Dio, e quindi la ricerca di Dio attraverso l'amore e la devozione. Il *bhakti-yoga* (= lo yoga della devozione) non è in sostanza molto dissimile dal misticismo. Si vedano a questo proposito le voci *Mistica* e *Yoga*.

Biblioteca Bozzano-De Boni
Si è costituita a Bologna (via Orfeo, 15) nel 1985 e riunisce il più vasto patrimonio esistente in Italia nel campo delle opere sul paranormale. Comprende la biblioteca di Ernesto Bozzano (4.000 volumi), che fu ereditata, custodita e ampliata dal dr. Gastone De Boni (v.) e arricchita dai 1.500 volumi della

biblioteca di Vittorino Vezzani. Possiede le annate complete delle più importanti riviste italiane e straniere. Libri e riviste sono consultabili da parte degli interessati. La Biblioteca opera parallelamente all'*Archivio di Documentazione Storica della Ricerca Psichica* (v.), ed è diretta da Silvio Ravaldini.

Bilancia delle streghe
Strumento usato nei processi alle streghe e usato fino alla metà del Settecento: serviva a identificare le presunte streghe. La sospettata di essere tale veniva soppesata con lo sguardo e poi pesata: se la bilancia indicava un peso «troppo leggero», voleva dire che la malcapitata era una strega e che il processo per stregoneria poteva aver luogo.

Bilocazione
Si tratta del fenomeno dell'uscita dal corpo (v. *Esperienze fuori dal corpo*), riferito a mistici e santi che spesso ne furono protagonisti. Come dice il termine stesso, la bilocazione consiste nella presenza della stessa persona in due luoghi diversi, in entrambi dei quali viene vista nello stesso momento. Si narra per esempio che S. Antonio da Padova nel giovedì santo del 1226 mentre stava dicendo messa presso Limoges si ricordasse di aver promesso una messa alla stessa ora ai frati di un convento della città; il santo allora si inginocchiò, rimase immerso in preghiera per alcuni minuti, e in quello stesso momento i frati del convento di Limoges lo videro nella loro cappella: il santo rimase in preghiera qualche istante e poi sparì. Di S. Alfonso de' Liguori si dice che avesse assistito papa Clemente XIV morente mentre si trovava nella sua diocesi di Arienzo, in stato di estasi e profonda meditazione protrattosi per due giorni. S. Francesco Saverio, missionario in Oriente, durante una tempesta avrebbe portato in salvo una scialuppa con quindici suoi compagni, mentre contemporaneamente era sulla nave insieme al resto dei marinai.
Nella bilocazione dei santi e dei mistici c'è sempre la visione contemporanea del corpo fisico e del suo «doppio»; nelle normali esperienze fuori dal corpo vissute da persone prive di doti mistiche è raro che il «doppio» venga visto. Si conosce tuttavia qualche caso in cui il «doppio» è stato visualizzato da una o più persone.
In sostanza comunque si tratta dello stesso fenomeno, attestante che nell'uomo esiste una componente non materiale, in grado in certe circostanze di separarsi dal corpo fisico e di vivere una sua esistenza autonoma. Le meccaniche e i perché dell'«uscita dal corpo» ci sfuggono però ancora.

Bioenergia
Dal greco *bios* = vita, è l'energia vitale dell'uomo, la forza che lo fa muovere e agire. Il termine viene usato anche con riferimento ai guaritori e alla loro capacità di influire sul prossimo con l'energia che scaturisce dalle loro mani.

Biofeedback
Procedimento grazie al quale è possibile agire consapevolmente su funzioni fisiche ritenute finora incontrollabili (digestione, battito cardiaco, ecc.). Il procedimento è il seguente: tramite strumentazione tecnica, onde cerebrali, frequenza di pulsazioni, ecc., vengono rese visibili o udibili al soggetto, il quale può cercare di controllarle; l'eventuale successo viene reso immediatamente percepibile, così che il soggetto è sempre padrone della situazione. Si impara in questo modo a controllare l'ansia, la paura, l'agitazione. Una volta appreso il metodo con l'aiuto della strumentazione adatta, è possibile applicarlo anche da soli a casa.

Bioritmo
Significa «ritmo vitale» (da *bios* = vita, in greco) e si basa sull'osservazione della ciclicità di tutto ciò che esiste, sulla successione e l'alternanza di armonia e disarmonia, di luce e di buio, di tensione e di rilasciamento. Secondo la teoria dei bioritmi, anche la vita umana sarebbe regolata da ritmi: quello fisico, quello psicologico e quello intellettuale. I calcoli per individuare i bioritmi personali sono piuttosto complessi: occorre la data e l'ora di nascita, il numero dei giorni vissuti fino al giorno della con-

sultazione, più una serie di calcoli che differiscono a seconda del ritmo che si vuole individuare e che non è possibile riportare in questa sede. Alla base della teoria dei bioritmi c'è la tensione a conoscere meglio se stessi, i propri ritmi vitali, il rapporto col cosmo e le influenze astrali, e quindi a inserirsi meglio e più consapevolmente nell'ordine universale.

Blake William (1757-1827)
Artista inglese, si dedicò in particolare alla poesia e alla pittura. Usava illustrare i suoi libri di poesia, profondendo nella sua arte il proprio misticismo cristiano. Ebbe sempre visioni fin da bambino e affermò addirittura di aver avuto dagli angeli le prime lezioni di pittura. Diceva anche che le opere poetiche gli venivano dettate da esseri spirituali. Anche le sue opere pittoriche erano, come affermava lui stesso, copie di ciò che gli appariva nelle visioni. Tutta la sua opera artistica (poderosa e di grande interesse soprattutto quella pittorica) è frutto del suo contatto con l'altra dimensione e di quanto gli veniva trasmesso dal mondo spirituale: questo almeno era il suo profondo convincimento.

Blavatsky Helena Petrovna (1831-1891)
Di origine russa, Helena Blavatsky era dotata di grandi poteri medianici e di un carattere indomito. Viaggiò giovanissima in tutto il mondo, compiendo soprattutto lunghi soggiorni in India e Tibet, dove avrebbe incontrato i «maestri di saggezza»: uomini di grande evoluzione, dai quali apprese ciò che poi codificò nei suoi libri, in particolare *Iside svelata* e *La dottrina segreta*. Nel 1875 fondò a New York la Società Teosofica, il cui scopo è studiare le potenzialità interiori dell'uomo, creare una fratellanza cosmica e indagare le dottrine che sono alla base di tutte le religioni. Helena Blavatsky credeva nella *reincarnazione* (v.) e nel *karma* (v.) e il suo merito maggiore è aver riscoperto la grande tradizione filosofico-religiosa indiana, caduta nell'oblio nella stessa India. Nella creazione della Società Teosofica e nella sua diffusione, le fu prezioso l'aiuto del colonnello *Olcott* (v.). Dopo un lungo soggiorno in India, caratterizzato da grandi successi e da grandi dolori e delusioni, Helena Blavatsky trascorse i suoi ultimi anni in Europa e morì a Londra. La Società Teosofica è tuttora diffusa in tutto il mondo.

Helena Petrovna Blavatsky

Böhme Jakob (1575-1624)
Mistico evangelico tedesco, le cui visioni e i cui insegnamenti influirono sul romanticismo, sul pietismo e l'idealismo. Le visioni di Böhme avevano avuto inizio già nella prima infanzia e continuarono per tutta la vita, dandogli una conoscenza diretta, attraverso la via mistica, della divinità e dei mondi ultraterreni.

Bozzano Ernesto (1862-1943)
Nato a Genova da famiglia benestante, fu sempre appassionato agli studi e si creò da autodidatta una vastissima cultura filosofica, letteraria e scientifica. Ammirava particolarmente la filosofia di Herbert Spencer. Verso i trent'anni cominciò ad interessarsi di pro-

blemi di metapsichica e ad occuparsi delle ricerche compiute dalla *Società per la Ricerca Psichica* di Londra (v.). Avendo però una mentalità positivista, non riusciva a convincersi dei fatti, che poco per volta, dopo un lungo periodo di studi, finì per accettare in pieno. La prova definitiva gli venne in una seduta medianica nella quale gli si manifestò sua madre, morta da un anno, che lo sollecitò a dedicarsi alla ricerca psichica che era la sua «missione». Accantonato così ogni dubbio, Bozzano si diede in pieno alla nuova attività. Fondò a Genova il «Circolo Minerva» per lo studio dei fenomeni paranormali, che portò avanti un'importante attività di ricerca. Bozzano però è soprattutto valido nel lavoro teorico e di divulgazione, cui del resto dedicò tutta la sua vita. Libero da problemi economici e familiari (non si sposò mai e visse a lungo a Savona nell'accogliente casa del fratello) si dedicò allo studio della vastissima casistica paranormale, producendo quelle monografie che costituiscono ancora la base per chiunque voglia occuparsi di ricerca psichica con particolare riferimento alla casistica medianica. Bozzano però non trascurò la percezione extrasensoriale, la ricerca di tipo antropologico e psicologico e si può dire che non ci sia campo del paranormale che non sia stato oggetto del suo appassionato interessamento. Il metodo su cui si basava era l'analisi comparata e la convergenza delle prove. Bozzano indagò, più che la casistica sperimentale, quella spontanea, in parte anche vecchia e non controllabile, motivo per cui fu criticato dagli oppositori. A lui va comunque il merito di aver raccolto, analizzato, confrontato un patrimonio immenso e di averlo reso agibile agli studiosi.
Numerosissime le sue opere, tra cui ricordiamo: *La crisi della morte, Animismo o spiritismo?, Musica trascendentale, I morti ritornano, Popoli primitivi, Da mente a mente, Gli animali hanno un'anima?, Dei fenomeni di bilocazione, Pensiero e volontà*, e tante altre, oltre a numerosi articoli per riviste italiane e straniere. Molti suoi articoli sono stati pubblicati su *Luce e Ombra* (v.).

Brahman
In contrapposizione all'*âtman* (v.), che è l'anima individuale, il *brahman* è l'anima universale, la divinità stessa nella sua manifestazione che si rende visibile nell'universo. Nelle concezioni hindu il *brahman* è quindi l'assoluto da cui ha origine tutto ciò che è relativo.

Brown Rosemary
Medium inglese, attraverso la quale grandi musicisti del passato (Liszt, Schubert, Berlioz, Bach, Beethoven, ecc.) continuerebbero a trasmettere le loro opere. In effetti la Brown, che ha oggi circa 70 anni, è quasi ignara di musica: tuttavia in stato di trance scrive composizioni musicali anche molto complesse, che poi non riesce personalmente a suonare, nello stile dei rispettivi «autori». Esperti di musica hanno valutato positivamente le sue composizioni.

Buddha
È il fondatore del buddhismo, il principe Siddharta Gautama vissuto nel V secolo a.C. A 29 anni lasciò il suo palazzo e la vita di corte per scoprire la causa del dolore e per vari anni meditò, con la guida di vari maestri, finché raggiunse l'illuminazione e scoprì la verità. Da allora si dedicò alla diffusione di questa verità, fondando il buddhismo. Chi si riconosce in questa religione, cerca di raggiungere la «natura del Buddha», ovvero di portare alla luce la scintilla divina esistente in ognuno.

Cabala

Deriva dall'ebraico *kabbalah* = tradizione, e indica l'ebraismo nel suo aspetto e nella sua tradizione esoterica. È in sostanza una speciale interpretazione delle Sacre Scritture fatta attraverso particolari tecniche linguistiche e la numerologia. I concetti base della Cabala sono la credenza in un Dio unico, cui sono proprie qualità ordinatrici definite *sefirot*, la fede nel particolare carattere privilegiato di Israele, il concetto di lingua considerata come strumento divino e struttura cosmica, tanto che a ciascuna lettera dell'alfabeto ebraico corrispondono significati legati al macrocosmo e al microcosmo e tenuti segreti. Dal punto di vista pratico, la Cabala come tecnica iniziatica prevede la meditazione del nome di Dio, il digiuno, la contemplazione, lo studio delle Scritture. A partire dal XIV secolo la Cabala si divise in due orientamenti, quello speculativo-filosofico (basato sulla meditazione del nome di Dio) e quello pratico, che utilizzava anche la magia, l'alchimia, la scrittura automatica, l'astrologia, la chiromanzia. In particolare le dottrine cabalistiche legate ai numeri e alle lettere incontrarono molto favore e influenzarono il pensiero occidentale nel corso del Rinascimento.

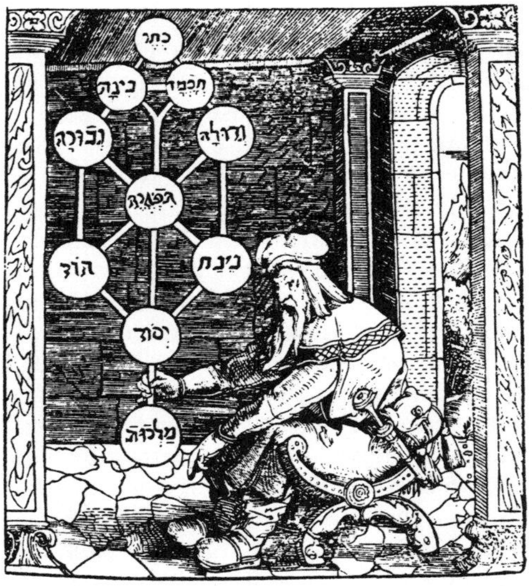

Frontespizio di un'antica opera dedicata alla Cabala

Secondo credenze ebraiche, alla base della Cabala sarebbero dottrine orali date da Mosè ad alcuni iniziati e tramandate in maniera indipendente dalla Legge scritta (Pentateuco, Torah).

Caffeomanzia Vedi *Fondi di caffè.*

Cagliostro (1743-1795)
Avventuriero italiano il cui vero nome era Giuseppe Balsamo: sapeva operare alchemicamente, evocava gli spiriti e compiva guarigioni miracolose. Ebbe periodi di grande fama e ricchezza e viaggiò moltissimo in tutta Europa, onorato dagli uni e perseguitato dagli altri. A Roma fu accusato di stregoneria e condannato a morte; la condanna fu poi convertita in prigione a vita, che scontò nella inaccessibile rocca di San Leo, dove morì. Anche la sua morte è circondata da un alone di leggenda e c'è chi si dice certo che il conte di Cagliostro sia riuscito a fuggire dalla sua prigione, continuando a vivere sotto un altro nome.

Calchi medianici

È uno dei fenomeni più sconcertanti di tutta la ricerca psichica. L'esperimento fu ideato alla fine del secolo scorso negli Stati Uniti da uno sperimentatore che seguì la tecnica usata dai modellatori per ottenere stampi di paraffina: scopo dell'esperimento era produrre prove concrete della realtà dei fantasmi che si materializzavano durante le sedute medianiche. Il procedimento fu usato in più occasioni, ma fu all'*Istituto Metapsichico internazionale* (IMI) di Parigi (v.) che negli anni Venti si ottennero, grazie alla medianità di *Franek Kluski* (v.), i modelli più perfetti nelle condizioni di miglior controllo. I calchi sono ancora conservati nella sede dell'IMI. Il metodo usato dai ricercatori (*Gustave Geley* e *Robert Tocquet*, si vedano le apposite voci) era questo: ai fantasmi materializzati veniva chiesto di immergere la mano, o il piede, in una bacinella d'acqua calda su cui navigava uno strato di paraffina liquida. La paraffina aderiva all'arto come un guanto, che veniva poi raffreddato in acqua fredda e quindi consegnato agli sperimentatori: non restava che colare del gesso dentro questi stampi per ottenere dei calchi che riproducevano le mani-fantasma.

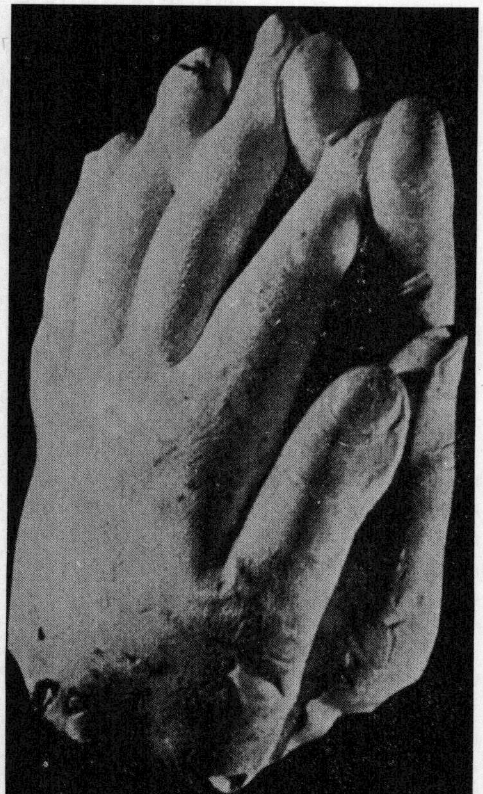

Calco ottenuto in una seduta del medium Franek Kluski

Queste mani avevano tutte le caratteristiche delle membra adulte (rughe, peli, pieghe ecc.), però erano di proporzioni ridotte: mani di bambino con caratteristiche da adulto. Questo solo fatto basterebbe a dimostrare la paranormalità delle formazioni. Va notato inoltre che i calchi non avrebbero potuto essere ottenuti con un processo normale in quanto una mano umana, per uscire dal guanto di paraffina, avrebbe dovuto romperlo: l'uscita di una mano viva da un guanto di paraffina dello spessore di appena un centimetro è impossibile. Inoltre il palmo è molto più largo del polso e quindi, a quanto pare, solo una mano che si smaterializza dentro il guanto può uscirne senza spezzarlo.
Robert Tocquet, che era anche un esperto di prestidigitazione, era solito usare tutte le precauzioni possibili per evitare trucchi. Egli rimase convinto dell'autenticità degli esperimenti, ma non aderendo all'ipotesi spiritica, riteneva che i calchi medianici costituissero un mistero che rimanda alle capacità ancora sconosciute dell'uomo.

Calcolatori prodigio

Si tratta di persone che eseguono a mente, all'istante e senza sforzo, complicatissimi calcoli ed esercizi matematici che i più, anche i matematici più esperti, potrebbero risolvere solo con carta e penna in molto tempo. Parecchi calcolatori prodigio sono stati intelligenze mediocri, altri sono stati individui di intelligenza normale, mai però dei geni. Qualche esempio delle loro abilità: la francese Osaka, vissuta all'inizio del secolo, era in grado di rispondere istantaneamente a domande di questo tipo: quadrato di 97, decima potenza dello stesso numero, radice sesta del risultato. Maurice Dagbert, che operò dopo la seconda guerra mondiale, faceva lo stesso tipo di calcolo direttamente alla macchina da scrivere e ci metteva meno tempo della calcolatrice. In anni molto recenti l'olandese Wim Klein si è guadagnato un posto nel Guinness dei primati per aver estratto in un minuto e 43 secondi la 19ª ra

dice di un numero di 133 cifre.
Le spiegazioni di questo fenomeno non sono ancora definitive: certi studiosi lo ricollegano a facoltà paranormali (chiaroveggenza e precognizione), altri ritengono che si tratti di un processo non razionale proveniente dall'io profondo. Certamente si tratta di un fenomeno ai limiti tra psicologia e parapsicologia, che consente di rendersi conto che i confini della psiche umana sono ancora sconosciuti e insondabili.

Capra Fritjof (1939)
Laureato a Vienna in fisica teoretica, ha poi studiato a Parigi e Londra e oggi insegna all'Università di Berkeley in California. Da molti anni si dedica allo studio delle conseguenze filosofiche e sociali della scienza moderna ed è considerato uno degli interpreti più acuti e completi del nuovo pensiero olistico e dell'integrazione di scienza occidentale e filosofia orientale. La sua opera più famosa è *Il tao della fisica*.

Carisma
In linguaggio teologico si intendono con questo termine i doni particolari concessi da Dio all'uomo, per esempio la profezia, la capacità di guarire, di parlare le lingue, la veggenza. Il termine è usato anche nel linguaggio quotidiano nel senso di qualità speciali che caratterizzano una persona e la rendono adatta a compiti di qualità particolare.

Carismatici
I «Gruppi di Rinnovamento dello Spirito», più comunemente noti come «carismatici», costituiscono ormai un movimento molto diffuso nei paesi cattolici e protestanti. Praticano cerimonie collettive e si ispirano alla Chiesa primitiva e ai doni (carismi) che lo Spirito Santo — invocato — può dare: profezia, guarigione, facoltà di parlare lingue straniere, sapienza. Gli iniziatori del movimento furono, all'inizio degli anni Settanta, dei Canadesi francesi, però ben presto i carismatici si diffusero un po' dappertutto, operando parallelamente alle Chiese ufficiali e da esse accettati. Durante i loro riti, di cui fanno parte integrante canti, preghiere e invocazioni allo Spirito Santo, capita sovente che molti si sentano risanati e carichi di benefica energia.

Carte Zener
Mazzo di 25 carte usato negli esperimenti quantitativi resi famosi da *J.B. Rhine* (v.), che nel 1930 diede inizio, alla Duke University di Durham (USA), alla sua ultracinquan-

Le carte Zener, normalmente usate per esperimenti di telepatia

tennale attività parapsicologica. Le carte da lui usate per gli esperimenti erano state ideate da un suo collaboratore, Karl Zener, e consistono di cinque gruppi di cinque carte aventi questi simboli: cerchio, quadrato, stella, onda e croce. Negli esperimenti di telepatia lo sperimentatore solleva le carte una dopo l'altra e cerca di trasmettere il simbolo al sensitivo: siccome questi ha una probabilità su cinque di indovinare per caso una carta presa da un mazzetto di cinque, è agevole calcolare statisticamente se il risultato di una serie di «smazzate» è dovuto al caso, oppure entrano in gioco capacità paranormali. Per esempio già 130 carte indovinate su 500 rappresentano un risultato significativo. Modificando un poco la tecnica è possibile compiere esperimenti di chiaroveggenza e precognizione.
Altri ricercatori dopo Rhine hanno usato carte più «emozionali», con immagini invece di simboli. Le carte Zener (dette anche carte ESP) costituiscono però tuttora le

carte classiche e sono quelle abitualmente usate.
Oggi la scelta della carta avviene attraverso generatori di eventi casuali, e non manualmente; e addirittura si tende a sostituire le carte con più complessi esperimenti compiuti attraverso sofisticate strumentazioni tecniche. Le carte Zener sono comunque sempre consigliabili per esperimenti preliminari e selettivi, e naturalmente per tutti coloro che non dispongono di laboratori attrezzati.

Cartomanzia
Pratica divinatoria che si serve dell'uso delle carte da gioco. Risale a tempi abbastanza recenti (XVIII secolo) e può utilizzare carte di vario genere. Il sensitivo fa alzare il mazzo al consultante e dispone poi le carte secondo certe tecniche e metodi personali, desumendo dai vari simboli e dal loro ordine le notizie che interessano il consultante. Si ritiene che le carte, come le altre pratiche divinatorie, servano al sensitivo da appoggio per evidenziare le proprie doti paranormali.

Casa infestata
Luogo in cui avvengono fenomeni misteriosi, ritenuti per molto tempo opera di spiriti inquieti. Si veda la voce *Infestazione.*

Cassandra
Veggente greca, figlia di Priamo re di Troia. Avendo rifiutato l'amore di Apollo fu da lui punita: nessuno avrebbe creduto alle sue precognizioni, in genere catastrofiche. La più famosa è quella della caduta di Troia. Oggi il nome «Cassandra» indica in genere una veggente che prevede soltanto disgrazie.

Cassoli Piero (1918)
Medico e parapsicologo, è stato tra i fondatori del Centro Studi Parapsicologici di Bologna, di cui è presidente. È uno dei due membri italiani della *Parapsychology Association* e ha studiato numerosi sensitivi italiani e anche stranieri. Tra le sue numerose opere ricordiamo in particolare *Il guaritore*, frutto di decennali esperienze coi guaritori e col problema della pranoterapia.

Castaneda Carlos (1939)
Etnologo di origine brasiliana, ma educato negli Stati Uniti. Nel 1960 fece la conoscenza di Don Juan Mutus, un indiano Yaqui, che era *brujo*, cioè medicine-man e stregone, e da lui apprese l'uso del *peyote*, il fungo sacro (allucinogeno) e del suo culto. Gli insegnamenti di Don Juan mostrarono a Castaneda che il mondo delle manifestazioni che noi occidentali conosciamo non è che uno dei mondi possibili, e che esistono altre realtà, sperimentabili con determinate pratiche.
Castaneda ha espresso questi concetti e insegnamenti in molti libri, che hanno avuto larga risonanza sia in America che in Europa, e che non hanno perso il loro fascino nonostante le polemiche che hanno suscitato e i dubbi sulla realtà dell'esistenza di Don Juan.

Catena
Pratica in uso nella sedute spiritiche: i partecipanti usano tenersi per mano, o quantomeno sfiorarsi con la punta delle dita, il che produce, a quanto pare, una concentrazione e un rafforzamento delle energie. Certamente il gesto di tenersi per mano aumenta l'armonia e il senso di unione del gruppo, il che risulta molto utile per l'estrinsecazione delle doti medianiche.

Cayce Edgar (1877-1945)
È stato uno dei medium più dotati del suo tempo. Scoprì la propria medianità praticamente per caso, perché avendo perso la voce fu curato con l'ipnosi, stato nel quale riusciva a parlare. Siccome però da sveglio perdeva nuovamente la voce, l'ipnotizzatore ebbe l'idea di chiedergli, mentre era in trance, di farsi da solo la diagnosi: Cayce lo fece e prescrisse anche una cura che gli ridiede la voce in poco tempo. Questo fu l'inizio. Da allora Cayce fece diagnosi in stato di trance e le guarigioni clamorose che riusciva a produrre finirono per attirargli l'attenzione di un numero sempre più alto di persone e anche di medici, che scettici all'inizio si convinsero col tempo delle sue reali doti. Migliaia furono le diagnosi e le

ricette indicate da Cayce nel corso della sua carriera, che fu accompagnata dall'affetto e dalla riconoscenza delle persone che riusciva a guarire. Cayce in trance disse che le sue informazioni venivano dall'inconscio del malato stesso e da una sorta di inconscio collettivo, o memoria della natura.

Edgar Cayce

Cazzamalli Ferdinando (1887-1958)
Medico e parapsicologo, si interessò sempre di ricerca psichica e fu tra i fondatori della Società Italiana di Metapsichica di Roma e in seguito dell'Associazione Italiana Scientifica di Metapsichica di Milano. Fondò anche la rivista *Metapsichica*, tuttora esistente, per la divulgazione dei lavori scientifici. Compì ricerche sperimentali, specie sulla telepatia, arrivando a formulare l'ipotesi che il cervello umano emette onde elettromagnetiche. I suoi esperimenti furono ripresi in Russia da *Vasiliev* (v.), che li confutò.

Centro di Studi Parapsicologici (CSP)
Fondato nel 1954 a Bologna su iniziativa di Enrico Marabini, Piero Cassoli, Massimo Inardi e Alessandro Buscaroli, è attualmente presieduto del dr. Cassoli e organizza ogni anno una «Giornata Parapsicologica Bolognese» che ha assunto carattere nazionale. Pubblica i *Quaderni di Parapsicologia* e un Bollettino per i Soci, e svolge attività di ricerca e divulgazione.

Centro Italiano di Parapsicologia (CIP)
Fondato a Napoli nel 1963, è stato diretto per anni dal prof. Giorgio di Simone e pubblica regolarmente *Informazioni di parapsicologia*. Si dedica a tutta la fenomenologia paranormale, in particolare a quella medianica.
Attualmente è presieduto da *Corrado Piancastelli* (v.).

Centurione Scotto Carlo (1877-1958)
Marchese e poi principe, fu un medium straordinariamente dotato per un periodo di tre anni, dal 1927 al 1930. Scoprì le proprie facoltà quando, a causa della tragica morte del figlio Vittorio, tentò su consiglio di Bozzano, genovese anch'egli, di comunicare con lui attraverso vari medium. L'esperimento non riuscì, però l'entità che si presentò annunciò al principe la sua medianità e lo sollecitò a tenere delle sedute, che furono le famose sedute di Millesimo, dal nome di un castello dei Centurione in quella località. Anche qui il contatto con Vittorio mancò, però si ebbe una serie straordinaria di fenomeni che restano tra i più interessanti dell'intera casistica medianica: tra questi la sparizione del medium dalla stanza delle sedute e il suo ritrovamento in una scuderia, addormentato. Il clima familiare delle sedute di Millesimo, cui partecipò spesso lo stesso Bozzano, fece sì che esse fossero criticate da vari ricercatori. Oggi i fenomeni ivi ottenuti sono ritenuti autentici. Centurione Scotto perse gradualmente le facoltà avendo dovuto abbandonare la speranza di comunicare col figlio.

Cerchio Firenze 77
È il nome del gruppo che per molti anni si è riunito intorno al grande medium *Roberto Setti* (v.). Sono firmati con questo nome anche numerosi libri (curati in genere da Luciana Setti Campani, sorella di Roberto),

contenenti i profondi messaggi e la descrizione dei fenomeni prodotti dal medium.

Chakra
Lo yoga indica con questo termine (che significa in sanscrito «cerchio», «ruota») i vari centri di energia che si trovano in certi punti del corpo umano e nei quali si concentra l'energia vitale. I *chakra* sono simbolizzati sotto forma di fiore di loto, il cui numero di petali varia a seconda delle

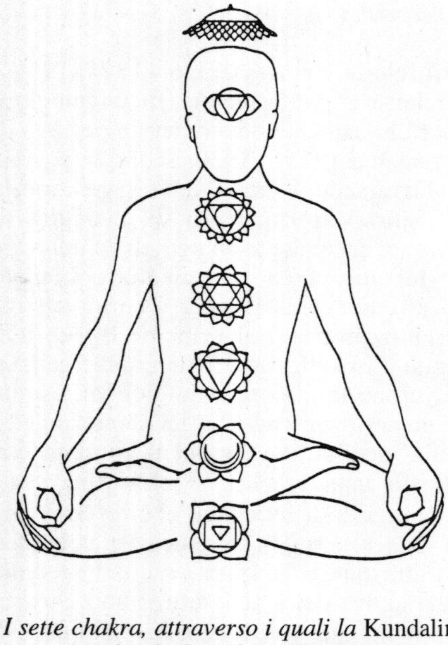

I sette chakra, attraverso i quali la Kundalini *risale al «loto dai mille petali»*

funzioni e dell'importanza del centro vitale. Il *chakra* supremo, ovvero il centro cerebrale è detto «loto dai mille petali». Il *kundalini-yoga* (v.), si prefigge di destare la forza dormiente del serpente e di guidarla a vitalizzare e controllare i vari *chakra.*

Channeling
Termine americano che significa «canalizzazione» e indica la capacità (medianica) di ricevere e trasmettere messaggi dalla dimensione trascendente. Tali messaggi sembrano provenire da guide spirituali, defunti, abitanti di altri pianeti, esseri superiori; sono generalmente di tipo etico e possono consistere sia di scritti che di disegni o pitture. Il fenomeno riguarda anche i guaritori spirituali, che si ritengono «canali» di energie benefiche provenienti da un mondo trascendente o da medici dell'aldilà. Si vedano anche le voci *Automatismo, Scrittura automatica* e *Guaritore.*

Chiaroudienza
Si intende con questo termine un fenomeno per il quale il sensitivo «sente» voci che gli comunicano informazioni di tipo paranormale. Si tratta quindi di una casistica totalmente soggettiva, che però trova riscontro nei contenuti che le voci trasmettono e che possono essere di tipo telepatico, precognitivo o chiaroveggente. I messaggi che i medium ricevono da presunte entità di trapassati vengono trasmessi con la voce o la scrittura automatica, ma talora anche per chiaroudienza. Il caso più famoso di chiaroudienza è quello del noto veggente francese Belline, che con questo mezzo riuscì a mettersi in contatto col figlio Marcel morto in un incidente. Belline ha descritto la sua vicenda nel libro *Il terzo orecchio.*

Chiaroveggenza
È la capacità di vedere cose o persone nascoste o scomparse: oggetti nascosti in scatole o buste opache, persone o eventi lontani e non accessibili alla vista, scritte celate allo sguardo. La chiaroveggenza è un fenomeno noto fin dall'antichità e uno dei primi su cui sono stati compiuti studi già alcuni secoli or sono: nel Settecento *Franz Mesmer* (v.) poneva in stato di trance ipnotica i suoi pazienti, i quali in questa condizione leggevano a occhi bendati, descrivevano fatti lontani o oggetti che si trovavano in altre stanze.
A partire dal 1930 il prof. *J.B. Rhine* (v.) diede inizio presso la Duke University di Durham (USA) ai suoi esperimenti con le carte e i dadi sulla percezione extrasensoriale e dedicò molta attenzione anche alla chiaroveggenza, alla quale applicò il metodo stati-

stico quantitativo. Sono riconducibili alla chiaroveggenza anche i fenomeni della *lettura con la pelle* e della *lettura in libri chiusi* (v.). Ed è con ogni probabilità da interpretarsi come un fenomeno chiaroveggente l'uso del pendolo e della bacchetta del rabdomante, dove pendolo e bacchetta fungono da appoggi di cui il sensitivo si serve per mettere a fuoco le proprie capacità. Lo stesso vale per le *mantiche* (v.), e per la *diagnosi paranormale* (v.). Come si può constatare, sono riconducibili alla chiaroveggenza molti dei fenomeni studiati dalla parapsicologia.

Tra i casi famosi di chiaroveggenza va citato quello vissuto dal mistico svedese *Emanuel Swedenborg* (v.), che nel 1759 a Göteborg «vide» l'incendio che stava distruggendo Stoccolma, che si trova a 500 km. di distanza. In questo caso si era trattato di una visualizzazione spontanea; altre volte la visione chiaroveggente viene indotta con oggetti, per esempio quelli appartenuti alla persona che si sta cercando. Di numerosi casi di questo tipo fu protagonista il grande veggente olandese *Gerard Croiset* (v.), che in molte occasioni fu in grado di aiutare la polizia a ritrovare persone scomparse, specie bambini annegati nei canali olandesi. Croiset era particolarmente sensibile a questi fatti in quanto da bambino era stato sul punto di annegare in un canale: nel suo caso, come del resto anche in molti altri, era la spinta emotiva, il bisogno di aiutare, a mettere in moto il meccanismo della chiaroveggenza.

Il veggente ha la facoltà di «vedere» l'invisibile, di affacciarsi in altre realtà, di guardare nel passato e nel futuro

Al pari della telepatia e della precognizione, la chiaroveggenza non conosce limiti spaziali: l'episodio di Swedenborg ne è un esempio ben preciso. Recentemente (1984) sono stati compiuti esperimenti di chiaroveggenza Mosca-San Francisco, perfettamente riusciti nonostante le migliaia di chilometri di distanza: si veda a questo proposito anche la voce *Remote viewing*.

È infine inquadrabile nella chiaroveggenza anche la cosiddetta «seconda vista» che certi sensitivi affermano di possedere: la capacità cioè di vedere entità di trapassati, anche di persone mai conosciute in vita. La casistica paranormale ha documentato parecchi casi simili. Come gli altri fenomeni di percezione extrasensoriale, la chiaroveggenza parla a favore della sostanziale unità di tutto ciò che esiste e della possibilità di mettersi, in certe circostanze, in contatto con tutto e con tutti, indipendentemente dalle barriere spaziali.

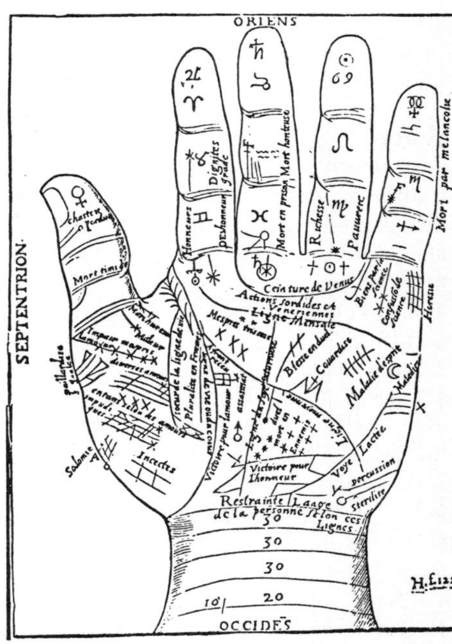

Simboli per la lettura della mano in un'opera del '600

Chiromanzia
Deriva dal greco *chèir* = mano, ed è una divinazione che si basa sull'osservazione della mano del consultante. I vari segni che su questa appaiono, la forma della mano stessa, le depressioni e i promontori del palmo dicono al sensitivo non solo il destino della persona, ma anche il suo carattere, la sua salute e le sue tendenze. La chiromanzia ha origini molto antiche e ne troviamo tracce in epoca greca e romana. Si può ipotizzare che, al di là dell'osservazione dei vari segni della mano, il sensitivo si serva in realtà delle proprie doti paranormali, come avviene con le altre *mantiche* (v.).

Chirurgia paranormale Si veda la voce *Guaritori filippini.*

Coboldo
Spiritello domestico, di carattere scherzoso e burlone. Interferisce nella vita degli uomini in maniera spesso rumorosa e confusionaria, tanto che la voce popolare lo vuole responsabile dei fenomeni che avvengono nei casi di *poltergeist* (v.) e nelle case infestate. I coboldi sono noti soprattutto fra i popoli germanici.

Cometa
Fin dai tempi più lontani l'apparizione di una cometa in cielo ha suscitato ammirazione e paura insieme, e alimentato credenze e superstizioni di ogni genere. Col suo improvviso e inatteso presentarsi, la cometa simboleggia le catastrofi che possono abbattersi sull'umanità ed è stata infatti concordemente ritenuta foriera di sventure di ogni tipo: guerre, pestilenze, carestie, inondazioni, morte di sovrani e personaggi famosi, e altro ancora. Nel Medioevo la cometa era definita «il dito infuocato di Dio». Per fare soltanto qualche esempio: una cometa apparsa nel 372 a.C. annunciò — a giudizio del popolo — agli Spartani la loro sconfitta e la stessa cosa fu detta della cometa che solcò il cielo nel 70 d.c., poco prima della conquista di Gerusalemme da parte dei Romani. Una cometa apparsa nel 531 fu messa in relazione con la peste di Costantinopoli e

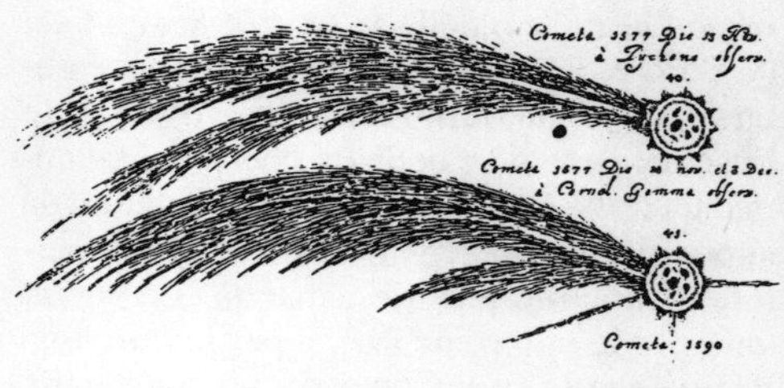

Comete, in un disegno tratto dall'opera dell'Helvenius «Cometografia»

quella del 1337 con la peste in Baviera. Il passaggio di un'altra cometa nel 1618 segnò l'inizio della Guerra dei Trent'anni. Il passaggio, nel 1910, della cometa di Halley gettò ancora nel panico migliaia di persone di tutto il mondo. Oggi questi timori possono dirsi superati: resta il fascino di questo oggetto celeste, apparentemente disordinato e vagabondo (mentre al contrario i suoi ritorni sono scanditi da ritmi di estrema precisione), sul quale l'uomo ha proiettato per millenni le sue paure e le sue superstizioni.

Comunicazione medianica
Durante le sedute spiritiche si manifestano attraverso i medium «personalità» che spesso trasmettono messaggi: attraverso la scrittura, la voce stessa del medium, il tavolino, la planchette, ecc. I messaggi possono essere di vario tipo: si va dalle comunicazioni personali per i presenti, alle prove di identificazione, alle profezie, agli insegnamenti di tipo filosofico e morale di carattere generale.
La *letteratura medianica* (v.) è vastissima, sia in Italia che all'estero, e nella voce ad essa dedicata abbiamo fornito indicazioni precise. Resta da chiedersi da dove vengano questi messaggi: dall'inconscio del medium o da una fonte ad esso esterna? Se ne discute da oltre cent'anni, ma la risposta è ancora affidata alla disponibilità personale.

Contattista
Viene definita con questo termine la persona che afferma di avere contatti con intelligenze

extraterrestri, ovvero coi piloti degli UFO. C'è chi afferma di avere contatti diretti e concreti, e chi dice di essere in contatto solo telepatico con gli occupanti degli oggetti volanti non identificati. Costoro sono stati descritti nei modi più diversi: secondo alcuni sarebbero molto simili a noi, anzi con aspetti idealizzati, secondo altri si tratterebbe di creature piccole di statura, con grosse teste e occhi sporgenti.
In genere a questi esseri sono attribuite intenzioni pacifiche nei confronti del genere umano. Chi è in contatto telepatico con gli «extraterrestri» riceve sovente da costoro messaggi abbastanza simili a quelli che ricevono i medium, caratterizzati cioè da benevoli ammonimenti, appelli di tipo etico, consigli e inviti a migliorare il nostro livello morale. Al pari del fenomeno degli UFO, quello del contattismo resta ancora avvolto nel mistero, non essendo stato finora possibile avere prove tangibili e concrete della realtà dei contatti tra esseri umani e creature provenienti dagli spazi.

Cook Florence (1856-1904)
Rivelatasi medium fin da ragazzina, l'inglese Florence Cook è famosa per i fenomeni di materializzazione che si producevano nelle sue sedute: in particolare il fantasma di una giovane donna che si faceva chiamare *Katie King* (v.). Florence fu studiata a lungo da Sir *William Crookes* (v.) che ne attestò sempre l'onestà. Come quasi tutti i grandi medium, anche Florence Cook è stata contestata e criticata, sia al tempo suo che in seguito. Resta comunque assodato che nel suo caso si è trattato di grande medianità e che le materializzazioni prodotte nelle sue sedute sono tra le più interessanti dell'intera fenomenologia medianica.

Corda d'argento
Connessione invisibile e sottile che in base al pensiero orientale, ripreso poi dagli esoteristi e da *Rudolf Steiner* (v.) unirebbe il corpo fisico a quello sottile (corpo eterico o astrale). Simile nell'aspetto al cordone ombelicale, la corda d'argento sarebbe in grado di prolungarsi indefinitamente durante il sonno e le esperienze fuori dal corpo; nel processo di morte si spezzerebbe invece definitivamente. In effetti varie persone, pur ignorando l'esistenza della «corda d'argento», hanno affermato di aver visto questa connessione tra il corpo sottile e quello fisico durante il fenomeno dello sdoppiamento.

In questa stampa cinese appare una chiara rappresentazione della «corda d'argento»

Corda indiana
Antico, e sempre discusso, fenomeno attribuito ai *fachiri* (v.) indiani e che consiste in questo: il fachiro lancia in aria una grossa corda, che non ricade a terra ma rimane in posizione verticale. Su di essa si arrampica un ragazzino istruito dal fachiro, o il fachiro stesso. Di questo esperimento parla Marco Polo nel *Milione* e analoghe descrizioni si trovano in altre relazioni di viaggio. In anni recenti la salita sulla corda è stata filmata, ma sulla pellicola fachiro e ragazzino sono risultati fermi accanto alla corda, fatto che depone a favore dell'ipotesi dell'allucinazione collettiva, più volte invocata a spiegazione di questo fenomeno; il quale non è mai stato studiato seriamente e resta quindi ancora misterioso.

Corrispondenze incrociate
Fenomeno tra i più interessanti dell'intera casistica paranormale, che pare sostenere l'ipotesi della sopravvivenza. Si tratta di questo: vari medium scrivono, uno indipendentemente dall'altro, messaggi che da soli non hanno alcun senso ma che l'assumono quando vengono collegati fra di loro. Il fenomeno cominciò a presentarsi nel 1901 in Inghilterra, dopo la morte del grecista *Frederik W.H. Myers* (v.), che era stato, insieme a Edmund Gurney e Frank Podmore, uno dei fondatori della *Società per la Ricerca Psichica di Londra* (SPR), la più antica del mondo (1882), e continuò a presentarsi fino al 1930 circa, con l'apparente coinvolgimento di vari membri della SPR, dopo la loro morte.
Il fenomeno in questione fu scoperto, si può dire quasi casualmente, dalla segretaria della SPR Alice Johnson, che confrontando i messaggi di vari automatisti si accorse che alcuni di essi, non significativi di per sé, rivelavano un significato ben chiaro se messi insieme.
Come si è accennato, ideatore delle corrispondenze incrociate sembra essere stato il Myers, che già in vita nutriva grande interesse per il problema della sopravvivenza, cui aveva dedicato la sua opera principale (*La personalità umana e la sua sopravvivenza*) e che già aveva tentato di ottenere messaggi collegati fra di loro dalle varie automatiste con cui era in contatto. Dopo la sua morte il fenomeno si rivelò chiaramente: che l'ispiratore fosse Myers lo faceva pensare il fatto che spesso i messaggi contenevano citazioni classiche incomprensibili per le sensitive ma perfettamente in linea con la preparazione del Myers, che era stato grecista.
Nel tempo si ebbero corrispondenze incrociate tra l'Inghilterra e gli Stati Uniti, la Francia, l'Italia, addirittura la Cina, secondo modalità tali da portare ad escludere l'ipotesi telepatica e da lasciare invece aperto il discorso della sopravvivenza e del reale intervento intelligente dei trapassati, allo scopo appunto di dimostrare di essere sopravvissuti alla morte fisica.

Criptostesia
Il termine fu coniato da *Richet* (v.) per designare la percezione extrasensoriale (ESP), e indica «una sensibilità nascosta, una percezione di cui resta sconosciuto il meccanismo e di cui noi possiamo riconoscere soltanto gli effetti». Il concetto non è molto usato, tuttavia rispetto a termini come telepatia o chiaroveggenza presenta il vantaggio di non esprimere alcuna ipotesi esplicativa e di lasciare quindi aperta ogni possibilità.

Cristallomanzia
Si tratta di una delle *mantiche* (v.) più note: il sensitivo fissa una superficie di cristallo e su questa gli appaiono visioni di tipo chiaroveggente e precognitivo.
In genere viene usata una sfera di cristallo, ma può servire anche una boccia d'acqua o altra superficie lucente e trasparente. La cristallomanzia è molto antica, in quanto risale al Medioevo; ebbe nel Rinascimento una vasta diffusione e viene usata ancor oggi da certi sensitivi. Si può dire della cristallomanzia quello che si è detto in generale sulle mantiche: la sfera di cristallo serve con ogni probabilità da appoggio al sensitivo per favorire le proprie personali percezioni. Si conoscono anche casi in cui il sensitivo ha mostrato ad altre persone le visioni apparse nel cristallo, per cui si può pensare a una trasmissione telepatica di immagini.

Croiset Gerard (1910-1980)
Olandese, Croiset è stato uno dei sensitivi più validi e famosi che la storia della parapsicologia ricordi. Veggente dotatissimo fin da molto giovane, Croiset conobbe nel 1945 il prof. *W.H.C. Tenhaeff* (v.), che insegnava parapsicologia all'Università di Utrecht, e formò con lui uno dei più fruttuosi sodalizi che si conoscano. Croiset fu sempre disponibilissimo per la ricerca e oltre che da Tenhaeff si fece studiare e controllare da molti altri studiosi europei e americani, tra cui *Hans Bender* e *Gastone De Boni* (v.). Croiset ha sempre concepito le sue qualità come un dono da offrire al prossimo e si è sempre prestato generosamente sia per la sperimentazione scientifica che per la

Gerard Croiset

ricerca concreta. Ha collaborato anche con la polizia soprattutto per la ricerca di persone perdute o scomparse, rivelandosi particolarmente sensibile per i casi in cui erano coinvolti bambini. Ne ha ritrovati, vivi o morti, a decine, specie se il caso aveva a che fare con l'acqua e i numerosissimi canali della sua patria: da bambino Croiset era stato sul punto di annegare, e questo fatto l'aveva evidentemente sensibilizzato in modo particolare. Oltre che di spiccatissime doti di veggenza, Croiset era dotato di precognizione: ne fanno testimonianza i numerosi esperimenti *a sedia vuota* (v.), che furono per anni il suo cavallo di battaglia. Durante i suoi esperimenti Croiset non era mai in trance, ma perfettamente vigile; per concentrarsi usava oggetti appartenenti alla persona di cui doveva visualizzare la situazione (fotografia, oggetti personali, orologi, ecc.), e spesso doveva interpretare le sue visioni che si presentavano in forma simbolica. Non ha mai chiesto soldi per le sue prestazioni di veggente (sia che si trattasse di esperimenti coi ricercatori che di visualizzazioni per aiutare il prossimo) e si guadagnava da vivere con la sua attività di guaritore. Nello stesso modo opera il figlio maggiore Gerard, anche lui valido sensitivo anche se non all'altezza del padre.

Cronaca Akashica
La Cronaca Akashica, o Archivio Akashico, prende il nome dal sanscrito *âkâsha* = etere, spazio, e significa uno spazio simbolico in cui si inscrivono, e possono quindi essere recuperate, tutte le conoscenze, le azioni, i pensieri e le parole degli uomini e tutti gli avvenimenti del mondo. Solo gli iniziati sarebbero in grado di leggere in questo magico archivio.

Crookes Sir William (1832-1919)
Fisico inglese molto noto per la scrupolosa attività scientifica e le scoperte che fece: l'elemento tallio, i tubi a raggi catodici, il radiometro. Si interessò sempre attivamente di fenomeni paranormali e fu anche presidente della *Società per la Ricerca Psichica* di Londra (v.). Studiò molto accuratamente alcuni dei più famosi medium del suo tempo tra cui *D.D. Home* e *Florence Cook* (v.), sostenendone la buona fede e la genuinità.
Per questo motivo fu spesso attaccato dai suoi contemporanei (e poi dai posteri), che cercarono anche di infangare il suo buon nome di scienziato accusandolo di connivenza coi medium. Crookes seppe sempre difendersi da queste accuse, documentando con validissimi argomenti gli esperimenti che conduceva. Pubblicò varie opere sui fenomeni spiritici ed è considerato uno dei pionieri della ricerca psichica, quantomeno colui che diede inizio alla sperimentazione scientifica coi medium.

Cross-correspondences
Termine inglese che significa *corrispondenze incrociate* (v.).

D

Dadi
Gli esperimenti coi dadi sono molto usati nella ricerca quantitativa di laboratorio. Servono soprattutto per esperimenti di precognizione (il soggetto deve predire quale faccia del dado risulterà dopo il lancio) o di psicocinesi (il soggetto tenta di influenzare il lancio stesso dei dadi e di far risultare sempre una determinata faccia).

Dame bianche
Sono *apparizioni* (v.) di donne in abito bianco e si manifestano nei castelli tedeschi, austriaci e svedesi per annunciare la morte di uno della famiglia, o comunque eventi infausti. Famosissima la dama bianca degli Hohenzollern, che appare fin dal 1486: ogni volta la sua comparsa è stata collegata alla morte di un membro della famiglia. Sarebbe apparsa l'ultima volta nel 1861 per annunciare la morte di Federico Guglielmo IV di Prussia.
Secondo la tradizione, una «dama bianca» avrebbe preannunciato il 29 ottobre 1268 alla madre di Corradino di Svevia, vedova dell'imperatore Corrado IV Hohenstaufen, la morte del figlio: e in effetti in quella stessa ora Corradino veniva giustiziato.
Una dama bianca pare essere stata vista anche in Francia, la sera prima della morte di Maria Antonietta. Le dame bianche dei castelli svedesi possono essere viste solo dai membri delle famiglie nobili che abitano i castelli.

La «Dama Bianca» del Castello di Bernstein apparsa più volte dal 1859 fino ad oggi

David-Neel Alexandra (1868-1969)
Nata in Francia, scrittrice e viaggiatrice, si interessò in particolare di religioni e tradizioni orientali e visse a lungo in Cina, India e soprattutto in Tibet, divenendo monaca buddhista e riuscendo ad acquisire molti poteri propri degli yogi. In collaborazione con un lama che aveva adottato, scrisse vari libri che hanno aperto all'Occidente la conoscenza dei paesi orientali, soprattutto del Tibet e dei suoi magici personaggi dotati di straordinari poteri paranormali. La sua opera fondamentale è *Mistici e maghi del Tibet.*

De Boni Gastone (1908-1986)
Medico e studioso di fenomeni paranormali, specie di quelli medianici. Cominciò a interessarsi di parapsicologia molto giovane e a questo interesse ha dedicato tutta la vita. Fu legato da affetto filiale a *Ernesto Bozzano*

(v.), che lo lasciò erede della sua biblioteca, consistente di migliaia di volumi sul paranormale, carteggi, riviste, schedari, lastre fotografiche. Tale biblioteca, arricchita anche dei 1.500 volumi del prof. Vittorino Vezzani, è stata collocata per molti anni a Verona, città in cui De Boni ha sempre operato; è stata trasferita dopo la sua morte a Bologna (v. *Biblioteca Bozzano-De Boni*) e fa parte dell'*Archivio di Documentazione Storica della Ricerca Psichica* (v.). Dal 1947 al 1986 De Boni ha diretto la rivista *Luce e Ombra* (v.) e nella sua lunga carriera ha pubblicato numerose opere. Il suo libro più famoso è *L'uomo alla ricerca dell'anima.*

Dee John (1527-1608)
Matematico, astrologo e veggente inglese, che cercò di unificare la matematica con l'alchimia e la cabala. La sua opera scientifica era al suo tempo molto apprezzata. Dee credeva negli angeli e secondo la leggenda avrebbe ricevuto da uno di questi una sfera di cristallo che egli poi utilizzò per facilitare le sue visioni. A quanto pare i suoi scritti venivano prodotti per automatismo. Le sue famose visioni nel cristallo erano certamente dovute a doti paranormali. Fu uno dei più famosi «maghi» del suo tempo.

Déjà vu
È l'impressione, di cui tutti nella vita facciamo esperienza almeno una volta, di aver già visto l'ambiente, l'oggetto o la scena che si vede invece per la prima volta. Il *déjà vu* (= già visto) è studiato anche in psicologia ed è stato interpretato in vari modi. Un'interpretazione psicologica potrebbe essere questa: la persona non ricorda tutta la scena o tutto l'ambiente, ma soltanto un particolare, però nel momento della percezione associa la parte al tutto, ricevendo l'impressione fallace di aver già visto, e quindi di ricordare, tutto l'insieme.
I sostenitori della teoria della reincarnazione ritengono che si tratti di un fenomeno che conferma il loro convincimento: la persona ricorderebbe perché in un'altra vita avrebbe realmente vissuto in quel luogo o visto quegli oggetti.
Un'interpretazione suggestiva è quella che ricollega il *déjà vu* al sogno: si ritiene che in sogno avvengano fenomeni di precognizione di cui per lo più non conserviamo alcuna memoria.
Il *déjà vu* non sarebbe quindi altro che un sogno precognitivo: in altre parole, nel sogno vediamo per precognizione una situazione o una scena con la quale in seguito saremo confrontati, e da svegli, come quasi sempre avviene, dimentichiamo il sogno. Quando ci troviamo davvero confrontati con quella situazione o quelle scena, abbiamo la vaga sensazione di averla già vissuta, mentre in realtà l'abbiamo soltanto sognata. Quest'ultima interpretazione è forse quella che meglio si adatta alla complessità del fenomeno in questione.

Delfi
Luogo sacro in Grecia, dove anticamente vaticinava una famosa Sibilla. Si vedano le voci *Sibilla* e *Oracolo.*

De Martino Ernesto (1908-1969)
Docente di storia delle religioni e antropologia, nutrì sempre un grande interesse per i fenomeni paranormali e ne studiò le manifestazioni presso il popolo e i rapporti con l'antropologia. I suoi studi sulla magia, condotti soprattutto in Italia meridionale, sono considerati esemplari. Le sue opere più importanti sull'argomento sono *Sud e magia* e *La terra del rimorso.*

Demonio
Essere superiore, divino, di tipo negativo, malefico. Si veda la voce *possessione.*

Denis Léon (1846-1927)
Famoso esponente dello spiritismo, ne fu il divulgatore e il promotore dopo la morte di *Kardec* (v.). Di temperamento mistico, era però dotato di prudenza, logica e intelligenza, e seppe anche mettere in guardia dai pericoli che le pratiche spiritiche affrontate senza la dovuta preparazione possono presentare. Si riteneva guidato da una entità spirituale (Gerolamo da Praga) e dedicò in pratica la sua vita alla divulgazione del credo

spiritualista. La sua opera fondamentale è *Dopo la morte*.

Il demonio, in un disegno di Eliphas Levi

Dermografia
Raro fenomeno presentato da alcuni medium e sensitivi: sulla pelle delle loro braccia (e talvolta anche del torso) appaiono scritte, numeri e disegni che permangono per breve tempo e poi spariscono.
Il famoso medium inglese rev. *Stainton Moses* (v.), vissuto nel secolo scorso, presentava ogni tanto sulle braccia i nomi delle sue «guide», e la sensitiva Olga Dahl, studiata a lungo negli anni Venti da *Eugène Osty* (v.) a Parigi faceva apparire sulla propria pelle le parole pensate dallo sperimentatore. Famoso anche il caso della ragazzina rumena *Eleonore Zügun* (v.), studiata a lungo a Vienna e a Londra tra il 1925 e il 1928, che si credeva perseguitata da uno spiritello (il suo *dracu*, come lo chiamava lei) e presentava imponenti fenomeni di *poltergeist* (v.) e anche stigmate e segni sulla pelle che lei attribuiva a percosse del *dracu*.

De Rochas Eugène Auguste (1837-1914)
Studioso francese, dopo aver seguito la carriera militare ottenendo il grado di colonnello, si dedicò completamente alla ricerca psichica, specie l'ipnotismo e la magnetizzazione. Sperimentò coi sonnambuli e si convinse dell'esistenza di un «doppio astrale», ovvero di un corpo sottile responsabile dei fenomeni fisici dei sensitivi. Compì anche importanti esperimenti di regressione della memoria a età e vite precedenti, traendone la certezza della realtà della reincarnazione. È autore di numerose opere sui temi cui dedicò le sue ricerche; in particolare ricordiamo *L'esteriorizzazione della sensibilità*.

Derviscio
Termine persiano (*darvesh*) equivalente all'arabo *fachiro* (v.). Il derviscio è una sorta di monaco mendicante, dotato di tecniche che gli consentono particolari fenomeni che produce in stato alterato di coscienza: insensibilità al dolore, capacità di camminare sul fuoco, immunità ai veleni, capacità di inghiottire animaletti vivi (scorpioni e serpenti), manifestazioni chiaroveggenti e precognitive. Il tutto avviene come manifestazione rituale-religiosa.

D'Espérance Elizabeth (1852-1919)
Famosa medium inglese capace di produrre una fenomenologia sia fisica che psichica. Fin da bambina rivelò doti paranormali e a vent'anni cominciò a tenere sedute medianiche nel corso delle quali si materializzavano interi fantasmi. Famose anche le materializzazioni di piante e fiori, alti fino a due metri, davanti agli occhi dei presenti. La D'Espérance non andava in trance completa, ma restava quasi sempre sveglia. Fu studiata da vari studiosi, tra cui l'*Aksakov* (v.), il quale ebbe più volte occasione di osservare che quando si materializzavano i fantasmi il corpo della medium si smaterializzava in parte o anche interamente. La medium

stessa descrisse la propria vita nel libro *Paese dell'ombra.*

Dèttore Ugo (1905-1992)
Laureato in storia e filosofia, scrittore di romanzi e racconti, ideatore di importanti opere enciclopediche. Si è molto interessato di parapsicologia, specie nei suoi aspetti storici ed epistemologici, ed è autore di numerose opere divulgative tra cui ricordiamo in particolare *L'altro Regno*, la grande enciclopedia *L'uomo e l'Ignoto* e *Normalità e paranormalità*, in cui inquadra filosoficamente il paranormale esprimendo personali e originali ipotesi interpretative.

Deva
Esseri invisibili all'uomo, che in sanscrito (*div*, etimologicamente analogo a *deus*) sono chiamati «i celesti». Vivono in una sfera diversa da quella terrena, però come l'uomo sono soggetti a nascita e morte. Nel pantheon hinduista sono divinità preposte a funzioni rituali.

Diagnosi paranormale
È la capacità di alcuni sensitivi di diagnosticare le malattie. I metodi usati variano da un sensitivo all'altro: c'è chi si immedesima nella persona che gli sta di fronte e «somatizza» i suoi disturbi, ovvero sente sul proprio corpo i dolori dell'altro: c'è chi usa il pendolo e uno schema del corpo umano, avendo accanto l'ammalato o la sua fotografia; chi fa ricorso alle proprie doti di veggenza; e chi infine asserisce di proiettarsi fuori dal corpo e di potere, in questa condizione, «vedere» quale organo è ammalato.
È questo il metodo usato dalla più famosa delle sensitive capaci di fare diagnosi paranormali, *Pasqualina Pezzola* (v.), di Civitanova Marche oggi ultraottantenne ma sempre in attività. Pasqualina lavorava un tempo anche a distanza, compiva cioè «viaggi» in astrale e si recava a visitare la persona, anche molto lontana, di cui le veniva chiesto di fare la diagnosi. Oggi questi viaggi la stancano molto, per cui diagnostica le malattie solo alle persone che si recano da lei. È stata controllata da molti medici, tra cui i dottori Inardi, Cassoli e Marabini, che hanno avuto modo di riscontrare l'esattezza delle sue visualizzazioni.
Nei paesi di oltre Cortina, in Russia e in Cina, dove delle doti paranormali si ricerca soprattutto l'aspetto pratico e concreto, ai sensitivi viene spesso richiesto di tentare la diagnosi paranormale: ovviamente come tecnica aggiuntiva a quelle tradizionali, e non come unico metodo diagnostico.

Dionigi Areopagita
Greco convertito da Paolo, probabilmente primo vescovo di Atene, martire. Usando il suo nome, nel V secolo uno sconosciuto filosofo siriano scrisse varie opere in cui unisce il pensiero cristiano e quello platonico: è noto come lo Pseudo-Dionigi. La sua opera più famosa è *Gerarchie celesti*, in cui illustra la sua angeleologia, ovvero le sue dottrine sugli angeli.

Disco volante Vedi *Oggetti voltanti non identificati.*

Di Simone Giorgio (1925)
Docente di architettura all'Università di Napoli, si occupa fin da giovanissimo di parapsicologia. Ha contribuito a fondare il *Centro Italiano di Parapsicologia* (v.), e la rivista *Informazioni di Parapsicologia*, che ne è l'organo. Si è occupato di molte ricerche in campo paranormale e ha dedicato particolare attenzione alla medianità, avendo avuto modo di sperimentare per molti anni con un medium di grande validità, Corrado Piancastelli, grazie al quale sono stati ottenuti messaggi di alto contenuto filosofico e morale. Con lui il prof. di Simone ha anche effettuato esperimenti scientifici atti a dimostrare l'indipendenza del medium stesso dalla «voce» che parla attraverso di lui (esame della voce, elettroencefalogramma del medium in trance). Autore di numerosi saggi e articoli, di Simone ha affidato al *Rapporto dalla Dimensione X* la sintesi e la divulgazione dei suoi contatti medianici. È noto inoltre per le altre opere *Esperienze fuori dal corpo (OBE), Dialoghi con la Di-*

mensione X, Colloqui con A, Il Cristo vero. È fondatore e presidente dell'*Istituto Gnosis* per lo studio dell'ipotesi della sopravvivenza.

Disincarnato
In linguaggio spiritico, si intende con questo termine lo spirito liberato dal corpo terreno. «Incarnato» sarebbe invece lo spirito che vive sulla terra dentro un corpo. I disincarnati possono comunicare coi viventi attraverso i medium.

Divinazione
La divinazione è una pratica antichissima presente in tutti i tempi e presso tutti i popoli, che l'hanno sempre tenuta in gran conto: basta leggere Omero per farsene un'idea. Il termine *divinus* da cui deriva la parola indica quale fosse un tempo l'interpretazione del fatto divinatorio: rivelazioni divine riguardanti il futuro che venivano date simbolicamente a chi sapeva interpretarle. Varie le tecniche divinatorie del passato: dall'osservazione del volo degli uccelli a quella delle viscere degli animali sacrificati. L'antico indovino, come il sensitivo di oggi, disponeva certamente di doti paranormali, che le diverse tecniche divinatorie facevano emergere. Il termine divinazione è oggi in disuso.

Dolmen
Il termine deriva dal bretone (*tol* = tavola e *men* = pietra) e indica un monumento consistente di pietre piantate nella terra, coperte da una tavola orizzontale, sempre in pietra: il tutto ha spesso la forma di capanna. Il *dolmen* fa parte dei monumenti megalitici che si trovano un po' in tutto il mondo, ma che appaiono in Bretagna con particolare frequenza. Si ignora tuttora se il *dolmen* fosse una tomba, un tempio o altro edificio rituale.

Doppio
È detto «doppio» eterico, o astrale, una specie di copia del corpo umano, che nei fenomeni di sdoppiamento (o esperienza fuori dal corpo) si separa da esso e conduce vita propria, essendo portatore della coscienza, della memoria, della volontà. Chi ha vissuto queste esperienze descrive il proprio doppio in vario modo: o un vero e proprio duplicato del corpo fisico, ma bianco e trasparente, oppure una concentrazione di energia o addirittura un punto dotato di coscienza. La separazione del «doppio» dal corpo fisico può avvenire in momenti di stress (intervento chirurgico, incidente, pericolo di morte), di profonda meditazione (per esempio durante il rilassamento yoga o il training autogeno), o anche spontaneamente in momenti di totale normalità, come è stato spesso riferito. Non sappiamo ancora perché il fenomeno avvenga.

Doyle Sir Arthur Conan (1858-1930)
Noto come romanziere e creatore del celebre Sherlock Holmes, fu sempre appassionato anche di fenomeni paranormali e soprattutto di spiritismo, di cui divenne un instancabile sostenitore. A convincerlo era stata l'opera magistrale di *Myers* (v.) *La personalità umana e la sua sopravvivenza*, e anche il contatto con numerosi medium. Tenne conferenze un po' in tutto il mondo per divulgare il credo spiritico, cui dedicò anche numerose opere divulgative. Si prodigò sempre a favore dei medium che riteneva ingiustamente accusati di frode e grazie alla fama di cui personalmente godeva come scrittore contribuì alquanto alla conoscenza delle tematiche paranormali.

Driesch Hans (1867-1941)
Filosofo tedesco docente alle università di Lipsia e Colonia. Specializzato anche in embriologia, sviluppò la teoria del «vitalismo», ovvero del finalismo insito nel creato. Membro della *Società per la Ricerca Psichica* di Londra (v.), ne fu presidente per due anni (1926-27). Sperimentando con validi medium, tra cui i fratelli *Schneider* (v.), si convinse della realtà dei fenomeni medianici, specie di carattere psichico. Al paranormale dedicò anche numerose opere, tra cui ricordiamo le *Memorie*.

Druidi
Classe sacerdotale celtica, dotata di funzioni educative, religiose e magiche. Nel tempo, sotto la pressione dei Romani, persero sempre più la loro importanza sacerdotale per diventare soprattutto maghi e veggenti.

Ducasse Curt John (1881-1969)
Filosofo americano, docente universitario. Nel campo della parapsicologia si dedicò in particolare al problema della sopravvivenza e ai fenomeni (bilocazione, corrispondenze incrociate, trance ecc.) che sembrano sostenerla. A lui va in gran parte il merito dell'interesse per il tema sopravvivenza oggi tanto diffuso tra i parapsicologi più aperti e impegnati. Tra le sue opere ricordiamo *Fenomeni paranormali, scienza e sopravvivenza.*

Duke University
È la famosa Università di Durham (North Carolina, USA), dove negli anni Trenta *J.B. Rhine* (v.) diede inizio a quegli esperimenti quantitativi che portarono alla dimostrazione sperimentale della ESP e della PK.

Du Prel Karl (1839-1899)
Filosofo e studioso tedesco di scienze naturali, aderì dapprima alle teorie di Darwin, ma lo studio dello spiritismo lo portò a una diversa concezione della realtà, comprensiva anche delle dimensioni spirituali. Convinto assertore della sopravvivenza e della possibilità di contatto tra la dimensione terrena e quella trascendente, Du Prel aderì alle dottrine di *Kardec* (v.), ma non accettò la dottrina della reincarnazione che ne è parte integrante. Numerose le sue opere dedicate alla ricerca psichica e in particolare ai temi sopra indicati.

E

Ectoplasma
Sostanza biancastra, luminosa e mobilissima che nelle sedute spiritiche fuoriesce dal corpo del medium (attraverso gli orifizi naturali) e sembra responsabile dei fenomeni di materializzazione e apporto. L'ectoplasma è sensibile alla luce, che esercita su di esso un effetto disgregante, e ha un carattere intelligente: si muove, si aggrega fino a formare forme e figure, si ritrae se si cerca di toccarlo e rientra infine nel corpo del medium senza lasciare alcuna traccia. Sembra una sorta di velo o stoffa leggera, presenta sovente una certa luminosità, si allarga e si ingrandisce velocemente e altrettanto velocemente si contrae fino a sparire del tutto.

Ectoplasma «a grembiule» fuoriesce dalla bocca del medium Einer Nielsen durante una seduta del 1952 alla quale assisteva anche il dr. Gastone De Boni

Nel secolo scorso e all'inizio di questo, nell'epoca cioè della grande medianità, i ricercatori hanno cercato di analizzare l'ectoplasma: dopo essere riusciti e metterne in provetta piccoli frammenti durante le sedute, portarono la sostanza in laboratorio, ma l'analisi non poté mostrare altro che quello che l'ectoplasma aveva portato via al medium, ovvero globuli rossi, leucociti, saliva o muco, tracce di sostanze tessili. In altre parole, la misteriosa sostanza era scomparsa, lasciando sotto al microscopio soltanto ciò che aveva portato con sé.
Come si è detto, l'ectoplasma sembra responsabile delle materializzazioni, sia di oggetti che di corpi, che avvengono nelle sedute: oggetti e arti umani sono infatti stati visto spesso formarsi da nubecole di ectoplasma. Certi studiosi sostengono che anche i fenomeni di psicocinesi e levitazione che avvengono nelle sedute sarebbero dovuti a «leve» fatte di ectoplasma, che in effetti a volte sono state viste e fotografate.
L'ectoplasma per altro è stato fotografato numerose volte, sia mentre esce dal corpo del medium che mentre contribuisce a formare oggetti e parti del corpo.
In ultima analisi, benché sia stato studiato per decenni, l'ectoplasma resta ancora una sostanza misteriosa, come misteriosa resta la medianità

Edison, Thomas Alva (1847-1931)
Ingegnere americano, divenuto famoso per le sue invenzioni, tra cui il fonografo. Si occupò sempre con grande interesse anche di fenomeni paranormali ed era convinto della possibilità di comunicare coi trapassati: a

questo scopo ideò uno strumento tecnico che doveva servire per la trans-comunicazione. Di questo strumento è stato ritrovato il progetto che, realizzato, non ha dato risultati. Probabilmente Edison non arrivò a perfezionarlo: non si sa per altro se l'abbia sperimentato o soltanto progettato.
Edison può essere considerato comunque un precursore dei moderni sperimentatori di *psicofonia* (v.).

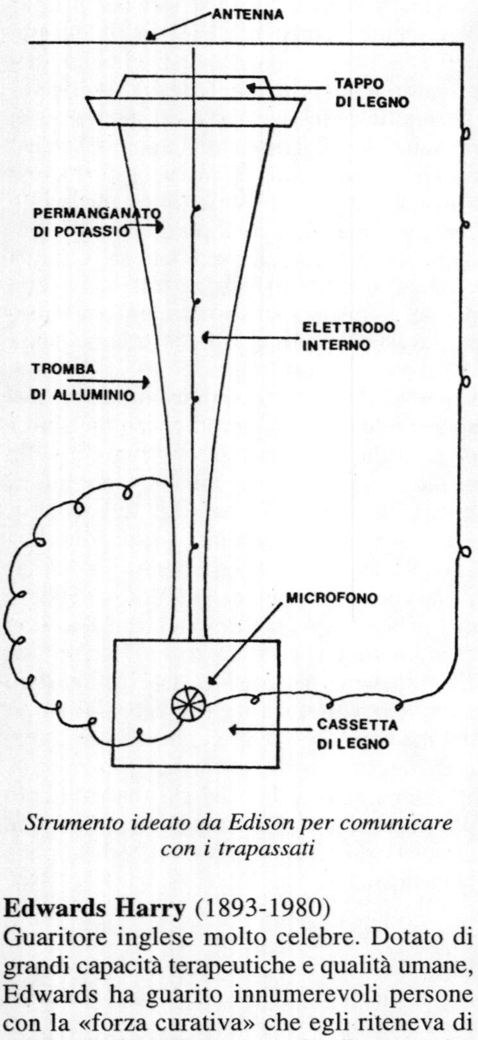

Strumento ideato da Edison per comunicare con i trapassati

Edwards Harry (1893-1980)
Guaritore inglese molto celebre. Dotato di grandi capacità terapeutiche e qualità umane, Edwards ha guarito innumerevoli persone con la «forza curativa» che egli riteneva di origine divina. Riteneva anche di essere aiutato da spiriti di trapassati. Uomo di grande fede, è un modello insuperato di guaritore.

Efemeridi
Tabelle che indicano la posizione dei pianeti, del sole e della luna in ogni giornata. Le prime efemeridi che si conoscano risalgono al XV secolo. Sono uno strumento indispensabile per gli astrologi.

Egidi Francesco (1880-1969)
Professore di filologia all'Università di Roma, fu presidente della *Società Italiana di Parapsicologia* (v.) di Roma e validissimo studioso dei fenomeni paranormali, soprattutto quelli di tipo spirituale. Pubblicò su *Luce e Ombra* (v.) numerosi saggi e articoli, in particolare lo studio *Pitture e disegni medianici*, uscito prima a puntate e quindi in volume nel 1954.

Ego
È l'*Io*, nella denominazione latina; indica certi aspetti della personalità, intesi diversamente a seconda delle scuole, in generale tuttavia quelli preposti all'azione di tipo personale.

Einstein Albert (1879-1955)
Matematico, fisico e filosofo, formulò la famosa teoria della *relatività* (v.), che ha modificato in maniera decisiva il pensiero del nostro secolo. Einstein si dimostrò sempre molto aperto nei confronti dei fenomeni paranormali, come dimostra la prefazione che scrisse all'opera *Mental Radio di Upton Sinclair* (v.).

Elberfeld
Località tedesca presso Wuppertal, divenuta nota all'inizio del secolo per i «cavalli pensanti»: questi animali erano stati abituati dal loro padrone, un maestro, a fare semplici conteggi battendo i risultati con lo zoccolo, a leggere l'orologio, a decifrare qualche parola. Essi rispondevano inoltre in maniera intelligente a certe domande. Col tempo questa facoltà aumentò e i cavalli furono in grado di risolvere quesiti matematici di alto livello, per esempio radici quadre. A studiarli andarono scienziati di fama, tra cui Padre

Gemelli, Roberto Assagioli, William Mackenzie, Maeterlinck. Escluso l'inganno date le modalità di sperimentazione, si ipotizzò la telepatia tra cavalli e istruttore o anche una sorta di sonnambulismo simile a quello umano. Finora tuttavia il fenomeno è rimasto inspiegato e insuperato.

Elementali
Sono gli «spiriti di natura», che secondo il pensiero magico sono associati agli elementi naturali e ne esprimono la forza. Attraverso pratiche e scongiuri magici è possibile evocarli. Ogni elemento ha i suoi elementali: il fuoco le salamandre; l'acqua le ondine; l'aria le silfidi e la terra infine gli gnomi.

Eleusi
Sacrario dei misteri presso Atene, celeberrimo nell'antichità, distrutto da Alarico, re dei Goti, nel 396. A Eleusi venivano venerate Demetra e Persefone e ai devoti veniva promessa la vita eterna. A Roma personalità quali Cicerone, Augusto e Adriano partecipavano ai «misteri eleusini», che avevano un rituale molto preciso.

Elfi
Spiritelli benefici o malefici, presenti sia nella mitologia germanica che nell'Europa cristiana. Famose le fotografie di fate ed elfi scattate all'inizio del secolo da due ragazzine inglesi, che affermavano di giocare abitualmente con queste magiche creature. Della buona fede delle ragazze e dell'autenticità delle foto era convinto anche *Sir Arthur Conan Doyle* (v.). Le fotografie, anche se autentiche, potrebbero essere state prodotte per via paranormale, come le foto di *Ted Serios* (v.). Secondo la leggenda, gli elfi si materializzerebbero raramente, in genere ai bambini.

Eliade Mircea (1907-1986)
Studioso di storia delle religioni, ha studiato a Bucarest, sua città natale, e in India, e ha insegnato presso varie università europee e americane. Ha scritto numerose opere di grande valore scientifico sulla fenomenologia religiosa e i grandi miti dell'umanità, tra cui ricordiamo *Trattato di storia delle religioni* e *Lo sciamanismo e le tecniche dell'estasi.*

Emmerich Anna Katharina (1774-1824)
Monaca agostiniana tedesca stigmatizzata, aveva numerosissime visioni, che furono studiate dal poeta romantico Clemens M. Brentano. Nonostante i dubbi sul modo di Brentano di trascrivere le visioni (essendo un artista vi ha certamente messo del suo), le visioni di Katharina risultano di grande interesse e attendono ancora di essere studiate fino in fondo. Si sa per certo ad esempio che la casa della Madonna a Efeso fu identificata grazie appunto a una visione della monaca, come è ufficialmente riconosciuto.

Empatia
Il termine viene dal greco e indica le capacità di unirsi all'altro, sentendone, comprendendone e facendone proprie le esigenze. È un mettersi in sintonia col prossimo attraverso l'intuizione e l'amore. È quindi qualcosa di più di comprendere e partecipare: è una vera e propria identificazione, con tutto ciò che essa comporta.

Energia Psi
Termine generale con cui si intendono globalmente le capacità paranormali, ovvero la capacità di mettersi in contatto con tutto e con tutti indipendentemente da spazio e tempo e l'influsso della mente sulla materia (telepatia, chiaroveggenza, precognizione e psicocinesi).

Entità
Termine generale con cui gli spiritisti indicano le personalità che intervengono nelle sedute medianiche, manifestandosi attraverso il medium.

Erboristeria
È la raccolta, lo studio e l'uso terapeutico delle erbe medicinali.
L'erboristeria ha dato origine alla moderna farmacologia e rientra quindi nella medicina.

Tuttavia si può ipotizzare che gli antichi erboristi si servissero di capacità chiaroveggenti nell'individuare le proprietà terapeutiche delle diverse erbe, e lo stesso avviene oggi presso i popoli primitivi che si curano ancora con metodi esclusivamente naturali. Va tenuto presente che anche gli animali ricorrono regolarmente alle erbe per mantenersi in buona salute, scegliendole secondo un processo istintivo che probabilmente è molto vicino alla paranormalità.

Questa antica immagine illustra i periodi zodiacali più indicati per la raccolta delle erbe

Ereditarietà (delle doti paranormali)
Le doti paranormali sembrano essere ereditarie: lo dimostra il fatto che spesso si manifestano nell'ambito della stessa famiglia. Si conoscono molti casi di medium fratelli o sorelle (le Fox, gli Schneider ecc.); presso i popoli primitivi gli *sciamani* e i *medicinemen* (v.) provengono spesso dalla stessa famiglia. L'ereditarietà delle doti paranormali non è un fatto dimostrato con assoluta certezza, ma risulta molto probabile.

Ermetismo
Prende il nome dal dio greco Ermete (Mercurio per i Romani, Toth per gli Egiziani) e indica l'insieme di dottrine legate alle rivelazioni di Ermete Trismegisto (=tre volte grande), inventore delle arti e delle scienze, creatore della scrittura, dio della parola. L'ermetismo propriamente detto è conosciuto nelle sue due forme, popolare e sapiente. La forma popolare viene dall'Egitto e si basa su testi magici, astrologici, alchemici. La tradizione ermetica sapiente fa perno sul «Corpus Hermeticum» di Marsilio Ficino (1471) ed è una complessa costruzione filosofico-iniziatica . L'aggettivo «ermetico» indica oggi qualcosa di chiuso e segreto, non accessibile né palese dall'esterno (testo ermetico, chiusura ermetica).

Ermete Trismegisto in un intarsio sul pavimento della cattedrale di Siena

Escatologia
Dal greco *eschatos* = ultimo e *logos* = discorso: è il discorso sui fini ultimi del cosmo, dell'umanità e del singolo. Quando si parla di concezione escatologica si intende dunque una visione finalistica dell'universo e dell'umanità: evoluzione orientata verso un determinato fine, in base ad un progetto che si rende evidente a chi sa vedere.

Esculapio
Eroe della mitologia greca, istruito alla medicina del centauro Chirone, come apprendiamo da Omero, dal V secolo a.C. in poi fu onorato come dio della medicina e ritenuto figlio di Apollo; il suo culto durò a lungo e passò anche nell'antica Roma. Suoi attributi erano il serpente e il cane, forse residui di antichi culti di animali. La terapia era complessa e avveniva in luoghi di culto, dove il paziente veniva aiutato ad entrare in rapporto diretto col dio che dava la guarigione: prevedeva quindi la cosiddetta «incubazione» nel tempio, in attesa del dio che in genere si manifestava nei sogni. I sacerdoti di Esculapio favorivano l'attività onirica e la conseguente guarigione con diete particolari, bagni, ginnastica che indipendentemente dai sogni che potevano provocare, risultavano di per sé benefici. La terapia aveva quindi un aspetto terapeutico concreto e un aspetto suggestivo-religioso molto importante.

Esorcismo
Insieme di riti, preghiere e formule usato dalla Chiesa cattolica per liberare gli indemoniati da colui che li possiede. L'esorcismo è in realtà un comando dato al demonio in nome di Dio, perché si allontani dalla persona sulla quale esercita il suo potere malefico inducendola a gesti e comportamenti estranei alla sua natura.
L'attuale disciplina della Chiesa in materia di esorcismo è contenuta nel *Rituale Romano* (v.), che fornisce indicazioni per l'esorcismo privato, per quello pubblico e ufficiale (grande esorcismo) e per le infestazioni locali. L'esorcismo, che viene praticato da sacerdoti appositamente preparati e incaricati, ha in genere notevole efficacia. Si veda anche la voce *Possessione*.

Esorcista
Esorcista è colui che pratica l'esorcismo. In realtà ogni credente potrebbe praticare l'esorcismo, e nei primi secoli di vita cristiana tutti i fedeli avevano il potere di cacciare i demoni. Col tempo questa virtù si è persa e la Chiesa ha istituito speciali riti e formule (che un tempo non esistevano) e incaricato un numero ristretto di persone (vescovi e sacerdoti) di praticare l'esorcismo. Vengono scelti a questo scopo uomini forniti di particolari doti umane e di grande esperienza, prudenza e forza d'animo. La disciplina odierna in materia di esorcismo è descritta nel canone 1151 del Codice di diritto canonico.

Sant'Antonio esorcizza un posseduto, dalla cui bocca fuggono i demoni. (Da un dipinto di Niklaus Manuel, 1520)

Esoterismo
Deriva dal greco *èsòteros* = interno, e indica una norma che non consente di rivelare ai non iniziati certe parti segrete di un rito o di una dottrina religiosa. Tale norma è sempre stata osservata scrupolosamente nelle reli-

gioni primitive che prevedevano riti di iniziazione, nei misteri e anche in certe correnti filosofiche. Nei misteri antichi c'era una distinzione molto netta tra quanto poteva essere rivelato a tutti (riti *essoterici*) e quanto invece doveva essere riservato agli iniziati (riti *esoterici*).
Oggi si intende con esoterismo un orientamento spirituale avente un suo linguaggio e sue dottrine, riservato a una ristretta cerchia di persone che ne intendono il carattere simbolico.

ESP
Sigla derivante dall'inglese *extrasensory perception* = *percezione extra sensoriale* (v.).

Esperienza di confine
È l'adattamento del termine inglese «peak experience» = esperienza di vetta, coniato dallo psicologo Abraham Maslow, uno dei fondatori della *psicologia transpersonale* (v.). Indica le esperienze che si vivono negli *stati alterati di coscienza* (v.), quando la capacità di percezione pare aumentata e ci si sente al culmine delle proprie possibilità attive e creative. L'esperienza di confine è sempre di tipo transpersonale e trascendente e dà la precisa sensazione del superamento di spazio e tempo.

Esperienze fuori dal corpo (OBE)
Al fenomeno dell'uscita dal corpo sono state date diverse denominazioni: sdoppiamento, esperienza extrasomatica, proiezione astrale, bilocazione. In questi ultimi anni ci si è orientati sul termine OBE (dall'inglese *out-of-body experience*, che significa esperienza fuori dal corpo). Ritroviamo questo fenomeno presso tutte le tradizioni, le culture, le religioni, in tutti i tempi. Esso presuppone l'esistenza di un «corpo sottile» ed è quindi legato a un concetto trino dell'uomo: corpo, anima, spirito.
L'uscita dal corpo è stata sovente riportata anche nell'agiografia cattolica con riferimento a santi e beati che furono visti in due luoghi contemporaneamente: basti citare S. Antonio da Padova, S. Alfonso de' Liguori. S. Francesco Saverio e più recentemente Padre Pio. In questi casi si parla di *bilocazione* (v.). Presso i popoli primitivi e i mistici tibetani il fenomeno in questione pare essere stato ed essere relativamente frequente.
L'uscita dal corpo capita però, volontariamente o involontariamente, anche a persone normalissime, prive di particolari doti o capacità, e numerosi casi sono riportati dalla letteratura parapsicologica. Oggi l'OBE viene studiata con metodo: si compiono indagini statistiche, si fanno ricerche di laboratorio per tentare di dimostrare sperimentalmente la reale esistenza dell'ipotetico *quid* che durante l'esperienza pare staccarsi dal corpo, si raccoglie casistica spontanea e la si studia sia dal punto di vista qualitativo che quantitativo. Sono state compiute anche inchieste statistiche (negli USA, in Islanda e in Inghilterra), dalle quali risulta che circa il 10% degli intervistati (un campione medio della popolazione) aveva avuto un'esperienza fuori dal corpo.
L'OBE pare quindi essere un fenomeno abbastanza frequente.
Negli Stati Uniti sono state anche compiute ricerche di laboratorio per cercare di individuare il *quid* che si separa; come soggetti sono stati usati sensitivi in grado di sdoppiarsi volontariamente e sono stati utilizzati detectors di vario tipo: apparecchiature fisiche, animali ed esseri umani. I risultati più interessanti sono stati ottenuti con gli animali.
Finora la casistica più vasta è stata raccolta studiando le OBE spontanee, che avvengono — a quanto pare — in diverse condizioni: situazioni di stress (incidente, operazione, malattia, ecc.), durante la meditazione e la concentrazione, oppure anche in condizioni totalmente normali. Non sappiamo perché il fenomeno avvenga e a quali scopi. Nella OBE il soggetto ha l'impressione di avere un altro corpo, il quale si comporta più o meno come il suo corpo fisico nella vita normale, risponde più o meno ai comandi della sua volontà e serve momentaneamente da centro del mondo delle sue percezioni. In genere questo corpo assomiglia all'organismo fisico sia come forma che come dimen-

sioni e può essere definito una specie di suo doppio. Altre volte il soggetto ha invece l'impressione di non avere un corpo, ma di essere soltanto un centro dotato di coscienza e volontà.

Le sensazioni descritte da chi vive l'OBE ricordano molto quelle dei mistici: senso di gioia e liberazione, mente chiara e limpida, leggerezza, percezione di una maggiore luminosità, capacità di muoversi con la velocità del pensiero, conservazione delle capacità umane più alte: coscienza, memoria, volontà, capacità decisionale. Il soggetto OBE si sente fluttuare fuori dal corpo, in genere sopra di esso, e vive quasi sempre sensazioni molto piacevoli; è in grado di visualizzare tutto quanto avviene vicino a lui ma non riesce in alcun modo a farsi percepire dalle persone. Il ritorno nel corpo fisico è sempre molto rapido: basta pensarlo.

Molti soggetti hanno dichiarato di essersi sentiti legati al corpo fisico da una sorta di «cordone», descrizione che ricorda molto da vicino la *corda d'argento* (v.), di cui parlano le tradizioni orientali.

Nel fenomeno dell'uscita dal corpo si riscontrano quindi costanti precise, che parlano a favore dell'autenticità dell'esperienza. L'OBE parla anche a favore della sopravvivenza, in quanto se — come sembra — la nostra coscienza è in grado di separarsi dal corpo in vita e di vivere una sua (temporanea) vita autonoma, si può presumere che potrà farlo anche quando il corpo sarà morto.

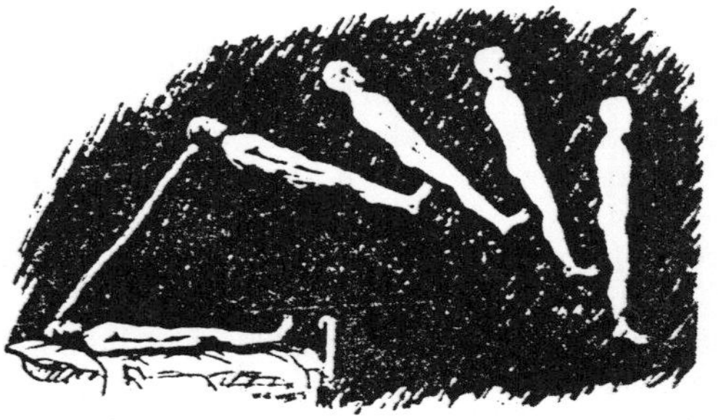

In questa illustrazione si vedono il cosiddetto «corpo astrale» che si distacca e la «corda d'argento» che lo mantiene collegato al corpo

Esperienze in punto di morte

Della ricerca relativa alle esperienze di chi è stato per qualche momento sulla soglia della morte, o meglio nella «terra di nessuno» tra aldiqua e aldilà, si stanno oggi occupando vari ricercatori un po' in tutto il mondo: si è infatti constatato che chi è stato in punto di morte ha sovente qualcosa da raccontare, e si è quindi cominciato a raccogliere sistematicamente, a confrontare, a sottoporre ad analisi i racconti di queste persone. La ricerca sulla morte non è però un'invenzione dei giorni nostri: già parecchio tempo fa i ricercatori avevano cominciato a documentarsi su quello che ci aspetta al grande traguardo. Da sempre infatti si conoscono casi di persone che hanno sfiorato la morte, o hanno addirittura avuto qualche momento di morte clinica, e che in quella condizione hanno visto o sentito qualcosa, provato particolari sensazioni. *Ernesto Bozzano* (v.), grande studioso dei fenomeni paranormali, all'inizio del secolo raccolse una vasta casistica che pubblicò a più riprese sulla rivista *Luce e Ombra* (v.); e Sir *William Barret* (v.), fondatore della *Society for Psychical Research* (v.) di Londra, pubblicò una vasta casistica nel 1926. Le opere più interessanti sono però molto più recenti: è degli anni Settanta l'opera della psichiatra Elizabeth Kübler-Ross, considerata la fondatrice della moderna tanatologia (= la ricerca sulla morte); successiva di pochi anni la grande inchiesta degli psicologi Karlis Osis e Erlendur Haraldsson, condotta parallelamente in USA e in India, e quella del medico Raymond Moody, meno scientifica di quella di Osis e Haraldsson ma più divulgativa.

Interessantissimi i lavori dello psicologo americano Kenneth Ring, dell'Università del Connecticut, che con l'appoggio e la collaborazione della sua università, lavora a pieno ritmo in questo campo. La sua prima inchiesta, pubblicata negli Stati Uniti col titolo *Life at Death*, contiene i risultati di oltre cento interviste a persone che avevano avuto l'arresto cardiaco ed erano state riportate in vita grazie alle moderne tecniche di rianimazione.

Altrettanto interessanti gli studi del medico

americano M. Sabom (*Ai confini della vita*), compiuti anch'essi in ambiente ospedaliero e corredati di particolari esperimenti tesi a controllare le capacità di percezione durante lo stato di incoscienza. Dai risultati di queste ed altre inchieste emergono dati comuni, una sorta di modello che si ritrova più o meno in quasi tutte le esperienze e che può essere descritto in questi termini: nel momento della morte la persona si ritrova con la propria coscienza intatta, senza più dolori e con un gran senso di pace. Segue nella maggioranza dei casi la separazione della coscienza dal corpo fisico, con la visualizzazione di tutto quanto avviene intorno; quindi l'ingresso in una regione buia ma serena, l'incontro con voci e presenze, l'esame della propria vita con valutazione immediata delle diverse azioni, la visione di colori, la percezione di suoni e musica, l'ingresso in un mondo di luce e di amore. Infine il rientro nel corpo, e il ritorno dei dolori che sempre accompagnano le situazioni di crisi.
Queste esperienze, si è potuto constatare, producono notevoli effetti su chi le ha vissute: tolgono completamente la paura della morte, perché nella morte queste persone si sono sentite amate, accettate, protette e hanno avuto la sensazione di essere giunte finalmente «in porto». Inoltre cambia la scala dei valori: diventano prioritari i problemi spirituali e meno importanti quelli materiali.
Va detto che queste esperienze non costituiscono certo una prova della sopravvivenza, ma caso mai un indizio: fra l'altro la ricerca in questo campo è appena cominciata e se sarà portata avanti potrà fornire altri dati.
Tutti coloro che si sono occupati di questa casistica sono del parere che essa sia abbastanza interessante da meritare di essere studiata per se stessa, indipendentemente dalle implicazioni metafisiche. Indubbiamente però queste esperienze rappresentano qualcosa che parla a favore dell'ipotesi della *sopravvivenza* (v.). Oggi per indicare queste esperienze si usa abitualmente la sigla NDE (v.) dall'inglese Near-Death-Experiences, cioè esperienze in punto di morte.

Esseni
Comunità ebraica nata verso il 200 a.C. e scomparsa verso il 70 d.C. Le notizie sulla comunità degli Esseni ci vengono dagli scritti di Giuseppe Flavio e dal ritrovamento archeologico dei «manoscritti del Mar Morto», avvenuto nel 1947 a Qumrân. Gli Esseni avevano dottrine filosofiche e religiose di tipo esoterico, sostenevano l'immortalità dell'anima di cui il corpo sarebbe la prigione, la resurrezione dei corpi nel giorno del giudizio, il destino che tutto guida, lo spirito del bene e quello del male. Vita comunitaria, esercizio della virtù e amore per il prossimo erano raccomandati come mezzi per raggiungere la salvezza. Gli Esseni avevano un proprio calendario, propri riti e preghiere. C'è chi sostiene che Gesù Cristo sia vissuto presso gli Esseni prima di iniziare la sua attività pubblica: varie dottrine esseniche sembrano infatti prefigurare la sua parola.

Essoterismo
È il contrario di *esoterismo* (v.) e deriva dal greco *éxòteros* = esterno. Indica le dottrine e i riti riservati a tutti, anche ai non iniziati, quindi tanto chiari e semplici da poter essere capiti da qualunque persona.

Estasi
Deriva dal greco *Ek-stasis* = uscire da se stesso, e indica uno stato straordinario di coscienza in cui la persona abbandona la normale consapevolezza e sperimenta visioni, audizioni oppure si rivela capace di fenomeni paranormali, quali gli *automatismi* (v.). Il fenomeno è tipico della *mistica* (v.) ed è alla base delle complesse e straordinarie manifestazioni che le personalità mistiche presentano.

Estelle Livermore
Moglie del banchiere americano Charles Livermore, morta in giovane età ed evocata in sedute della medium *Kate Fox* (v.). Si materializzò dal 1861 al 1866 in una serie di memorabili sedute che sono rimaste famose nella storia dello spiritismo: le sedute furono quasi 400 e Livermore riconobbe per-

fettamente la moglie, non solo, ma poté anche toccarla, abbracciarla e baciarla come se fosse stata viva. Estella parlava poco, ma lasciava messaggi scritti in francese, lingua che Kate non conosceva. Nelle stesse sedute si manifestava anche un'entità maschile, che parimenti si materializzava completamente e affermava di essere lo spirito di Beniamino Franklin.
I due fantasmi si mostravano per ore, levitando a volte fino al soffitto, fatto che escludeva si trattasse di viventi desiderosi di frodare. Nonostante che in queste sedute sia mancata la presenza di studiosi qualificati, esse sono considerate tra le più importanti dell'intera casistica medianica.

Evola Julius (1898-1974)
Esoterista, filosofo, orientalista, poeta e pittore romano. Giulio Cesare Andrea Evola (tale fu il suo vero nome) si segnala come una delle figure più interessanti del risveglio spiritualistico del XX secolo, avendo esercitato nell'ambito della cultura italiana, con caratteri di indubbia originalità, un ruolo analogo a quello svolto in ambito francese dal grande tradizionalista *René Guénon* (v.).

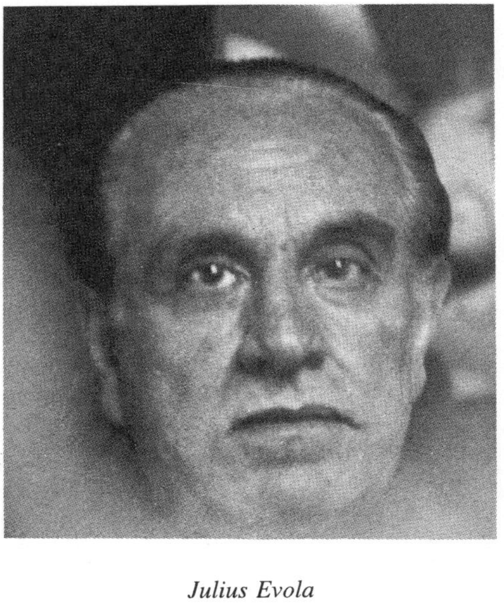

Julius Evola

Nello sviluppo del pensiero evoliano si possono scorgere due momenti. Il primo lo vede condurre all'estremo delle loro potenzialità alcuni aspetti della cultura moderna, nel cui ambito si collocò in posizioni di autentica avanguardia, sia attraverso la sua produzione poetica e pittorica, sia, soprattutto, per l'importante opera filosofica, che sfocia nella dottrina dell'idealismo magico e dell'individuo assoluto. In tal modo viene gettato un ponte verso il sapere esoterico ed iniziatico, d'Occidente e d'Oriente, al quale Evola dedicherà opere quali *La tradizione ermetica, Il mistero del Graal, La dottrina del risveglio, Lo yoga della potenza.* In una seconda fase, Evola prende le distanze dal mondo moderno, al quale rivolge una critica radicale assumendo a modello il «mondo della tradizione», in base alle testimonianze che di esso si hanno nelle civiltà arcaiche o semplicemente antiche. Evola espresse questo suo filone di pensiero nell'opera *Rivolta contro il mondo moderno.*
Sul finire degli anni Venti raccolse intorno a sé alcuni qualificati esoteristi, che costituirono il famoso gruppo di Ur. Le loro ricerche ed attività vennero documentate nelle riviste UR e KRUR, le quali sono state ristampante nell'opera *Introduzione alla magia quale scienza dell'Io.*

Evolo Natuzza (1924)
Nativa di Paravati in Calabria, Natuzza (Fortunata) Evolo ha oggi quasi 70 anni e da oltre quaranta è stigmatizzata. Sposata con un falegname, madre di 5 figli, Natuzza rivive ad ogni Quaresima la Passione di Cristo; durante la settimana santa le si aprono le ferite alle mani, ai piedi e al costato, le appaiono sulla schiena i segni delle frustate e sulla spalla destra compare un grosso ematoma. Il venerdì santo entra in agonia, e si riprende solo nel pomeriggio, rimanendo però spossata a lungo.
Sulle stoffe e sui fazzoletti di cui si serve per asciugare le ferite delle stigmate, il sangue si raccoglie e forma scritte e disegni rappresentanti motivi della nostra religione: croci, il volto di Gesù e Maria, cuori, inviti alla preghiera. Natuzza parla coi defunti e

coi santi e riesce a diagnosticare le malattie e a lenire le sofferenze della gente.

Extra
Viene definita «extra» la figura che talora appare in fotografie e che non era stata vista al momento dello scatto. Si tratta a volte di immagini di defunti in qualche modo vicini alle persone fotografate, o anche di figure sconosciute ai presenti ma legate all'ambiente in cui essi vengono a trovarsi. Ammettendo che non si sia di fronte a trucchi, l'interpretazione più semplice risulta essere quella spiritica; altrimenti si può pensare a immagini evocate dalla mente dei presenti e fissate dalla lastra fotografica, più sensibile dell'occhio umano. Vedi anche *Fotografia paranormale.*

Fachiro (e Fachirismo)
Il termine fachiro deriva dall'arabo *faqïr* che significa «povero» e «bisognoso» in senso religioso e traslato, ovvero bisognoso della misericordia divina. Nel mondo islamico *faqïr* è più o meno sinonimo di *dervisc* (v.), il mendicante pellegrino, venerato come indovino, guaritore, uomo di Dio. Noi Occidentali intendiamo in genere col termine fachiro quelle figure ascetiche del mondo indiano che attraverso pratiche religiose, digiuni, mortificazioni corporali e preghiere riescono a raggiungere una padronanza totale del proprio corpo e di conseguenza divengono capaci di incredibile resistenza a prove fisiche di tutti i tipi, anche molto dolorose.
Numerose sono state le osservazioni compiute in Oriente, soprattutto in India, fin dal secolo scorso sui fachiri da parte di Occidentali che ne hanno anche fatto oggetto di pubblicazioni. Da queste ricaviamo le notizie che seguono.
Il fachiro è in grado prima di tutto di operare un perfetto controllo delle proprie funzioni fisiologiche: sensibilità al dolore, attività respiratoria, battito cardiaco, circolazione del sangue. Può in altre parole ridursi, in stato catalettico, a una vita quasi vegetativa, il che gli consente di farsi seppellire per intere settimane senza risentirne in alcun modo: nel 1951 per esempio yogi Ramananda si fece seppellire, alla presenza di numerosi testimoni, in una fossa dove rimase per 28 giorni, al termine dei quali fu svegliato e riscaldato, e risultò essere in ottime condizioni di salute. Il fatto è che la drastica riduzione dell'attività cardiaca, circolatoria e respiratoria riduce drasticamente anche necessità e consumi del corpo, così che il fachiro risente ben poco del lungo periodo di «morte apparente».
Il fachiro inoltre sa camminare sui carboni ardenti e anche su rasoi, chiodi e foglie di cactus. Si trafigge il corpo con sciabole e spilloni senza che delle ferite resti alcun segno e senza che lui dimostri alcun dolore. Si dice anche che i fachiri siano in grado di ammansire e addomesticare serpenti velenosi e belve feroci e di accelerare prodigiosamente lo sviluppo dei semi e la crescita della piante.
I fachiri infine sarebbero capaci di bilocarsi, di trovarsi cioè in due luoghi contemporaneamente (fenomeno attribuito anche ai mistici e santi cristiani) e di produrre ogni tipo di fenomeno paranormale: veggenza e telepatia, precognizione e influenzamenti psichici sulla materia (psicocinesi).
È attribuito al fachiro anche il famoso e tuttora misterioso fenomeno della *corda indiana* (v.), che sembra però riconducibile a suggestione e ipnosi collettiva. I fachiri, e gli Indiani in genere, attribuiscono tutti i poteri sopra descritti allo spirito di cui li ritengono manifestazioni; si tratterebbe quindi, a loro giudizio, di eventi naturali, anche se rari. Attraverso il controllo del corpo e delle emozioni, la concentrazione e la meditazione, il fachiro (e lo *yogi*) (v.), entra profondamente in se stesso e stabilisce il contatto con le fonti della vita e l'energia che produce i fenomeni sopra descritti, i quali sarebbero potenzialmente appannaggio di ognuno, ma di cui solo pochi sono in grado di servirsi in maniera consapevole.

Fantasma
Fenomeno molto antico, conosciuto in tutti i tempi e presso tutti i popoli. Con fantasma si intende una figura umana (ma a volte sono stati visti anche fantasmi di animali) eterea ed evanescente, che appare improvvisamente e altrettanto improvvisamente scompare, capace di attraversare i muri e di

spostarsi in maniera non naturale, che si manifesta soprattutto in vecchie case e ambienti dove sono avvenuti dei delitti. Le manifestazioni di fantasmi sono di vario tipo: ci sono quelli che si materializzano durante le sedute medianiche e di cui esistono anche molte fotografie agli infrarossi, e quelli che appaiono nei casi di infestazione, che cioè sembrano legati a un determinato ambiente e qui ritornano per anni e anni. Esistono poi fantasmi che si presentano spontaneamente e nelle situazioni più impreviste, per esempio i fantasmi di persone appena morte che sembra vogliano annunciare a parenti e amici il proprio trapasso. In questo caso si può pensare a un'immagine telepatica esteriorizzata e resasi visibile. Gli spiritisti ritengono che i fantasmi siano immagini di defunti che si materializzano divenendo in questo modo percepibili all'occhio umano e captabili dalla macchina fotografica; i non spiritisti pensano a immagini mentali esteriorizzate. I più difficili da spiegare con questa ultima ipotesi sono i fantasmi delle infestazioni, che appaiono anche per secoli negli stessi posti e vengono sovente visti da più persone contemporaneamente.
Un ultimo tipo di fantasma è quello che si manifesta nei casi di bilocazione e che è stato riferito soprattutto a proposito di mistici e santi che sono stati visti in due luoghi contemporaneamente. Il fantasma resta in ogni caso uno dei misteri maggiori di tutta la casistica paranormale.

Faraday Michael (1791-1867)
Chimico e fisico inglese, studioso dei campi magnetici, famoso per la «gabbia» che porta il suo nome, capace di escludere tutte le radiazioni note. In parapsicologia ci si è serviti della gabbia di Faraday per esperimenti di *telepatia* e di *psicofonia* (v.), per escludere appunto che la fenomenologia possa essere dovuta all'intercettazione di radiazioni.

Fate
Insieme a ninfe, fauni, elfi, folletti e coboldi, le fate sono figure create dalla fantasia popolare, descritte in genere come donne giovani e belle, e viventi a contatto diretto con la natura. Il mondo del paranormale cominciò a occuparsi delle fate quando nel 1920 *Sir Arthur Conan Doyle* (v.), che si interessò sempre di esoterismo e di spiritismo, avvalorò con pubblicazioni il caso di due ragazzine inglesi, Elsie Wright e Frances Griffith, le quali affermavano di aver visto le fate, le avevano descritte come minuscole creature femminili alate con le quali giocavano, e le avevano anche fotografate. Il fatto suscitò enorme scalpore, anche per l'autorità di Conan Doyle, il quale sostenne sempre la realtà dei fatti e la buona fede delle ragazzine, mentre l'opinione pubblica rimase fortemente divisa. Ammettendo che le fotografie siano state eseguite senza trucchi, come vari esperti di fotografia asserirono, si potrebbe ipotizzare che le ragazze fossero sensitive e riuscissero a proiettare sulla lastra fotografica le proprie immagini mentali.

Fatima
Famoso luogo di pellegrinaggio portoghese dove nel 1917 tre bambini che custodivano le pecore, Giacinta, Francesco e Lucia, ebbero diverse apparizioni della Madonna, che rivelò loro fatti futuri. La Madre di Dio preannunciò anche il celebre «miracolo del sole», che avvenne alla presenza di migliaia di testimoni: il sole ruotò a velocità stupefacente, sembrò precipitare sulla terra per poi ritornare alla normale posizione. Tale fenomeno, stando alle testimonianze, si è ripetuto altre volte in altri Paesi in occasione di apparizioni della Madonna. Dei tre pastorelli, soltanto Lucia è ancora viva. La Madonna diede ai bambini tre segreti, l'ultimo dei quali non è ancora stato reso noto ufficialmente.

Fattura
Sorta di incantesimo, più grave nelle conseguenze del *malocchio* (v.) e quindi più difficile da combattere, ottenuto mediante bevande, filtri e riti vari per colpire una persona. La fattura più diffusa è quella d'amore, tesa a suscitare passione nell'animo di chi

non la sente; ma esistono tanti altri tipi di fattura, per esempio per recare danni a persone, animali e cose e addirittura le fatture «a morte». Per operare una fattura occorre disporre di qualcosa che appartenga al corpo della «vittima»: un pezzetto d'unghia, una ciocca di capelli, una goccia di sangue, oppure un pezzetto di un suo abito o della sua immagine. Secondo la magia per analogia (o «magia simpatica») la parte sta per il tutto, ovvero ciò che avviene alla parte avviene al tutto; o anche quello che avviene al simbolo (immagine della persona, o il suo fantoccio) avviene anche alla persona in carne e ossa. Di qui i pupazzi trafitti di spilli, o la tecnica del disseccamento della terra ricavata dall'impronta che la vittima ha lasciato nella terra bagnata, eccetera. Molto noto e diffuso un po' in tutto il mondo è il rituale del rospo: ad esso vengono messi in bocca i capelli della vittima, o comunque qualcosa che le appartenga o la rappresenti, quindi viene trafitto di spilli e sepolto vicino alla casa della persona cui la fattura è destinata. In questi casi per togliere la fattura è necessario trovare il feticcio, e operare su di esso riti propiziatori.

Si è molto discusso se la fattura sia dovuta soltanto a suggestione, fatto che in certi casi pare probabile: sapere di essere oggetto di una fattura può provocare negli individui suggestionabili uno stato di depressione e debilitazione. Tuttavia nei casi di fatture che agiscono all'insaputa dei destinatari bisogna ipotizzare che chi opera disponga di capacità psicocinetiche e telepatiche, sia cioè in grado di influire in qualche modo sugli altri. In genere chi fa le fatture sa anche scioglierle e svolge quindi una duplice funzione. È indubbio che nella credenza nella fattura (come del resto nel malocchio) c'è molta superstizione; tuttavia la diffusione a livello mondiale di queste credenza fa supporre che alla loro base ci sia qualcosa di più. L'interpretazione parapsicologica proposta (capacità psicocinetiche e telepatiche dell'operatore) spiegherebbe gli effetti talora reali di queste pratiche.

Feticismo
Il termine deriva dalla parola portoghese *fetiço* = sortilegio, amuleto, talismano, con cui marinai e mercanti portoghesi designarono gli oggetti ricchi di simbolismo magico che gli indigeni portavano addosso. Oggi si intende con «feticcio» l'oggetto inanimato in cui, secondo il pensiero magico primitivo, abiterebbe uno spirito (per scelta spontanea o perché ivi imprigionato dalle arti degli stregoni); di qui le pratiche magico-religiose legate al feticcio e l'importanza di possedere feticci potenti, per poterne sfruttare la forza a proprio vantaggio. Il feticismo è in sostanza espressione del desiderio dell'uomo di arrivare a dominare la natura e le sue forze sacre, per assicurarsene la protezione. Esistono feticci personali e feticci di gruppo, che proteggono un'intera tribù e che vengono quindi custoditi e onorati da tutti. Il feticcio di gruppo è molto vicino all'idolo. Il feticismo rappresenta uno stadio del pensiero religioso umano legato alla mentalità animista, quella cioè che attribuisce una vita (un'anima) anche alle cose inanimate e le ritiene tutte dotate di vita, ovvero di una forza particolare di cui è possibile avvalersi.

Filippini Vedi *Guaritori filippini*

Findhorn
Villaggio sulla costa settentrionale della Scozia, dove all'inizio degli anni Sessanta si creò una comunità sulla base di insegnamenti spirituali ricevuti in stato meditativo dall'americana Eileen Caddy.

Grazie a questi insegnamenti, Eileen e suo marito riuscirono a trasformare una landa sabbiosa, fredda e desolata in un giardino rigoglioso, i cui fiori e i cui ortaggi hanno suscitato lo stupore degli agronomi di mezzo mondo. Tutto questo sarebbe stato realizzato cooperando coi «deva», gli spiriti di natura preposti alle singole specie vegetali. A Findhorn è venuta creandosi una comunità che opera oggi per un migliore futuro dell'umanità, per una diversa e più spirituale visione del mondo e delle cose, per la pace.

Fisiognomica
Rientra nella psicologia dell'espressione, in quanto considera il volto — e in senso più ampio tutto il corpo — come l'espressione dell'interiorità della persona. Le prime osservazioni furono compiute già nell'antichità, ma furono Carus e Lavater che approfondirono questo studio, di cui in seguito si occuparono anche Darwin e Lombroso. Oggi la fisiognomica gode di un rinnovato interesse: gli studiosi usano però di preferenza il termine psicomorfologia.

Flammarion Camille (1842-1925)
Famoso astronomo francese, grande divulgatore della materia. Negli ultimi anni della sua vita aderì alla ricerca psichica di indirizzo spiritualista e raccolse una vasta casistica che pubblicò in vari libri. Nel 1923 fu presidente della *Società per la Ricerca Psichica* di Londra. Tra le sue opere più famose: *La morte e il suo mistero* e *Le case infestate.*

Flint Leslie
Famoso medium inglese a *voce diretta* (v.), è oggi ultraottantenne e si è ritirato dall'attività. Ha sempre acconsentito di buon grado a tenere le sue sedute in condizioni di stretto controllo (per es. legato e con la bocca chiusa da cerotti, oppure piena d'acqua colorata che doveva sputare a fine seduta), e ciò nonostante le sue «voci» si sono sempre prodotte. Flint lascia una vastissima nastroteca con centinaia e centinaia di voci dirette registrate.

Flournoy Theodore (1854-1920)
Psicologo svizzero, visse a Ginevra e si interessò sempre anche di tematiche paranormali (ESP, ipnosi, automatismi, eccetera). La sua fama di ricercatore in questo campo è legata in particolare ai lunghi studi da lui dedicati alla medium Hélène Smith, che nelle sue trance incorporava personalità diverse, e scriveva e parlava lingue che nello stato normale non conosceva. Frutto di questo studio è il volume *Dalle Indie al pianeta Marte*, che resta un classico della materia.

Anche nell'antichità si conoscevano l'esistenza e l'uso del fluido magnetico

Fluido
In base alle teorie di *Mesmer* (v.) dalle mani scaturisce un fluido che ha carattere terapeutico e che è in sostanza un'energia che permea l'universo intero e può essere catalizzata e convogliata da certe persone particolarmente dotate. Ancor oggi non pochi *guaritori* (v.) ritengono che la loro azione terapeutica sia dovuta a un fluido che scaturisce dalle loro dita. Fino ad oggi comunque la suggestiva teoria del fluido (Mesmer lo definiva «fluido magnetico») non ha potuto essere dimostrata in alcun modo.

Fondi di caffè
Metodo divinatorio che si basa sull'osservazione dei fondi di caffè. La sua pratica è recente (XVII secolo). Si usa in questo modo: si fa bollire acqua e caffè macinato, quindi si fa bere al consultante la parte liquida e si capovolge poi su un piatto la tazza. La parte densa, depositandosi, forma figure e simboli che il sensitivo deve interpretare. Probabilmente anche in questo caso siamo di fronte, come nella altre *mantiche* (v.), ad appoggi che servono al sensitivo per mettere in movimento il meccanismo delle proprie doti paranormali.

Forma-pensiero
Esteriorizzazione delle immagini mentali, che in certe condizioni e secondo processi ancora ignoti possono divenire visibili. Il

concetto è di difficile accettazione in Occidente; non così in Oriente, dove si ritiene che la materia non finisca là dove smette di essere visibile, ma costituisca — in forme e aggregazioni «sottili» — anche il pensiero. In parapsicologia si parla di forma-pensiero in connessione coi sensitivi, che si sono visti accompagnati dai personaggi della loro immaginazione. Il fenomeno potrebbe essere all'origine dell'ancora inspiegata fotografia paranormale. E potrebbero essere forme-pensiero gli spiriti-guida delle sedute medianiche. Anche i bambini talora hanno prodotto forme-pensiero: immaginari compagni con cui giocare, o addirittura animali e oggetti, che per altro nessuno al di fuori di loro vedeva.

Fotografia paranormale
La fotografia paranormale (o medianica) è una fotografia scattata normalmente, su cui risulta qualcuno o qualcosa che non era visibile al momento dello scatto. Si tratta a volte di semplici luci, a volte di figure note o ignote ai presenti, o anche di oggetti. Dato che il fenomeno si è sempre presentato con medium e sensitivi, si può ipotizzare che si tratti di immagini pensate da costoro e fissate dalla lastra fotografica, che pare essere più sensibile dell'occhio umano. Le figure che appaiono sulle fotografie vengono dette *«extra»* (v.).
Famoso il caso di *Ted Serios* (v.), il sensitivo americano che negli anni Sessanta riuscì a fotografare con la Polaroid le proprie immagini mentali. Serios si sottopose a lunghe serie di esperimenti controllati, nel corso dei quali si raggiunse la sicurezza della genuinità del fenomeno che egli era in grado di produrre. Per riuscire a fotografare le immagini che pensava, Ted Serios aveva bisogno di estrema concentrazione e tensione psico-fisica, ed era solito aiutarsi anche con abbondanti bevute. Il caso comprovato di Serios ha suffragato l'ipotesi che nel caso delle fotografie ottenute in sedute spiritiche e mostranti entità note o ignote si possa trattare di fotografie del pensiero di qualcuno dei presenti, probabilmente del medium. L'ipotesi spiritica (che sostiene che in questi casi viene fotografata una vera e propria entità, presente ma non visibile all'occhio umano) non può però essere esclusa.

Fox Kate (1840-1892) **e Margaret** (1837-1893)
Il nome di queste due sorelle è legato alla nascita dello spiritismo moderno e quindi a quello dell'intera ricerca psichica. L'episodio che diede origine al movimento è giustamente famoso: nel 1848 la famiglia Fox si trasferì in una casetta del villaggio di Hydesville nello Stato di New York. Nella famiglia Fox le doti paranormali erano ereditarie e le due ragazze erano certamente medium. La casa dove i Fox abitavano cominciò presto ad essere disturbata da rumori inspiegabili e battiti contro mobili e pareti, e le due ragazzine pensarono di rivolgersi allo spirito picchiatore chiedendogli di rispondere alle loro domande secondo un codice di colpi. La risposta non si fece attendere e lo strano interlocutore fece sapere di essere lo spirito di un venditore ambulante che alcuni anni prima era stato ucciso in quella casa e sepolto in cantina. Successive demolizioni in cantina portarono alla luce uno scheletro e una cassetta da ambulante. Le due sorelle avevano trovato il modo di comunicare con l'aldilà e da allora in poi si dedicarono all'attività di medium, ottenendo vistosi fenomeni e divulgando lo spiritismo prima negli Stati Uniti e poi in Europa, dove Kate fu studiata da *Crookes* e *Aksakov* (v.). La vita delle sorelle fu in complesso difficile e travagliata, non mancarono le critiche e le accuse di frode, come avvenne a quasi tutti i medium, tuttavia i loro fenomeni sono ritenuti oggi genuini e il nome di Kate e Margaret (e anche quello della terza sorella Leah, maggiore di dieci anni) è indissolubilmente legato alla storia della ricerca psichica.

Freud Sigmund (1856-1939)
Il fondatore della psicoanalisi iniziò le sue terapie usando l'ipnosi che abbandonò per passare alle «associazioni libere» che lo portarono a fondamentali scoperte in campo psicologico. Freud è legato all'indagine paranormale in quanto si occupò anche di pa-

rapsicologia (specie telepatia) sia a livello conoscitivo che metodologico e fu membro della *Società per la Ricerca Psichica* di Londra. Le scoperte di Freud in campo psicologico sono un bagaglio indispensabile per chi voglia cimentarsi nell'indagine del paranormale.

Fulcanelli

I suoi dati di nascita e il suo vero nome non sono conosciuti. Scrittore e alchimista moderno, è autore di due opere di estremo interesse, *Il Mistero delle Cattedrali* e *Le Dimore filosofali*, che restano testi classici dell'esoterismo e dell'alchimia. Stando ad alcuni dati citati nei volumi, Fulcanelli avrebbe avuto un'illuminazione che gli avrebbe consentito conoscenze super-umane. Sulla figura del Fulcanelli sono state proposte varie ipotesi, nessuna delle quali del tutto soddisfacente. Restano le opere, di grande interesse per gli studiosi della materia.

G

Ganzfeld
Il termine *ganzfeld* viene dal tedesco, significa «campo omogeneo» e indica una tecnica messa a punto di recente, che pare consenta di far emergere quelle doti extrasensoriali che — a quanto sembra — ognuno di noi possiede, anche se a livelli minimi.
La tecnica *ganzfeld* si basa sul presupposto che la mancanza di stimoli sensoriali, specie visivi e uditivi, favorisca la manifestazione delle facoltà paranormali. La messa a punto di questa tecnica la si deve al ricercatore di New York Charles Honorton, che non ha inventato il metodo ma l'ha perfezionato. Honorton, che lavorava al «Dream Laboratory» (Laboratorio del Sogno) del Maimonides Medical Centre di New York, si è dedicato per anni a esperimenti di telepatia nel sogno, consistenti nel cercare di trasmettere messaggi telepatici a soggetti addormentati. I risultati erano interessanti, però gli esperimenti richiedevano un tempo enorme: una notte intera per trasmettere un unico messaggio telepatico. Honorton si mise allora alla ricerca di un esperimento che presentasse le stesse condizioni del sogno, cioè esclusione dei sensi e proiezione dell'attenzione verso l'interno, ma che avesse una maggiore velocità di sperimentazione. Per questo ricorse al *ganzfeld*. Nella condizione *ganzfeld* il soggetto è isolato dal punto di vista sensoriale, come nel sonno, però è sveglio e in grado quindi di collaborare immediatamente con lo sperimentatore.
Negli esperimenti *ganzfeld* il soggetto (non necessariamente un sensitivo, ma una persona normalissima) viene fatto sdraiare in un ambiente tranquillo e isolato; sugli occhi gli vengono messe due metà di una pallina da ping-pong, che non disturbano essendo leggerissime e consentono il passaggio di una luminosità lieve; sulle orecchie una cuffia che trasmette il cosiddetto «rumore bianco», una sorta di sibilo leggero e regolare.
Nel giro di una quindicina di minuti viene in genere raggiunto lo stato desiderato di tranquillità e totale silenzio interiore, e il soggetto sembra essere divenuto più ricettivo agli stimoli extrasensoriali.
A questo punto si può procedere a esperimenti di telepatia, chiaroveggenza e precognizione, e i risultati hanno dimostrato che la tecnica funziona.
La tecnica *ganzfeld* è stata già adottata in vari istituti e laboratori, tra cui la facoltà di psicologia dell'Università di Cambridge, e ha dato risultati statistici migliori di quelli ottenuti con tutte le altre tecniche finora utilizzate.
Scopo finale di questi esperimenti è dimostrare che la maggior parte delle persone possiede capacità paranormali e che, se si creano le condizioni giuste, queste capacità si manifestano con relativa facilità. Occorrerà tuttavia sperimentare ancora a lungo prima di poter dire una parola definitiva.

Garret Eileen Jeanette (1893-1970)
Dotata di capacità paranormali fin dalla più tenera infanzia, ebbe una vita difficile e travagliata e fu una delle più grandi medium che siano esistite. Fu sempre estremamente critica nei confronti di se stessa e dei fenomeni che produceva e sempre dubbiosa nell'interpretazione dei fatti che avvenivano attraverso di lei. Fu studiata da famosi scienziati (Price, Lodge e altri) e, quando dalla nativa Inghilterra si trasferì negli Stati Uniti, anche da McDougall, Pratt e Murphy.
Nel 1951 creò negli USA la *Parapsychology Foundation* (v.), che ancora oggi con-

tinua la sua opera grazie all'attività della figlia e della nipote. Nelle sue sedute era guidata da varie entità, che ella però — pur essendo convinta della realtà della sopravvivenza — non riuscì mai a interpretare come personalità autonome, bensì come componenti dissociate della propria psiche. Forse anche a causa di questo suo spirito critico si dedicò con tanta passione e tenacia ad attività organizzative tese a meglio indagare i fenomeni psichici.

Geley Gustave (1865-1924)
Medico francese di origine polacca, Geley fa parte dei pionieri della ricerca psichica in Francia. Insieme ad altri ricercatori fondò l'*Istituto Metapsichico Internazionale* di Parigi (v.), di cui fu per anni direttore scientifico. Sperimentò con molti medium, tra cui i polacchi *Kluski* e *Guzik* (v.), e col veggente polacco Ossowiecki. Fu ideatore dei *calchi medianici* (v.), come prova della realtà delle materializzazioni prodotte dai medium nelle sedute. Morì in un incidente aereo, che gli era stato più volte preconizzato dai sensitivi. Fu seguace dello spiritismo ma animato sempre da grande rigore scientifico, serenità di giudizio, grande abilità come sperimentatore. Sotto la sua guida l'IMI di Parigi meritò la fama di valido e serio istituto di ricerca.

Geller Uri (1946)
È uno dei più famosi sensitivi odierni. Nato in Israele, ebbe fenomeni paranormali fin da ragazzino: per esempio riusciva a spostare col pensiero le lancette degli orologi, ma lo considerava un giochetto. Su consiglio di amici, si dedicò con più attenzione a queste sue capacità e fu seguito a lungo dallo studioso Puharich, che lo iniziò alla sperimentazione metodica. Stabilitosi a New York, fu studiato da vari ricercatori, che ne attestarono le doti psicocinetiche. Il suo nome è legato al famoso piegamento dei metalli, che Geller è capace di indurre anche in altre persone (ad ogni sua esibizione televisiva migliaia di telespettatori si rivelano in grado di piegare chiavi e posate). È dotato anche di capacità telepatiche e chiaroveggenti. Per quanto difeso da numerosi studiosi, tra cui quelli del CSP di Bologna, Geller è stato ed è molto discusso ed è stato accusato di produrre i suoi fenomeni con trucchi, accusa che del resto è stata rivolta a quasi tutti i medium e sensitivi del passato e del presente. Indipendentemente dal giudizio sullo stesso Geller, resta l'effetto che da lui prende il nome (effetto Geller) a dimostrazione del fatto che le doti psicocinetiche sono proprie dell'uomo in misura molto più ampia di quanto si era finora creduto. Geller vive attualmente in Inghilterra.

Uri Geller

Geomanzia
Antichissima pratica divinatoria (pare che risalga alla cultura araba, persiana e indiana), prende il nome dal greco *ge* = terra e consiste nel tracciare in terra dei segni e nel gettare su questi dei grani, o dei sassi (oggi i dadi), traendone le informazioni chiaroveggenti o precognitive. La tecnica è piuttosto complessa e si avvale di figure geometriche, numeri e «case». L'interpretazione è quella che abbiamo indicato alla voce *mantica* (v.).

Geopatia
Termine che indica la presunta caratteristica di certi terreni di provocare malattie. Tali influssi negativi sarebbero dovuti a incroci di

corsi d'acqua sotterranei, a fratture interne e ad altre particolari strutture geologiche. Gli influssi negativi, lievi ma persistenti e continui, finirebbero per indebolire le resistenze delle persone che soggiornano a lungo in certe zone e farle addirittura ammalare. Gli animali individuano istintivamente le zone geopatogene e le evitano: gli antichi infatti, prima di edificare una città facevano pascolare a lungo sul luogo prescelto un gregge, e se questo prosperava procedevano alla costruzione. I nomadi piantano le tende dove vanno a dormire i cani. Gatti e api prediligono invece le zone geopatogene. Tali zone possono essere individuate dai radiestesisti e oggi, pare, anche con strumenti tecnici. In vari paesi, specie quelli di lingua tedesca, si presta molta attenzione alle zone geopatogene e si cerca di evitarle quando si costruisce una casa. Spesso per neutralizzare gli effetti tellurici negativi è sufficiente spostare il letto o la scrivania, le zone cioè dove si soggiorna più a lungo.

GESP
Sigla derivante dall'inglese *General Extra Sensory Perception* (= Percezione extrasensoriale generale), indicante complessivamente i fenomeni di telepatia e chiaroveggenza cui si devono certe percezioni che non è possibile attribuire chiaramente all'una o all'altra capacità. Il termine viene usato soprattutto negli esperimenti quantitativi di laboratorio, quando si vuol rilevare una percezione extrasensoriale non definita.

Giuseppe da Copertino (1603-1663)
Monaco francescano pugliese, famoso per le sue visioni, le profezie e soprattutto per le levitazioni, che restano le più spettacolari e meglio documentate che si conoscano. Quando andava in estasi il futuro santo sembrava perdere totalmente peso e compiva in chiesa «voli» cui assisteva tutta la popolazione; inoltre mostrava completa anestesia e insensibilità al dolore, al punto che non avvertiva neppure le bruciature. Di una spettacolare, lunghissima levitazione fu testimone anche un medico che, insieme a un cerusico, gli praticava un salasso. Da lui emanava un profumo dolcissimo, che per anni, anche dopo la sua morte, rimase nella sua cella.

Glossolalía
Linguaggio immaginario coniato talora dai sensitivi in trance, che non presenta alcuna somiglianza con le lingue note ma possiede una sua struttura e una sua coerenza interna. Famoso il caso di Hélène Smith, che coniò vari linguaggi immaginari, tra cui una lingua marziana e una uraniana. Il fenomeno è molto raro ed è stato finora studiato con metodo soltanto da *T. Flournoy* (v.), che si occupò per anni della Smith. Non si conoscono casi recenti di glossolalía.

Graal
Secondo la tradizione medioevale arrivata a noi attraverso opere poetiche (specie quelle di Wolfram von Eschenbach e Chrétien de Troyes), il Graal è la coppa in cui Giuseppe di Arimatea raccolse il sangue di Gesù in croce. Giunta in Europa, la sacra coppa sarebbe stata custodita dai *Templari* (v.), in un castello in Bretagna. In seguito il Graal sarebbe volato in cielo, per intervento divino. Alla leggenda del Graal si collega quella di Parsifal e dei cavalieri della Tavola Rotonda. Il Graal è soprattutto considerato un simbolo mistico, spirituale e iniziatico cristiano, indipendentemente dalla sua esistenza o meno come sacra coppa.

Grafologia
Dal greco *graphein* = scrivere, indica lo studio della scrittura. Si basa sul presupposto che nello scrivere la persona si esprime interamente, rendendo quindi possibile l'analisi del suo carattere attraverso lo studio dei gesti grafici. Già Goethe e Lavater si occuparono di interpretazione della scrittura; la grafologia vera e propria si sviluppò però nella seconda metà del secolo scorso. In Italia la scuola più importante di grafologia è quella di Urbino, che si attiene agli insegnamenti di P. Gerolamo Moretti ed è tuttora retta da frati.

Graf Stanislav (1931)
Nato a Praga, laureato in medicina e filoso-

fia, possiede anche una solida preparazione psicoanalitica. Dal 1970 vive e opera negli USA, dove è stato presidente dell'Associazione Internazionale di Psicologia Transpersonale. Da anni sperimenta nel campo degli stati alterati di coscienza, che ottiene usando droghe psichedeliche. Si occupa in particolare delle esperienze perinatali, delle rinascite, della morte e della sopravvivenza. È aperto alle tematiche paranormali e al tema della trascendenza.

Gruppo (anima di)
Indica l'unione di diverse anime in un solo spirito e si riferisce in particolare al comportamento di certi animali che vivono in società, che si muovono e agiscono come una sola persona: api, termiti, ecc. Secondo le concezioni buddhiste, anche l'anima umana sarebbe il risultato di decine o centinaia di esistenze precedenti.

Guaritore
Persona sprovvista di specifica competenza medica, ma ritenuta in grado di influire in qualche modo sullo stato di salute del suo prossimo. La figura del guaritore è molto antica, anche se soltanto oggi ha assunto un certo ruolo sociale. Fin dall'antichità era noto che particolari individui erano in grado di influire positivamente sugli altri e di guarire le loro malattie: pare ad esempio che Pirro curasse con l'imposizione delle mani i suoi soldati feriti e ammalati, e che Vespasiano riuscisse con lo stesso metodo a far passare la febbre. Anche i primi re di Francia e di Inghilterra, i reali d'Asburgo e di Ungheria erano ritenuti dotati di capacità taumaturgiche. Il dr. *Piero Cassoli* (v.), di Bologna, che ai guaritori ha dedicato lunghi e competenti studi, definisce il guaritore «un essere umano che con la sua semplice presenza, lo sguardo, l'imposizione delle mani può influire sui sintomi della sofferenza, sull'andamento della malattia di un uomo e anche di un animale». Il guaritore può scoprire in molti modi di essere tale: alcuni lo apprendono durante una seduta spiritica o grazie a una visione, altri avvertono l'impulso irresistibile a mettere le mani su chi soffre, altri si accorgono di avere certe capacità vedendo le proprie piante prosperare (il famoso «pollice verde»...), altri ancora sono figli o nipoti di sensitivi e guaritori, e sanno che queste capacità sono ereditarie. A questo punto non resta che cominciare a curare, facendosi possibilmente seguire da un medico per il controllo dei risultati. È stato constatato che le cure dei guaritori non sono mai nocive e come tali possono sempre essere affiancate alle normali cure mediche. In Inghilterra, dove i guaritori sono serenamente accettati da tutti, anche i degenti negli ospedali possono richiedere l'intervento di un guaritore, se ne hanno fiducia, e ritengono di potersi giovare delle sue cure. Non tutti i guaritori interpretano la propria dote di curare allo stesso modo: c'è chi crede che essa dipenda da una sorta di energia che scaturisce dalle sue mani e che rappresenta quindi una sua personale — anche se tuttora inspiegata — capacità, e chi invece si ritiene un mezzo, un «canale» (si veda la voce *Channeling*) di forze o entità trascendenti che si servono di lui come di uno strumento attraverso cui operare. Si parla in questo caso di «guaritore spirituale». Si ritiene che il guaritore intervenga a livello globale sul paziente, ristabilendo in qualche modo l'equilibrio spezzato dalla malattia e riorganizzando le forze vitali in crisi, esattamente come fa l'agopuntura. Il guaritore agisce in genere d'istinto, mettendo le mani dove si sente di metterle (in genere sul punto doloroso) e provocando nel paziente sensazioni soggettive di caldo, freddo, formicolio. Non sembra però che l'azione dei guaritori sia riconducibile a un'energia di tipo fisico: di qui il nome di *pranoterapia* (da *prana* = in hindi «energia vitale») dato all'azione dei guaritori. Che gli effetti, spesso positivi, dell'imposizione delle mani non siano dovuti soltanto a suggestione, lo dimostra il fatto che essi si fanno sentire anche sui bambini, sugli animali e su sistemi non suggestionabili quali piante, sangue, culture «in vitro».
La sperimentazione in laboratorio sarebbe anzi la più adatta a dimostrare l'azione del guaritore: qualcosa è stato fatto, ma troppo poco per consentire delle certezze. Oggi tut-

tavia, pur tra dubbi, incertezze e situazioni ambigue create da individui senza scrupoli che agiscono anche in questo campo, la figura del guaritore sta interessando un numero sempre maggiore di persone e soprattutto comincia a destare l'interesse della classe medica, l'unica in grado di valutare e studiare seriamente il fenomeno.

Guaritori di campagna

Diversamente da chi esercita la pranoterapia, il guaritore di campagna non impone le mani per curare il prossimo, ma pratica un rito di tipo magico-religioso con cui intende allontanare dalla persona il male che l'ha colpita. Un tempo diffusissima, la medicina di campagna (o popolare) si ritrova ancora in tutta Italia, anche se il suo ruolo è oggi molto diverso da quello di un tempo. Questi particolari guaritori ricevono in genere la *virtù* di curare da un anziano che la notte di *Natale* (v.) gli trasmette i riti e gli insegna le parole che devono restare segrete. Si ritiene in genere che possa curare per virtù innata chi è nato «con la camicia» (cioè col sacco amniotico addosso) e i settimi (settimo di sette maschi o settima di sette femmine). I guaritori di campagna curano specifiche malattie non gravi ma fastidiose e difficili da combattere: fuoco di S. Antonio, sciatiche, storte, orzaioli, verruche, verminazioni dei bambini, bruciature e simili.

Il rito è di tipo magico, in genere inteso a trasmettere a un oggetto il male che affligge la persona, e presenta inoltre aspetti religiosi legati al cattolicesimo: il male infatti viene «segnato» con segni di croce e le parole pronunciate dal guaritore sono invocazioni a Dio, alla Madonna e ai Santi. Si può quindi ritenere che questi riti risalgano ad epoca pagana, con sovrapposizioni cristiane successive.

Il guaritore popolare è in genere una persona di fede, generosa e buona, che opera senza chiedere alcun compenso e ritiene di fungere da intermediario tra Dio e il malato.

Gli innegabili successi che questi guaritori talora ottengono sono probabilmente dovuti sia alla suggestione del rito e all'effetto della fede, che alle capacità paranormali che certamente questi operatori possiedono senza saperlo.La medicina popolare interessa oggi nuovamente la medicina ufficiale in quanto è storia e antropologia della medicina e anche perché può valere la pena di tentare di recuperare i meccanismi che, a livello psicosomatico, il guaritore mette in atto col suo particolare rapporto di fiducia e disponibilità nei confronti del paziente.

Una «guaritrice di campagna» sta eseguendo il suo rito magico-terapeutico

Guaritori filippini

Negli anni Sessanta lo studioso americano Harold Shermann e il medico giapponese Hiroshi Motoyama «scoprirono» per l'Occidente il fenomeno dei guaritori filippini e su di esso scrissero libri e girarono filmati che suscitarono un grande scalpore. Da allora i chirurghi-maghi delle Filippine continuano a destare interesse, tanto che sono stati organizzati viaggi di studio e ogni anno migliaia di ammalati approdano alle Filippine per farsi curare, o meglio operare. Nonostante le disparate impressioni suscitate dall'insolita fenomenologia in questione, tutti concordano nel descrivere gli

interventi dei Filippini più o meno in questi termini: le operazioni non avvengono in ambienti adatti, ma in case private e soprattutto nelle cappelle, vere e proprie chiese cristiano-spiritiche. Il paziente viene fatto accomodare su un rudimentale tavolaccio e sotto la testa gli viene posta la Bibbia. Le operazioni durano pochissimi minuti e vengono eseguite una dopo l'altra, senza anestesia e senza osservare alcuna norma igienica. Il guaritore pone le mani nude sulla zona che ritiene di dover operare e penetra apparentemente senza difficoltà nel corpo del paziente: dall'apertura, di cui per altro non si vedono i margini, sgorga sangue che in certi punti si coagula immediatamente.
Dal corpo aperto con questa insolita procedura vengono estratte le cose più impensate: pezzi di organo, sassi, foglie, riso, metri e metri di spago, sacchi di plastica, eccetera. Finito l'intervento il guaritore toglie le mani e la ferita si chiude come per incanto. Non resta che detergere il sangue e il paziente, che non ha sentito alcun dolore, può alzarsi e andare a casa con le proprie gambe. Il guaritore si pulisce le mani con uno straccio e affronta il prossimo paziente. E così via per ore e ore, nella piccola cappella gremita di gente, con un caldo spesso insopportabile. La cosa più incredibile è che in queste condizioni non si verificano mai infezioni.
Data questa fenomenologia così poco ortodossa, i pareri degli osservatori sono alquanto discordi. Non bisognerebbe per altro dimenticare che i Filippini curavano la loro gente in questo modo secoli prima che l'Occidente si accorgesse di loro, e che nel loro caso siamo di fronte a medium che operano in stato di trance o semi-trance e che sono dotati di capacità psicocinetiche. I loro interventi sono azioni magiche e non vanno valutati con mentalità razionale, bensì dall'ottica particolare di quella cultura popolare. A giudizio degli esperti, gli oggetti che i Filippini estraggono dal corpo dei pazienti sono materializzazioni e rappresentano ciò che il guaritore (o il paziente) pensa sia la causa del suo male. Alle Filippine medicina, religione e magia sono da tempo immemorabile una cosa sola (ma le stesse cose più o meno avvengono anche in Messico e Brasile), e quando il cristianesimo penetrò tra quelle popolazioni i guaritori adottarono i simboli della nuova religione. Oggi la troppa pubblicità e le eccessive speranze di chi non può più sperare nulla dalla medicina ufficiale hanno in molti casi trasformato l'azione di questi guaritori in *business*, tuttavia non si può negare autenticità al fenomeno, che andrebbe ulteriormente studiato senza prevenzioni e pregiudizi.

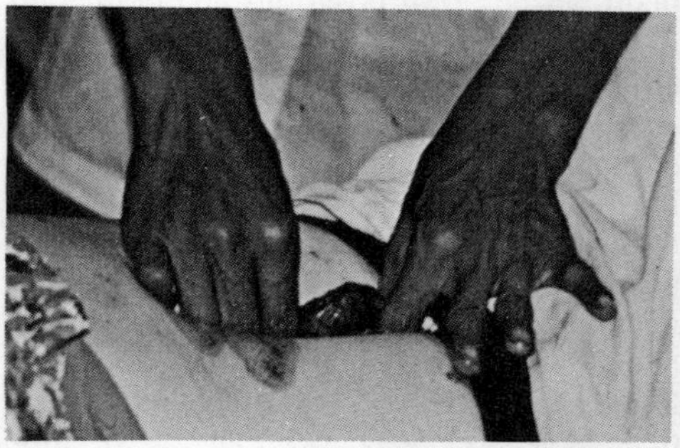

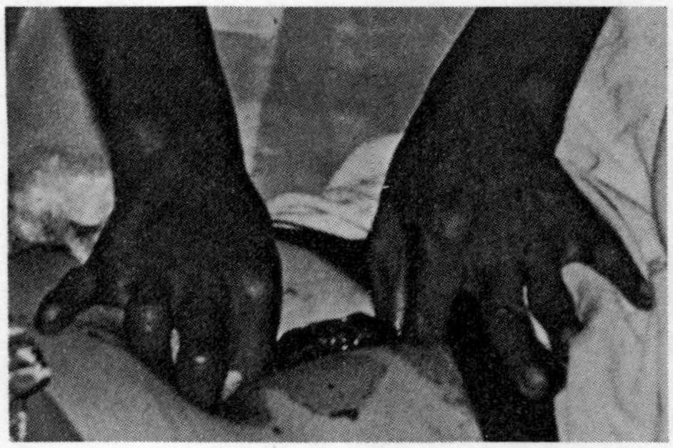

Due fasi di un «intervento» durante il quale il guaritore filippino Alex Orbito asporta «il male» dal corpo di una paziente

Guénon René (1886-1951)
È considerato il restauratore, in Occidente, della corrente tradizionale di pensiero che, fondandosi sulla nozione del divenire propria di antiche culture sapienziali, scomparse o tuttora sussistenti, nega la concezione moderna del tempo e della storia come sviluppo rettilineo progressivo ed ascendente, aderendo invece a una visione ciclica che, attraverso differenti ere, epoche o età, prospetta

il cammino discendente da un massimo di spiritualità a uno di materializzazione. A questa visione aderirono sostanzialmente eminenti studiosi, fra i quali J. Evola e F. Schuon.
Dopo una fase giovanile dedicata a ricerche in ambito occidentale, il francese Guénon, insoddisfatto a causa del carattere spesso spurio e incompleto dell'esoterismo occidentale, si rivolse all'Oriente, nel quale finì con l'integrarsi, facendosi musulmano e trasferendo al Cairo la sua dimora. Di grande rilievo sono le sue opere consacrate alla sapienza tradizionale dell'India (*L'uomo e il suo divenire secondo il Vedanta*), a quella estremo-orientale (*La grande Triade*), al tema dell'iniziazione (*Considerazioni sulla via iniziatica*), alla metafisica della storia (*La crisi del mondo moderno, Il regno della quantità ed i segni dei tempi*), eccetera. Sul tema del tempo ciclico vedere anche, dello stesso autore, *Forme tradizionali e cicli cosmici*.

Guida
Nel linguaggio spiritico indica la personalità defunta, o comunque spirituale, che fa da guida al medium in trance. Resta insoluto il problema se si tratti veramente di trapassati oppure di personificazioni inconsce del medium stesso, o anche di sue personalità multiple.

Gurdjieff Georgei Ivanovic (1872-1949)
Personaggio misterioso, cultore di esoterismo, yoga e magia, depositario di molte conoscenze acquisite in Oriente a contatto con yogi, fachiri e santoni. A partire dal 1914 si dedicò alla divulgazione delle sue dottrine, prima in Russia, sua terra natale, poi a Parigi dove visse a lungo. Convinto della possibilità che l'uomo ha di andare oltre i propri limiti e di manifestare il potenziale energetico che è dentro di lui, sviluppò tecniche ed esercizi atti a raggiungere questo scopo. Il suo sistema filosofico, affidato a vari libri pubblicati postumi, ha esercitato ed esercita tuttora un notevole influsso. Suo discepolo e seguace fu *Peter D. Ouspensky* (v.).

Georgei Ivanovic Gurdjieff

Gurney Edmund (1847-1888)
Fu tra i fondatori della *Società per la Ricerca Psichica* (v.) di Londra di cui fu per anni segretario. Si dedicò pienamente alla ricerca e alla sperimentazione in questo campo e insieme a Myers e Podmore scrisse il famoso *I fantasmi dei viventi*, un'inchiesta classica sulle apparizioni. Sperimentò a lungo anche in materia di metodi che i suoi contemporanei non esitarono a definire scientifici. La ricerca nel campo del paranormale fu la sua vera attività.

Guru
Parola sanscrita il cui significato di base è quello di «padre spirituale», «maestro spirituale». È l'appellativo attribuito genericamente a tutti i maestri di scuole religiose di impronta orientale.

Guscio eterico
Nel linguaggio degli occultisti e degli spiritisti, il «guscio eterico» è un involucro invisibile, ma partecipe ancora di qualche forma di materialità, che sussiste dopo la morte dell'uomo. Esso sarebbe destinato a

consentire il contatto dello spirito con il mondo materiale e si dissolverebbe una volta che la necessità di questo contatto fosse esaurita.

Guzyk Jan (1875-1928)
Grande medium polacco studiato da importanti ricercatori quali *Richet*, *Geley, Osty* e *Flammarion* (v.). Nelle sue sedute, che teneva anche a pagamento, si verificavano materializzazioni di fantasmi, fenomeni di *xenoglossia* (v.), luci paranormali. Quando si esibiva a pagamento ricorreva a trucchi, tuttavia gli scienziati che sperimentarono con lui in condizioni di controllo rimasero convinti dell'autenticità dei suoi fenomeni.

H

Hahnemann Samuel (1755-1843)
Medico tedesco fondatore dell'*omeopatia* (v.).

Home Daniel Dunglas (1833-1886)
È stato uno dei più grandi medium a effetti fisici che si conoscano e uno dei pochissimi di provata onestà: fu studiato da eminenti studiosi in Europa e in America, ma nessuno mise mai in dubbio la sua lealtà. Nacque in Scozia, ma visse la giovinezza negli Stati Uniti, dove le sue doti medianiche si rivelarono in pieno. I fenomeni che produceva erano imponenti: in piena luce il tavolo si muoveva con tre persone sopra e levitava, si materializzavano mani spiritiche, campanelli si muovevano nell'aria squillando, colpi contro i muri scandivano messaggi. Tornato in Europa per motivi di salute (soffriva di tisi, malattia che lo portò alla tomba), fu ospite di nobili e regnanti desiderosi di assistere ai suoi strabilianti fenomeni: si produsse davanti agli imperatori di Francia, allo zar di Russia, alle famiglie nobili più importanti di Germania e Inghilterra. Su sposò due volte con donne ricche, che lo sollevarono dai problemi economici; ma neppure nei momenti di difficoltà Home si fece mai pagare per le sue sedute, che considerava una missione. Aveva fede assoluta nel contatto con l'aldilà e nella sopravvivenza dell'anima alla morte. Dal 1871 al 1847 ebbe luogo la famosa serie di sedute col fisico *William Crookes* (v.), che segnano l'inizio della ricerca scientifica sui fenomeni paranormali. Crookes, convinto dell'autenticità dei fenomeni e della lealtà di Home, lo difese in ogni occasione, anche a costo di mettere a repentaglio la sua reputazione di scienziato. Negli ultimi dieci anni della sua vita Home viaggiò molto, come del resto aveva sempre fatto, assillato dai problemi che la salute precaria gli dava.
Vanitoso e sensibile agli onori, Home fu un uomo molto amabile e in perfetta buona fede, come attestarono tutti coloro che ebbero a che fare con lui. Di lui vale quello che disse Crookes: «Durante tutti gli anni in cui fui in rapporto con Home, neppure una volta ebbi la minima occasione di sospettare che si valesse di trucchi...».
L'episodio più famoso di tutta la sua carriera resta la levitazione avvenuta quando viveva ospite di Lord Adare, tra il 1867 e il 1869; davanti agli occhi di numerosi testi-

D.D. Home raffigurato in una delle sue celebri levitazioni

moni, uscì in levitazione da una finestra e rientrò dall'altra.

Houdini Harry (1874-1926)
Grande prestigiatore, specializzato nel liberarsi da legami (corde, catene, manette): come riuscisse a farlo, rimane tuttora un mistero.
Lo slegamento stesso non fu mai osservato direttamente, in quanto avveniva sott'acqua o dentro ceste o bauli, e Conan Doyle arrivò a pensare che il tutto avvenisse per un fenomeno di smaterializzazione e rimaterializzazione (di Houdini stesso o dei suoi lacci).
Nei confronti dei fenomeni paranormali Houdini dimostrò sempre interesse, ma anche sfiducia, e contribuì a svelare gli imbrogli di diversi personaggi. Si accordò con la moglie per un messaggio che, in caso fosse sopravvissuto alla propria morte, le avrebbe fatto pervenire attraverso un medium: il messaggio («Rosabelle believe!») arrivò, ma la vedova prima ne diede conferma e poi ritrattò tutto. Esso per altro avrebbe potuto essere stato captato dal medium per telepatia dalla mente della moglie stessa, che lo conosceva.

Harry Houdini mentre si prepara ad uno dei suoi esperimenti

Hugo Victor (1802-1885)
Grande poeta francese, credeva nella veggenza e nella reincarnazione. Famose sono le sue esperienze spiritiche condotte per anni sull'isola di Jersey, dove era stato confinato per motivi politici. Hugo le intraprese per tentare di stabile un contatto con la figlia morta precocemente; pare che il figlio Charles fungesse da medium. Attraverso i battiti del tavolino giunsero versi e prosa di una qualità che Charles non avrebbe mai potuto raggiungere, e questo anche quando il padre — come spesso capitava — era assente. Le sedute ebbero luogo dal 1853 al 1855.

Hydesville
Il nome di questo villaggio dello stato di New York è legato alla nascita della ricerca psichica in quanto fu qui che nel 1848 avvenne il famoso episodio della sorelle *Fox* (v.) che diede inizio allo spiritismo e alle pratiche ad esso legate. Dallo spiritismo si è sviluppata l'attuale ricerca parapsicologica.

La casa di Hydesville nella quale si produssero, tramite le sorelle Fox, i primi fenomeni spiritici dell'èra moderna

I Ching

L'*I Ching* è un antichissimo libro di divinazione, il più saggio libro di oracoli esistente. Famosissimo in Cina (Mao ne logorò molte copie a furia di consultarlo), l'*I Ching* fino a non molto tempo fa non era accessibile agli Occidentali per mancanza di una traduzione. Fu C.G. Jung, che non fece mai mistero del suo interesse per i fenomeni occulti, a riproporre il libro all'attenzione generale, scrivendo una splendida introduzione all'edizione inglese curata dal suo amico Richard Wilhelm, illustre sinologo, colui che per la prima volta tradusse e portò in Occidente il famoso testo. Dall'inglese l'*I Ching* è stato tradotto in molte altre lingue e così è iniziata la sua penetrazione anche da noi.

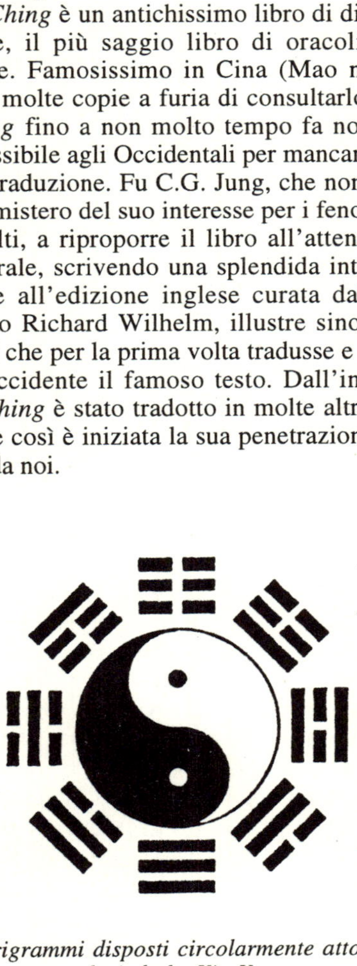

I trigrammi disposti circolarmente attorno al simbolo Yin-Yang

L'origine del libro è contadina. Probabilmente all'inizio fu un testo di osservazioni astronomiche, fatto perfettamente possibile in quanto i Cinesi sono stati grandi osservatori del cielo e già prima dei Caldei e dei Babilonesi avevano calcolato con estrema precisione il movimento delle stelle. In seguito il discorso fu allargato e abbracciò il cielo, la terra e tutto ciò che vive sulla terra, il destino del pianeta e quello del singolo. Col tempo divenne quindi sempre più un testo di divinazione, consultabile non soltanto per prevedere i mutamenti stagionali, ma anche per analizzare le situazioni personali e generali. Di conseguenza l'*I Ching* non è certamente opera di un solo autore, ma saggezza accumulata per centinaia di anni, secondo la genesi propria di altri antichi testi. È comunque attribuito per consuetudine al re Wen, vissuto oltre mille anni a.C., e a suo figlio il duca di Chou. I commenti sono di Confucio. Si può quindi affermare che, nella forma giunta fino a noi, il testo ha almeno tremila anni.

L'*I Ching*, oltre che «il libro degli oracoli cinesi» si chiama anche «il libro dei mutamenti»: gli antichi avevano constatato che il mutamento è l'unica costante della natura e della vita, che tale mutamento, in quanto costante, è governato da leggi eterne e che ogni cosa o situazione ha già insito in sé il principio trasformatore che agisce ciclicamente. Gli antichi Cinesi studiarono quindi le leggi della mutazione, essendo convinti che chi le conosceva fosse padrone del proprio destino.

Il principio di base dell'*I Ching* è il seguente: gli antichi Cinesi videro e rappresentarono tutto ciò che esiste come alternanza e contrapposizione di *yang*, l'elemento maschile, attivo, il creatore, il padre, il cielo, lo spazio, e *yin*, l'elemento femminile, passivo, ricettivo, malleabile, ombroso, la terra, la madre, e rappresentarono *yang* con una linea intera simboleggiante l'unità, e *yin* con una linea spezzata che simbolizza dualità, ricettività.

中孚

Chung Fu
Verità interiore

L'interpretazione di un esagramma

Attraverso *yang* e *yin* nelle più diverse combinazioni, dal loro diverso accoppiarsi e combinarsi, gli antichi Cinesi crearono una serie di 64 esagrammi (sei linee intere o spezzate), ognuna delle quali rappresenta una situazione: insieme essi rappresentano il ritmo delle stagioni e degli eventi umani. Per individuare l'esagramma, i Cinesi usavano 50 steli di achillea, o millefoglie, un sistema difficile e complesso. Oggi ci si limita a gettare in aria per sei volte tre monetine: a seconda delle facce che mostrano si ha una linea intera o spezzata. Secondo Jung, che lavorò molto su l'*I Ching*, l'inventore del libro si era basato sulla convinzione che l'esagramma costruito in un dato momento coincidesse con esso anche nella qualità, e non solo nel tempo, e fosse quindi un indicatore della situazione di quel momento stesso. Fu anche studiando l'*I Ching* che Jung giunse a concepire la sua teoria della *sincronicità* (v.).

Identificazione

I casi di identificazione rientrano nella fenomenologia medianica e, per quanto poco appariscenti, sono tra i fenomeni che più parlano a favore del reale contatto con altre dimensioni. Si tratta di questo: durante la trance del medium (oppure attraverso la scrittura automatica) si manifestano entità sconosciute a tutti i presenti, si qualificano, fanno precisi riferimenti personali, forniscono il proprio nome, cognome e indirizzo da vivi nonché notizie sulla famiglia; e grazie a queste informazioni risulta a volte possibile rintracciare i parenti e avere conferma di quanto l'entità ha comunicato.

I casi in cui le entità forniscono i dati per identificarle sono sempre spontanei e il tutto avviene indipendentemente dalla volontà del medium e dei presenti. Un caso famosissimo è quello del giudice Reggio, avvenuto a Parigi nel 1901. Il medium si chiamava Borgazzi e in stato di trance profonda scriveva con la scrittura automatica. A un certo punto di una seduta arrivò un lungo messaggio da parte di un'entità sconosciuta a tutti i presenti, che tra le altre cose disse di chiamarsi Vincenzo Reggio, di essere deceduto a Genova il 27 ottobre 1900, di essere stato presidente di Corte d'Appello e di essere fratello dell'arcivescovo di Genova Tommaso Reggio, col quale invitava i presenti a mettersi in contatto. Aggiunse anche il proprio indirizzo da vivo e disse di essere tornato sulla terra per sollecitare l'adempimento di una volontà che aveva espresso in vita e che i suoi eredi avevano trascurato.

I presenti ignoravano persino l'esistenza dei fratelli Reggio, tuttavia scrissero al vescovo chiedendogli conferma dei dati forniti dall'entità: il vescovo rispose immediatamente confermando tutto. Allora gli fu inviata anche la seconda parte del messaggio contenente la volontà del fratello. Questa volta il vescovo non rispose, tuttavia in seguito l'entità Vincenzo Reggio si presentò per ringraziare i presenti e per assicurare che il fratello si era ravveduto e aveva rimediato a una mancanza: «Pertanto,

tranquillizzato, io posso continuare il mio cammino verso il perfezionamento», concluse l'entità, che da quel momento non si manifestò più.
Un altro caso famoso è quello del dirigibile francese R. 101, che precipitò il 5 ottobre 1930 presso Beauvais. Nella sciagura persero la vita il comandante H.C. Irwing e tutto l'equipaggio. Due soli giorni dopo si svolgeva a Londra alla presenza dello studioso H. Price una seduta con la celebre medium *Eileen Garret* (v.): la seduta aveva lo scopo di stabilire un contatto con *Sir Arthur Conan Doyle* (v.), scomparso alcuni mesi prima. Invece di Sir Arthur si presentò lo spirito del comandante Irwing, che concitatamente, come in preda a una violenta emozione, diede una lunga descrizione dell'incidente, con dettagli tecnici precisissimi che nessuno dei presenti sarebbe stato in grado di fornire. Del resto, essendo trascorsi appena due giorni dell'incidente, i giornali non avevano ancora riportato alcun resoconto tecnico della catastrofe, che aveva coinvolto un velivolo di un tipo poco conosciuto e ancora in fase di sperimentazione. Quando, qualche tempo dopo, fu pubblicato un resoconto ufficiale dell'*Air Ministry*, ci si rese conto che esso coincideva in modo stupefacente col messaggio medianico.
Casi di identificazione ne sono avvenuti anche di recente, per esempio nell'ambito del *Cerchio 77* di Firenze, dove operava il medium *Roberto Setti* (v.), morto prematuramente nel febbraio 1984.
Non sempre è facile trovare le conferme di quanto le entità dicono in seduta, tuttavia negli anni è stata fatta una raccolta imponente di casi di identificazione. I quali dai più vengono interpretati in termini spiritici, cioè come indizi utili a sostenere l'ipotesi della sopravvivenza: da altri invece sono ricondotti alle capacità telepatiche e chiaroveggenti del medium, che poi drammatizzerebbe queste sue conoscenze paranormali inscenando una specie di commedia col defunto che si manifesta e fa le sue rivelazioni.
È un'ipotesi tortuosa e complicata, che però non può essere esclusa.

Ideoplastia
Termine ideato con ogni probabilità dallo psichiatra svizzero Auguste Forel (1848-1931) e indicante gli effetti organici dei pensieri e delle immaginazioni, gli effetti psichici sul proprio corpo. C'è chi attribuisce a questa potenzialità umana anche la comparsa delle stigmate.

Iettatura
La parola deriva dal latino *iactare* (= gettare) e indica la possibilità che certe persone o certi animali avrebbero di portare sfortuna. La ferma credenza nella iettatura si ritrova in Italia soprattutto nel Meridione, in particolar modo in Campania, però va detto che questa idea, sotto forme diverse, si ritrova un po' in tutto il mondo e in tutti i tempi. Lo dimostrano i numerosissimi *amuleti* (v.) degli Egiziani, dei Greci, dei Romani e di tutti i popoli orientali, spesso di forma appuntita, ad indicare sia un'arma di difesa contro chi porta disgrazia sia un simbolo fallico, segno di vita e di abbondanza. All'origine della credenza nella iettatura si può presumere l'esistenza di una paura globale di ciò che può abbattersi sull'uomo sia da parte della natura che dei suoi simili. Sebbene la iettatura sia stata sempre studiata dal punto di vista antropologico e folkloristico, si può ipotizzare che in essa operino anche fattori psicocinetici o telepatici, in grado di agire veramente sulla persona, contribuendo a farle capitare quello che consciamente o inconsciamente lo «iettatore» desidera. Tale spiegazione non si attaglia però agli animali quali presunti portatori di sfortuna: valga per tutti l'esempio del gatto nero. L'ipotesi interpretativa che qui si affaccia spontanea è quella della *sincronicità* (v.) di Jung; il fenomeno è comunque complesso e tuttora inspiegato, e senz'altro merita ulteriori approfondimenti.

Illuminazione
Rivelazione interiore improvvisa, globale, superiore, che porta a una nuova salvifica visione del mondo e delle cose, a una sintesi purificatrice, a un ribaltamento dei valori. Si parla anche di «risveglio» (*satori* per le

dottrine orientali). L'illuminazione può venire dopo anni di meditazione con la guida di un Maestro, o anche spontaneamente una volta che sia stata raggiunta la maturazione interiore necessaria.

Imago Mundi
Associazione Internazionale di Studi sulle «zone di frontiera della scienza», con sede a Innsbruck: è sorta dalla Società Internazionale dei Parapsicologi Cattolici. Suo organizzatore e segretario generale è il prof. *Andreas Resch* (v.).

Impregnazione psichica
Secondo certi ricercatori tra cui il cecoslovacco *Milan Ryzl* (v.), tutto ciò che avviene ed è avvenuto lascia una traccia di sé che può essere «recuperata» attraverso le cose che sono state presenti a quel fatto o hanno avuto un ruolo in esso. In effetti è noto che i sensitivi, tenendo in mano oggetti anche nascosti alla loro vista in quanto chiusi in buste o scatole, riescono a ricostruire la storia dell'oggetto stesso e della persona cui è appartenuto o appartiene: il fenomeno è noto come *psicometria* (v.). La teoria dell'impregnazione psichica potrebbe essere anche alla base dei fenomeni di *infestazione* (v.), quelli cioè in cui per anni e secoli certi luoghi e certe abitazioni continuano ad essere palcoscenico di antiche vicende e di presenze avvertite talora anche da persone prive di doti paranormali.

Impronte di fuoco
Inquietanti documenti consistenti di impronte di mani di fuoco su camicie, messali, tavolette di legno lasciate, a quanto ci dicono le testimonianze, da anime del Purgatorio come prova della loro reale esistenza.
La collezione più importante di questi documenti si trova a Roma, nella chiesa del Sacro Cuore del Suffragio sul Lungotevere Prati: una piccola chiesa in stile gotico fatta costruire all'inizio di questo secolo da Padre Vittore Jouët, missionario di Marsiglia vissuto a Roma per oltre quarant'anni, fondatore dell'Associazione del Sacro Cuore di Gesù per il suffragio delle Anime Sante. Padre Jouët, che fin da giovanissimo era stato animato da grande zelo per il suffragio delle anime del Purgatorio e dal desiderio di raccogliere testimonianze della realtà del Purgatorio stesso e dei possibili rapporti tra vivi e defunti, si era dedicato a un compito insolito: raccogliere documenti attestanti la concretezza di questi contatti. Egli stesso chiamò «Museo Cristiano dell'Oltretomba» la sua raccolta, che era un tempo più numerosa di oggi: alla sua morte, nel 1912, i suoi successori diedero un assetto molto severo e scrupoloso al Museo, eliminando tutti i documenti di dubbia o non sicura origine e conservando soltanto quelli dalla documentazione sicura, confermata e garantita da vescovi e parroci.
Oggi al Museo del Purgatorio sono conservati circa dodici documenti, esposti nella sacrestia adiacente alla chiesa. Si tratta di bruciature profonde a forma di mano, che sembrano prodotte da una mano infuocata che si sia posata, premendo forte, sul libro o sul tessuto.
Stando alle testimonianze, le impronte sarebbero state lasciate da trapassati apparsi in forma visibile e sensibile ai viventi per chiedere messe e preghiere e incitarli a una vita migliore. Un solo esempio, riguardante una delle impronte più nitide: essa si trova sulla manica della camicia di Giuseppe Leleux, di Wodecq in Belgio, e gli fu lasciata nel 1789 dalla sua defunta madre che gli era apparsa 27 anni dopo la morte: la donna gli aveva rimproverato la vita dissipata, gli aveva ricordato il legato paterno — dimenticato — di far dire messe ai defunti e l'aveva scongiurato di cambiar vita e di lavorare per la Chiesa. Gli aveva quindi posato la mano sulla manica della camicia lasciandovi un'impronta visibilissima. Giuseppe Leleux, impressionatissimo, cambiò vita, fondò un ordine religioso e morì addirittura in odore di santità.
La Chiesa non considera questi documenti prove dell'esistenza del Purgatorio, ma conferme, aiuti a rivedere la propria vita e a fortificare la fede, dati di fatto su cui ognuno può riflettere.
Il prof. Georg Sigmund, teologo e filosofo,

docente di filosofia a Fulda in Germania, considerato il maggior esperto del mondo di questo fenomeno, ritiene che le impronte costituiscano una prova della sopravvivenza dell'anima alla morte del corpo. Esse sarebbero state prodotte, a suo giudizio, dalla temporanea materializzazione in forma tangibile e sensibile di anime del Purgatorio al fine di raggiungere determinati scopi.

Inardi Massimo (1927-1994)
Medico residente a Bologna, si è occupato per molti anni di parapsicologia ed è stato tra i fondatori del *Centro Studi Parapsicologici* (v.) di Bologna, di cui è stato anche presidente per vari anni. All'inizio degli anni Settanta contribuì in maniera decisiva alla divulgazione della parapsicologia in Italia partecipando al noto programma televisivo «Rischiatutto» e parlando, oltre che di musica, anche di tematiche paranormali. Ha scritto vari libri di divulgazione; *L'ignoto in noi, Il romanzo della parapsicologia, Parapsicologia, realtà contestata*. Negli ultimi anni della sua vita si è dedicato soprattutto ai guaritori.

Incombustibilità
Fenomeno di antichissima origine, in virtù del quale certe persone risultano insensibili al fuoco e inattaccabili da esso. Casi di incombustibilità sono riportati spesso nell'agiografia cattolica: per esempio nel 155 d.C. S. Policarpo di Smirne fu condannato al rogo, ma la leggenda dice che il fuoco non lo bruciò e i suoi persecutori per farlo morire dovettero trafiggerlo con una lancia.
Nel VI secolo S. Gregorio di Tours racconta che un cristiano, disputando con un seguace di Ario, gettò un anello d'oro nel fuoco e sfidò l'avversario a riprenderlo come prova della verità o falsità della dottrina ripudiata. L'ariano rifiutò ma il cristiano affondò il braccio tra le fiamme e recuperò l'anello ormai incandescente senza subire alcun danno. Francesco di Paola ebbe spesso a che fare col fuoco, uscendone sempre indenne: riusciva addirittura a tenere in mano carboni ardenti. Santa Caterina da Siena cadde durante un'estasi su un braciere e vi restò a lungo prima di essere tratta fuori: non si era però neppure bruciata i vestiti.
Anche in campo medianico troviamo esempi di incombustibilità: il famoso medium *D.D. Home* (v.) tenne una volta in mano un carbone ardente grande come una mela senza farsi alcun male. In altre occasioni trasferì questa capacità anche ad altri: varie volte passò i carboni ai partecipanti alle sue sedute che non ne riportarono danni. In tutto il mondo, fin da tempi molto antichi, sono note le «passeggiate sul fuoco» compiute nell'ambito di cerimonie religiose e tese a dimostrare il proprio coraggio, a impetrare qualche grazia o a purificarsi. Per questo aspetto si veda la voce *pirobazia*. Non sappiamo a che cosa sia dovuta l'insensibilità al fuoco: probabilmente all'azione di forze psichiche di cui ancora si ignorano i meccanismi. Certamente il fenomeno è uno dei più singolari che si conoscano.

Inconscio
Termine proprio della psicoanalisi, con cui si intende tutto ciò che non arriva a livello di coscienza (ad opera del meccanismo della rimozione). Nell'inconscio sono contenuti istinti e pulsioni, desideri infantili, bisogni repressi. I parapsicologi ritengono oggi che i meccanismi responsabili dei fenomeni paranormali siano in gran parte inconsci: raramente infatti i fenomeni avvengono per un atto di volontà, anzi il più delle volte si producono spontaneamente, obbedendo a motivazioni profonde che l'analisi può individuare.

Inconscio collettivo
Sarebbe la somma di tutte le esperienze dell'umanità fin dagli inizi della sua evoluzione, uno psichismo comune, una mente collettiva cui i sensitivi sarebbero in grado di attingere (soprattutto nella trance e negli stati alterati di coscienza) per ricavare le proprie informazioni telepatiche, chiaroveggenti e precognitive, che sono senza spazio e senza tempo. L'esistenza dell'inconscio collettivo è stata postulata, con qualche dif-

ferenziazione, da vari studiosi, ma soprattutto da *C.G. Jung, William James, Harry Price* (v.).

Incorporazione

Termine in uso nel linguaggio spiritico: indica la possibilità che il medium ha di «incorporare», di fare cioè entrare in sé, lo spirito di un trapassato, che in questo modo può muoversi, agire e parlare usando il corpo del medium in trance come uno strumento. Si parla infatti di «trance a incorporazione». Dai non spiritisti il fenomeno in questione viene interpretato come un'improvvisa e temporanea dissociazione della personalità.

Individuazione

Concetto basilare della psicologia analitica di *Jung* (v.), indica la via che porta al proprio Sé, all'autorealizzazione: il processo di individuazione è, secondo Jung, lo scopo di base dell'uomo, quello al quale bisogna tendere per tutta la vita. Jung riteneva che gli scritti alchemici, molti miti e leggende, in particolare i grandi, avventurosi viaggi degli eroi (per es. l'Odissea) fossero in realtà descrizioni del processo di individuazione personale. Anche l'appartenenza a culti misterici e società segrete può essere considerata un passo su questa via. L'individuazione costituisce per Jung l'autentico senso della vita umana, il motore dell'evoluzione e, in quanto tale, qualcosa che non può mai essere totalmente raggiunto. Scrisse infatti: «la personalità come piena realizzazione della globalità del nostro essere è una mèta irraggiungibile. È un ideale, e quindi una guida».
Nei momenti fondamentali della via che tende all'autorealizzazione possono, secondo Jung, presentarsi fenomeni paranormali o sincronistici.

Infestazione

Si usa questo termine per indicare una serie di fenomeni molto vari (*raps*, venti freddi, apparizioni di fantasmi, profumi, rumori di diverso tipo, passi misteriosi, gemiti e risate, trascinamento di catene, ecc.), che continuano a ripetersi per anni e secoli in un determinato luogo al quale sembrano legati. All'apparenza molto simile al *poltergeist* (v.), l'infestazione se ne differenzia in quanto è legata al luogo e non alla persona, e può durare anni mentre il *poltergeist* si esaurisce in genere in poche settimane.
L'infestazione è un fenomeno antichissimo: Plinio il Giovane in una sua lettera narra di una famosa infestazione che si manifestava ogni notte in una casa di Atene. Qui appariva un fantasma incatenato che terrorizzava gli inquilini. Il caso fu risolto dal filosofo Atenodoro, che invece di fuggire seguì il fantasma, il quale gli indicò un punto in cortile e poi sparì. Il giorno dopo Atenodoro fece scavare in quel punto e trovò uno scheletro incatenato al quale diede degna sepoltura. E da quel momento l'infestazione cessò.
Si conoscono luoghi infestati all'aperto e al chiuso: i campi in cui furono combattute grandi battaglie risuonano ancora, a detta di molti, delle grida dei guerrieri e del fragore delle armi. Maratona sarebbe uno di questi luoghi. Non si contano poi i castelli infestati, sia in Inghilterra che in altri paesi: famose le *Dame bianche* (v.), fantasmi femminili che apparivano nei castelli per annunciare la morte di qualcuno degli abitanti. Anche ai giorni odierni si conoscono case infestate: uno dei casi moderni più famosi è quello della parrocchia inglese di Borley, dove per decenni continuò a presentarsi il fantasma di una monaca che pare fosse stata violentata, uccisa e sepolta in quel luogo.
Le interpretazioni dell'infestazione sono di vario tipo: c'è chi attribuisce i fenomeni all'impregnazione *psichica* (v.) e chi invece ritiene che si tratti di reali interventi di trapassati. In effetti la maggioranza dei casi di infestazione riguarda antiche tragedie, e si può quindi ipotizzare che le personalità ivi implicate continuino ad aggirarsi sul luogo o perché non riescono a staccarsene o perché vogliono giustizia (come nel caso del fantasma di Atene). Resta da chiedersi come mai per secoli continuino a ripetere gli stessi gesti e a recitare la stessa scena. Complessivamente l'infestazione è un fenomeno ancora

tutto da studiare: e si può presumere che non sarà facile farlo, data la rarità dei fenomeni e l'imprevedibilità da essi sempre dimostrata.

Iniziazione

Rito, o insieme di riti, attraverso cui nelle civiltà primitive i giovani venivano ammessi alla vita degli adulti. Anche per essere ammessi nelle società segrete occorrono riti di iniziazione, i quali sono preceduti da una più o meno lunga preparazione. Il rito di iniziazione equivale simbolicamente alla morte dell'uomo vecchio e alla nascita di quello nuovo, divenuto partecipe di più alte conoscenze.

Io

È il soggetto di ogni azione volitiva e consapevole dell'uomo, della sua attività pensante. Certi fenomeni paranormali, per esempio gli *automatismi* (v.), inducono a riflessioni sul concetto di «io» e rimandano a personalità multiple e a influssi esterni.

Ipnosi

Sebbene si discuta ancora sulla sua natura, si può dire che l'ipnosi è un sonno artificiale indotto, o autoindotto, per suggestione, attraverso la monotonia della parola o fissando qualcosa di lucente. Il termine deriva dal greco *ypnos* = sonno, e fu coniato nell'Ottocento dall'inglese J. Braid; però già *Franz Mesmer* (v.) se ne era servito nel secolo precedente coi suoi pazienti: egli parlava di «magnetismo animale» ed era convinto che si trattasse di un fluido capace di indurre il sonno. Importanti esperimenti tramite l'ipnosi furono compiuti all'inizio di questo secolo dal medico francese J.M. Charcot, famoso per i suoi studi sull'isterismo. In ipnosi è possibile far compiere al soggetto gesti e azioni suggeriti dall'ipnotista, i quali però non devono essere contrari all'etica dell'ipnotizzato il quale in questo caso si sveglierebbe. Oggi l'ipnosi viene utilizzata in medicina sia come anestesia che per eseguire senza dolore medicazioni, esami endoscopici eccetera. La parapsicologia si interessa all'ipnosi in quanto in questo stato sembrano emergere più facilmente le capacità paranormali. I soggetti ipnotizzati si sono infatti rivelati in grado di leggere parole e frasi pur avendo gli occhi bendati, di compiere esperimenti di psicometria e altro ancora. Anche i sensitivi più dotati migliorano le loro prestazioni se posti in stato di ipnosi, come dimostrano per esempio gli esperimenti compiuti dal parapsicologo cecoslovacco *Milan Ryzl* (v.). È anche possibile suggerire al soggetto ipnotizzato regressioni a età precedenti o addirittura prenatali: vengono così ricordate età infantili e vere o presunte vite precedenti, riportando in questo modo alla coscienza traumi dimenticati risalenti all'infanzia o ad altre vite, e superando quindi i complessi psichici che ne deriverebbero. Ne è stata ricavata una vera e propria psicoterapia, che specialmente nei paesi anglosassoni incontra molto favore. Lo psichiatra inglese Denys Kelsey ha curato per anni i propri pazienti in questo modo, arrivando a convincersi della realtà della reincarnazione. In effetti in certi casi i ricordi di vite precedenti sono stati controllati e trovati esatti. Non si può però escludere l'emersione nel soggetto ipnotizzato di facoltà chiaroveggenti e retrocognitive.

Iridologia

Tecnica diagnostica che legge le malattie dalle alterazioni dell'iride. Fu messa a punto alla fine del secolo scorso dal medico ungherese Peczely, che da bambino aveva notato un insolito segno nell'occhio di una civetta che aveva raccolto con un'ala spezzata: guarendo l'ala, il segno sparì. Divenuto medico si ricordò di questo fatto e con una serie di osservazioni individuò regolarità di alterazione secondo le diverse malattie. Essendo l'iride in comunicazione col sistema cerebro-spinale e con quello simpatico, risulta possibile che possa esprimere le alterazioni dell'equilibrio corporeo. Oggi l'iridologia è oggetto in Germania di un insegnamento parauniversitario.

Istinto

Tendenza a comportamenti spontanei e innati, in un certo senso automatici; tale tendenza è più sviluppata negli animali che nell'uomo, presso il quale è corretta da meccanismi di reazione innescati nel tempo. L'istinto si basa a volte su informazioni paranormali non consapevoli, che inducono a seguire determinati comportamenti.

Istituto Metapsichico Internazionale (Institut Métapsychique International, IMI)
Fondato a Parigi nel 1919 su iniziativa di Rocco Santoliquido, *Gustav Geley* (v.) e Jean Meyer che ne fu il finanziatore, ha svolto una vasta attività di ricerca e divulgazione grazie soprattutto e *Eugène Osty, Warcollier, Robert Tocquet* (v.). Pubblica la «Revue Métapsychique».

Istituto per le Zone Frontiere della Psicologia
Creato a Friburgo in Germania all'inizio degli anni Cinquanta grazie a un lascito, l'Istituto è stato ideato e diretto per molti anni dal prof. *Hans Bender* (v.) e rappresenta qualcosa di unico nel suo genere: possiede laboratori di ricerca, una vastissima biblioteca (probabilmente la maggiore esistente nel campo del paranormale), una cineteca, una grande raccolta di fotografie e lastre fotografiche di interesse storico ed è in rapporto di collaborazione con la locale università, dove esiste fra l'altro una cattedra di parapsicologia retta a lungo dal prof. Bender stesso e attualmente dal prof. Johannes Mischo. L'Istituto è un importantissimo punto di riferimento per chi si occupa di parapsicologia e svolge anche un significativo lavoro di «psicoigiene», ovvero di aiuto e consiglio a chi si trova confrontato con fenomeni paranormali spontanei. Particolarmente importante il lavoro dell'Istituto nel campo del *poltergeist* e della *precognizione* (v.).

Jaffé Aniela (1903-1992)
Psicologa svizzera, per molti anni segretaria e collaboratrice di C.G. Jung. Dobbiamo a lei la stesura dei *Ricordi* di Jung e l'analisi di esperienze paranormali spontanee, per le quali — al pari di Jung — aveva un grande interesse.

James William (1842-1910)
Psicologo e filosofo, fu docente all'università americana di Harvard ed è uno dei maggiori esponenti della filosofia americana. Imbattutosi casualmente in validi medium, si interessò ai fenomeni da loro prodotti, che per altro interpretò sempre in termini psicologici e non spiritici, e fu tra i fondatori della *Società Americana per la Ricerca Psichica* (v.) di New York. Presiedette per due anni anche la consorella Società di Londra. La sua fama di scienziato e la sua indiscussa serietà e autorità convinsero molti della realtà dei fenomeni paranormali di cui egli si occupava e attirarono su di essi l'interesse del mondo accademico. Numerosi i suoi scritti sulle riviste specializzate.

C.G. Jung

Janet Pierre (1859-1947)
Psichiatra francese, studioso dei fenomeni del *sonnambulismo* (v.): in esperimenti riusciva a far compiere al soggetto determinate azioni che si limitava a pensare, o addirittura lo faceva addormentare. Janet riteneva che la *telepatia* (v.) non avesse a che fare con questa sperimentazione, ma non propose un'interpretazione alternativa.

Jung Carl Gustav (1875-1961)
Il grande psicologo svizzero ebbe sempre un grande interesse per i fenomeni paranormali. Si laureò in medicina con una tesi sui «fenomeni occulti», risultato di sedute medianiche con una cugina, e per tutta la vita coltivò questo suo interesse, che spinse anche alle filosofie orientali, all'alchimia, all'astrologia. Fu in contatto coi maggiori parapsicologi del suo tempo, in particolare con *J.B. Rhine* (v.), di cui apprezzò molto le ricerche sulla percezione extrasensoriale. La sua teoria sulla *sincronicità* (v.) è anche un valido, originale tentativo di interpretazione e inquadramento dei fenomeni paranormali.
Staccatosi da Freud di cui per un certo tempo era stato amico e collaboratore, Jung creò un suo indirizzo psicologico che prese il nome di psicologia analitica, in cui hanno largo spazio anche le esperienze religiose, mistiche, trans-individuali. Numerose le sue opere, tradotte in italiano.

Jürgenson Friedrich (1901-1991)
Pittore, cantante e regista svedese, nel 1959 scoprì casualmente il fenomeno delle «voci» al registratore: mentre stava registrando il canto di certi uccelli, si ritrovò sul nastro voci che non aveva udito al momento della registrazione, tra cui quella di sua madre defunta. Ripeté l'esperimento e si convinse col tempo di avere a che fare con trapassati che volevano in questo modo comunicare coi viventi. Da allora si dedicò completamente a questa sperimentazione e alla sua divulgazione, e scrisse articoli e libri sul tema. Jürgenson era convinto della realtà del contatto con l'altra dimensione e registrò migliaia di «voci», ottenendo con questo mezzo anche fenomeni chiaroveggenti e precognitivi. La sua opera fu continuata e ampliata da *K. Raudive* (v.). Si veda a questo proposito anche la voce *psicofonia*.

K

Ka
Era nell'antico Egitto la forza di vita, il doppio spirituale dell'uomo, responsabile di salute e malattia, forza e debolezza, felicità e dolore, vita e morte. Dopo la morte il *Ka* era destinato a sopravvivere e usava tornare ogni tanto nel corpo senza vita che un giorno gli era appartenuto. I cibi e le bevande che gli Egiziani ponevano nelle tombe erano destinati non alla mummia, ma al *Ka*.

Kahuna
È così chiamato il sacerdote hawaiano, capace di camminare sul fuoco, di vaticinare, curare e influire sul tempo. Le capacità dei kahuna furono studiate all'inizio del secolo da Max Freedom Long.

Kardec Allan (1804-1869)
Kardec è lo pseudonimo di Hippolite Léon Rivail, svizzero, seguace del Pestalozzi. È considerato il codificatore dello spiritismo di cui fece una vera e propria dottrina. Ricavò le sue conoscenze da incontri medianici in cui gli si manifestavano entità elevate che gli davano insegnamenti e istruzioni. La sua opera fondamentale è *Il libro degli spiriti*, cui ne seguirono nel tempo molte altre (*Il libro dei medium, Il Vangelo secondo gli Spiriti, Le rivelazioni degli Spiriti, Il mondo degli Spiriti*, ecc.). A partire dal 1858 Kardec pubblicò *La Revue Spirite*, che ancora esce regolarmente. Le dottrine di Kardec ebbero una grande diffusione in tutto il mondo e l'hanno tuttora. Kardec sosteneva la reincarnazione, la necessità delle molte vite a fini evolutivi, la sopravvivenza e la possibilità del contatto tra vivi e defunti attraverso i medium. Nonostante le critiche e le opposizioni che ebbe in vita, fu un uomo amato e ricercato e ha lasciato un segno ancor oggi evidente, specie in Brasile dove lo spiritismo è una sorta di religione. Fu in contatto con gli uomini più rappresentativi del suo tempo, specie durante gli anni in cui visse a Parigi, e godette del favore dell'imperatore Napoleone III.

Allan Kardec

Karma
Termine sanscrito (*karman* = azione) che nel contesto religioso indiano è passato a significare l'effetto delle azioni che si sono compiute nella vita e le conseguenze che da esse derivano e che si esprimeranno nelle esistenze successive. In un certo senso dunque la legge del *karma* ricorda quella di causa ed effetto: nelle successive incarnazioni, il destino umano è determinato dalle azioni compiute precedentemente, allo scopo di maggiormente perfezionarsi e di raggiungere un sempre più alto grado di evoluzione. Il *karma* è quindi una legge universale che fa sì che ogni vita sia l'esatta conseguenza di quella che l'ha preceduta.
Il concetto di *karma* fu adottato da *Kardec*

(v.) e fa parte integrante del complesso di dottrine spiritiche da lui codificato (insieme al concetto di evoluzione, reincarnazione, pluralità delle esistenze).

Katie King
Celebre fantasma materializzato che si manifestava nelle sedute della sensitiva inglese *Florence Cook* (v.), nota medium a materializzazione. Katie King si presentava come una giovane donna vestita di bianco e sosteneva di essere la figlia del corsaro Morgan vissuto nel XVII secolo. Si manifestò per oltre un anno, dal 1873 al 1874, e in quel periodo Florence fu studiata anche da *Sir William Crookes* (v.), che la difese sempre dalle critiche che le venivano rivolte dai negatori dei fenomeni medianici. Crookes ebbe modo in più occasioni di vedere Katie insieme alla medium e notarne le differenze. Crookes riuscì anche a fotografare Katie: purtroppo delle 40 fotografie che riuscì a scattare molte sono andate perdute, tuttavia quelle che restano documentano a sufficienza uno dei fenomeni di materializzazione più interessanti che si conoscano.

Kirlian
La cosiddetta «camera Kirlian» prende il nome dai coniugi sovietici Semyon e Valentina Kirlian, che negli anni Cinquanta inventarono, praticamente per caso, questo apparecchio che consente di evidenziare radiazioni luminose di una qualità tutta particolare emananti sia da corpi viventi (animali e vegetali) che da sostanze inorganiche. Semion Kirlian, che si occupava di elettronica, aveva notato questo effetto già prima della guerra, nel 1939, ma solo in seguito aveva perfezionato la sua scoperta e l'aveva resa nota. Lo strumento consiste di un generatore ad alta tensione e ad alta frequenza, che a contatto con l'oggetto da fotografare provoca sulla pellicola (o sulla lastra fotografica) un'immagine non solo dell'oggetto ma anche della sua particolare luminescenza.
La fotografia viene scattata al buio e l'immagine che se ne ricava risulta di grande suggestione: l'oggetto (foglia, mano, moneta, ecc.) appare circondato da un alone luminoso che ne rispecchierebbe lo stato vitale e organico. Di qui certe applicazioni della foto Kirlian alla diagnostica, per individuare lo stato di salute e di energia. Addirittura è stato possibile fotografare quello che è stato chiamato dagli scienziati sovietici il «corpo bioplasmatico»: togliendo un lembo a una foglia e poi fotografandola col metodo Kirlian, l'alone è risultato intatto, avvalorando l'ipotesi dell'esistenza di un secondo corpo energetico proprio di tutto ciò che vive. In ambiente esoterico questo fenomeno (per altro non sempre ottenuto da tutti gli sperimentatori) è stato interpretato come fotografia dell'aura o del corpo astrale.
Gli esperimenti dei ricercatori sovietici sono stati ripresi un po' in tutto il mondo, con risultati molto differenziati a seconda della tecnica usata e delle condizioni ambientali e di laboratorio. Oggi molti interpretano l'effetto Kirlian come un particolare effetto fisico, in cui entra in gioco il ben noto effetto corona. L'interpretazione in base alla quale l'effetto Kirlian consentirebbe di evidenziare il misterioso «fluido» dei guaritori o gli stati d'animo delle persone è ancora tutta da dimostrare.

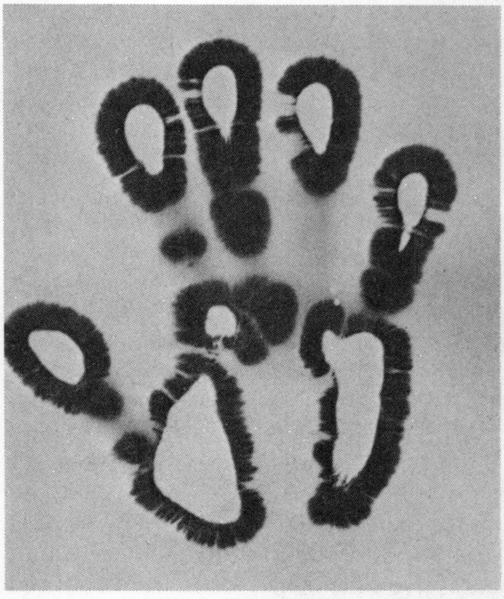

Così appare una mano fotografata con l'apparecchio Kirlian

Kluski Franek (1874-1944)
Medium polacco molto dotato, famoso per i fenomeni fisici che produceva. Il nome è uno pseudonimo, in quanto l'attività di banchiere non gli consentiva di esibirsi con la sua vera identità. Tenne molte sedute all'Istituto Metapsichico di Parigi con *Richet* e *Geley* (v.). Numerosissime le sue materializzazioni di fantasmi, alcuni dei quali parlavano lingue straniere che il medium ignorava. Era dotato anche di capacità chiaroveggenti e psicocinetiche e non cadeva mai in trance, ma restava perfettamente vigile. Fu sempre ritenuto al di sopra di ogni sospetto e altamente stimato dai ricercatori che ebbero a che fare con lui. Molti dei fantasmi che si materializzavano nelle sue sedute venivano riconosciuti dai presenti e intrattenevano colloqui con loro.

Koestler Arthur (1905-1983)
Scrittore ungherese emigrato in Germania nel 1933 e vissuto poi per molti anni, fino alla morte, in Inghilterra. Dimostrò sempre un grande interesse per la parapsicologia, che riteneva «il più importante campo di ricerca che lo spirito umano abbia mai affrontato». Notissima e importante l'opera da lui dedicata a questa ricerca, *Le radici del caso*. Morendo, Koestler ha lasciato tutto il suo ingente patrimonio per l'istituzione di una cattedra di parapsicologia in Gran Bretagna: tale cattedra è stata creata a Edimburgo e ha iniziato la sua attività nell'anno accademico 1985-1986. Titolare della cattedra è il prof. Robert Morris, americano.

Kremmerz Giuliano (1861-1930)
È il nome jeratico assunto da Ciro Formisano, enigmatica figura di ermetista fiorito nell'*humus* filosofico del Mezzogiorno napoletano, forse nel solco di un antico filone sapienzale alessandrino trapiantatosi in Italia in epoca classica nell'ambito di migrazioni e insediamenti che hanno lasciato tracce storiche a Napoli e altrove. Il suo insegnamento, che racchiude elementi neoplatonici, neopitagorici, ermetici e cabalistici, presenta infatti le caratteristiche di eclettismo e sincretismo che si sogliono attribuire alla spiritualità alessandrina. Tuttavia, sullo sfondo di esse, si intravede l'eco di un insegnamento più arcaico, da definirsi piuttosto come misterico e quindi tale da trascendere le nozioni contemporanee di esoterismo ed occultismo.
Costituì un'organizzazione iniziatica, la Fratellanza Terapeutico-Magica di Myriam, con il duplice scopo di avviare all'ascenso ermetico e di praticare la cura a distanza (teleurgia) dei sofferenti. Fu autore di numerose opere di argomento magico-ermetico, tra cui *Il mondo secreto, I dialoghi sull'ermetismo, La porta ermetica*, eccetera.

Krishnamurti (1895-1986)
Nato in India come figlio di un brahmino, Juddu Krishnamurti fu segretario di *Annie Besant* (v.), che l'aveva adottato fin da piccolo perché colpita dalla sua radiazione. Studiò a Londra e iniziò la sua attività pubblica nel 1928 tenendo conferenze ma deludendo in parte i teosofi che si erano aspettati di riconoscere in lui il nuovo «maestro del mondo» (v. *Teosofia*). Diversamente da quanto la Besant si attendeva, Krishnamurti rifiutò sempre ogni onore e riconoscimento personale, non si atteggiò mai a maestro e *guru* e invocò sempre la libertà individuale. Visse molto ritirato in California, tenendo sovente cicli di conferenze (famosi quelli annuali di Saanen in Svizzera, dove accorrevano per sentirlo migliaia di persone da tutto il mondo), scrivendo libri e fondando scuole.
La sua dottrina non prevede dogmi e neppure richiede l'appartenenza a una particolare religione: Krishnamurti cercò sempre di far capire che ognuno deve trovare il maestro in se stesso, perché solo nel profondo dell'io sta la verità. Questa verità è identificabile con la meditazione e l'attenta osservazione della propria interiorità. Sebbene Krishnamurti abbia sempre affermato di non voler essere un maestro e di non voler avere seguaci, in tutto il mondo sono migliaia coloro che si attengono al suo insegnamento.

Kulagina Nina
Sensitiva russa oggi sui 65 anni, dotata di

grandi capacità psicocinetiche. Oltre che da studiosi sovietici, è stata studiata da vari ricercatori occidentali, che ne hanno potuto constatare le notevolissime doti. La Kulagina è in grado di far muovere col pensiero piccoli oggetti posti sotto vetro, di spostare l'ago della bussola, di produrre fenomeni di levitazione (sempre di piccoli oggetti). Questi esperimenti l'affaticano molto, alterandole il ritmo cardiaco e producendole un calo di peso.

Kundalini
Il termine indica le forze e le capacità che l'uomo possiede ma non utilizza, e che restano quindi nascoste e sopite in lui come un serpente avvolto su se stesso e addormentato (questo significa appunto la parola sanscrita *kundala*). Questo centro di energie latenti è localizzato alla base della spina dorsale. Scopo del *Kundalini-yoga* è risvegliare, con apposite tecniche, questa forza dormiente, farla penetrare nei *chakra* (v.), salendo sempre più verso l'alto, fino a raggiungere la sommità della testa. Il risveglio dell'energia *kundalini* e la vitalizzazione dei vari *chakra* rappresenta l'inizio dell'evoluzione spirituale dell'individuo.

L

Labirinto

Il labirinto per eccellenza è il palazzo minoico costruito da Dedalo seguendo le indicazioni di Minosse, che teneva prigioniero il Minotauro; esso fu ucciso da Teseo, che riuscì ad uscire dall'edificio grazie al famoso filo di Arianna. Il labirinto cela però numerosi temi iniziatici, soprattutto quello della «prova». Anche in chiese cattoliche, come la cattedrale di Reims, si ritrova sul pavimento una forma labirintica, composta di tratti geometrici e meandri. Se ne ignora tuttora la destinazione e si discute se fosse un semplice ornamento, oppure un diagramma per prove iniziatiche, un *mandala* (v.) di tipo occidentale o anche un itinerario da compiere in ginocchio per penitenza. Il segreto è andato perduto con l'architetto che ne fu l'ideatore.

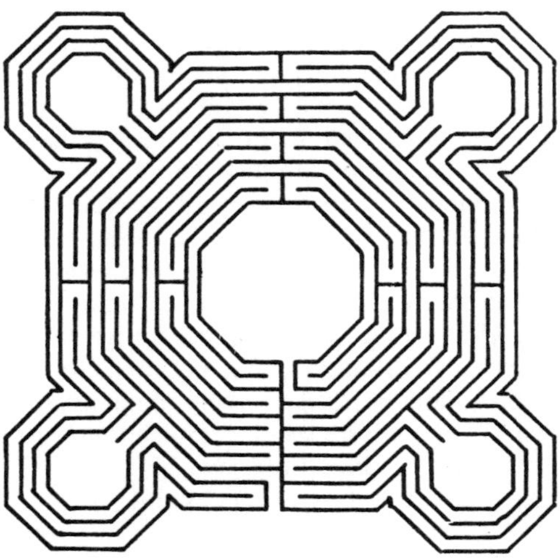

Labirinto di Reims (sec. XIII)

Lama

Il termine corrisponde al sanscrito *guru* (v.) e nel buddhismo tibetano indica il religioso, il monaco. Il *Dalai Lama* (Dalai = oceano di sapienza, *Lama* =maestro) è il capo religioso e politico dei Tibetani. Dopo l'invasione cinese del Tibet (1951), il Dalai Lama ha abbandonato il suo paese e vive in India col suo seguito. *Lamaismo* è la forma di buddhismo praticata in Tibet, sostanzialmente una *teocrazia* (v.).

Lao Tse

Contemporaneo di Buddha, di Confucio e Zoroastro, Lao Tse visse in Cina e fu istoriografo imperiale. Abbandonò il suo paese nel periodo di decadenza del reame di Chou, dove era vissuto, ed è autore del *Tao te Ching*, la «Regola Celeste», opera di grande saggezza che fa parte dell'immortale patrimonio dell'Oriente. L'opera è tesa alla rigenerazione interiore in un tempo di decadenza di costumi, alla sublimazione, a un'etica superiore. Il testo è complesso e di non facile interpretazione, ma è certamente uno dei più validi testi di tutta l'antichità.

Larve

Per gli antichi Romani erano le anime dei morti; nel pensiero occultistico sono anime parziali, che continuano ad aggirarsi in ambiente terreno attirate dagli istinti materiali più bassi.

Leadbeater Charles Webster (1847-1934)

Religioso inglese, divenne teosofo (v. le voci *teosofia* e *Blavatsky*) e vescovo della chiesa cattolico-liberale da lui stesso fondata. Era anche veggente e nelle sue opere ha descritto i risultati delle sue indagini chiaroveggenti: i mondi invisibili, l'uomo interiore ecc. Visse a lungo in India e fu collaboratore di *Annie Besant* (v.). Fu lui a scoprire *Krishnamurti* (v.).

Lemuria
Antichissimo continente, precedente addirittura ad *Atlantide* (v.), che sarebbe esistito tra il Madagascar e la Polinesia, occupando quindi parte degli oceani Pacifico e Indiano. Leggende polinesiane parlano di due grandi isole i cui abitanti (rispettivamente di pelle gialla e nera) sarebbero stati in continua battaglia tra di loro, così che avrebbero attirato il castigo divino sulla loro terra che sarebbe sprofondata in mare. Come nel caso di Atlantide, non si sa nulla di preciso dal punto di vista scientifico sulla reale esistenza di Lemuria.

Leonard Gladys Osborne (1882-1968)
È stata una delle grandi medium inglesi. Rivelatasi sensitiva fin da ragazzina, ebbe sempre come spirito guida «Feda», una fanciulla indiana che si diceva sua antenata. Divenne contro sua voglia medium professionista e fu studiata per anni dai ricercatori della *Società per la Ricerca Psichica* (v.) di Londra, che erano molto severi e che tuttavia non ebbero mai occasione di mettere in dubbio la sua lealtà e probità. Le sue sedute più famose furono quelle in cui si manifestò Raymond, il figlio di *Sir Oliver Lodge* (v.), morto nella prima guerra mondiale. Era dotata anche di veggenza (lettura in libri chiusi) e precognizione (previde per es. la prima guerra mondiale). I fenomeni avvenuti alle sedute della Leonard sono validi contributi all'ipotesi della sopravvivenza.

Letteratura medianica
Attraverso gli *automatismi* (v.) parlanti o scriventi dei medium sono state prodotte opere letterarie sovente pregevoli e senz'altro superiori alle capacità dei soggetti in questione. Va detto che anche nella letteratura considerata «normale» ricorrono a volte caratteristiche strane: certe opere in prosa e in versi sono giunte ai loro autori quasi come messaggi, o quanto meno essi ebbero l'impressione tanto netta che le cose si fossero svolte in quel modo che non esitarono a dichiararlo: basti ricordare, per non citare che qualche esempio, Harriet Beecher Stowe, autrice de «La capanna dello zio Tom», Walter Scott, autore di «Ivanhoe» e lo stesso Goethe per quello che riguarda «I dolori del giovane Werther». Questi autori ebbero ad affermare di aver scritto le opere qui ricordate quasi senza rendersene conto e di averle poi rilette con un certo stupore, non conservando il ricordo di averle pensate ed elaborate coscientemente.
Tuttavia nel campo del paranormale ci imbattiamo in opere che nascono in maniera del tutto indipendente dalla volontà e dalla coscienza dell'autore, senza la sua partecipazione cosciente e presentando caratteristiche fuori dalla norma, prima fra tutte quella di sorgere per mano di persone ignare d'arte, in condizioni sovente di difficile esecuzione.
Tipici di questa insolita produzione letteraria sono alcuni elementi: le opere sgorgano perfette e rifinite, senza bisogno di correzioni e schemi; contengono spesso elementi paranormali (chiaroveggenti, precognitivi, ecc.), e presentano un linguaggio che non sempre è quello di chi parla o scrive: a volte c'è il ricorso a lingue che il sensitivo non conosce o a materie nelle quali non è esperto. Il sensitivo inoltre sperimenta durante la produzione letteraria un senso di possessione, come se a dettagli l'opera fosse una fonte esterna. Per esempio nel secolo scorso in America la medium Mrs. Curran scrisse con la scrittura automatica un poema, «Telka», ritenuto dagli esperti e dai filologi una specie di «miracolo linguistico». Il poema, che conta 270 pagine, fu dettato in 35 ore dalla personalità medianica di Patience Worth, che affermava di essere vissuta in Inghilterra nel XVII secolo, di essere poi emigrata in America dove sarebbe stata uccisa dagli indiani. Il poema è scritto nella lingua anglosassone di quasi tre secoli prima, e non contiene alcun termine moderno. Notevoli anche i volumi in prosa e versi dettati dall'entità «Symbole» alla medium francese M.me J. Laval, donna di modesta cultura, all'inizio del secolo. Lo stile forte e poderoso ricorda da vicino quello di Victor Hugo, e in

effetti Symbole affermava di essere stato anche l'ispiratore del grande poeta. Tra i casi più famosi di letteratura medianica ricordiamo ancora le opere di *Pietro Ubaldi* (v.), specie *La grande sintesi*, e quelle più recenti ricevute in stato di trance da medium italiani: *Rapporto dalla dimensione X* a cura di Giorgio di Simone e i vari libri del Cerchio 77 di Firenze: opere di grande elevatezza di contenuti, che trattano i grandi problemi dell'uomo: Dio, la vita, la morte, l'aldilà. I medium a cui dobbiamo queste opere non le attribuiscono in genere a se stessi, ma a entità che si servirebbero della loro mano e della loro voce per far pervenire opere ai viventi. Essi aderiscono cioè all'ipotesi spiritica. Si può in alternativa considerare l'ipotesi della produzione inconscia: il sensitivo sarebbe cioè un artista inespresso, che riesce a manifestare le proprie doti artistiche solo in stato alterato di coscienza (trance o piccola trance).

Lettura con la pelle
È la capacità dimostrata da certe persone di distinguere colori e «leggere» lettere e parole senza servirsi degli occhi, ma semplicemente toccando l'oggetto o la scritta con le mani (o anche con altre parti del corpo, come l'orecchio, il petto ecc.). Un tempo addirittura si credeva che la pelle possedesse veri e propri occhi in miniatura (teoria proposta nel 1930 da Jules Romain); oggi gli studiosi ritengono che la visione dermo-ottica (è questo il modo in cui attualmente viene definito il fenomeno) sia attribuibile a una forma di chiaroveggenza. Esperimenti approfonditi sulla percezione dermo-ottica sono stati compiuti in Unione Sovietica da A.S. Novomeysky e in Francia dalla d.ssa Yvonne Duplessis. Il soggetto più dotato che si conosca in questo campo è stata la sensitiva russa Rosa Kuleshova, morta in giovane età negli anni Settanta.

Lettura in libri chiusi
È l'abilità presentata da alcuni grandi medium di leggere con esattezza quella certa riga di una certa pagina di un libro (il tutto scelto a caso o tirato a sorte) senza aprire il libro. Si tratta anche in questo caso di una forma di chiaroveggenza, anche se i medium tendono ad attribuire l'esperimento all'intervento di intelligenze esterne. Nel passato si distinsero in questa prova il rev. *Stainton Moses* e la signora *Leonard* (v.); attualmente è in grado di produrla il famoso sensitivo torinese *Gustavo Rol* (v.).

Levi Eliphas (1810-1875)
Nato a Parigi da modestissima famiglia, il suo vero nome fu Alphonse Louis Constant. Entrato in seminario si attestò al diaconato, dopodiché di guadagnò la vita con vari mestieri, tra i quali il disegnatore. Venne attratto dal pensiero socialista, nel cui ambito svolse attività politica. Subì, tra l'altro, l'influenza del filosofo spiritualista polacco Hoene-Wronski, che lo interessò allo studio della cabala. Eliphas Levi è considerato, a ragione, il padre dell'occultismo moderno, al quale seppe fornire il cemento dottrinale ed il pathos particolare che caratterizzano questa corrente di pensiero. Seppe infatti fondere in un insieme sufficientemente organico i vecchi filoni tradizionali dell'esoterismo occidentale, quali l'alchimia, la cabala, l'ermetismo con alcune tematiche più proprie del suo tempo, quali ad esempio quelle riguardanti lo studio dei fenomeni ascrivibili al magnetismo umano ed universale (il Grande Agente Magico). Malgrado la natura non canonica degli argomenti trattati, manifestò più volte la sua intenzione e la sua preoccupazione di non discostarsi dall'ambito della religione cattolica. Tra le sue opere fondamentali si ricordano *Il dogma ed il rituale dell'alta magia, La chiave dei grandi misteri, La storia della magia.*

Levitazione
È il fenomeno paranormale più sconcertante, perché in netto contrasto con la forza di gravità. Può riferirsi a persone o cose ed è riportato nell'agiografia cattolica, presso i popoli primitivi e anche nel caso di medium e sensitivi.
Sciamani e medicine-men (v.) hanno sempre annoverato tra le proprie abilità quella di

Il medium Collin Evans in levitazione durante una seduta tenuta a Londra nel 1938

sollevarsi da terra per virtù propria. In campo cattolico abbiamo esempi famosi: San Francesco ebbe varie levitazioni alla Verna, Santa Caterina ebbe a sei anni una precoce esperienza di levitazione in una grotta dove era andata a pregare. Disse poi di aver avuto la sensazione di sottrarsi alla materialità e di spaziare in un'altra dimensione. San Giovanni della Croce e Santa Teresa de Avila stavano parlando del mistero della Trinità quando si sollevarono entrambi in levitazione. San Tommaso d'Aquino fu visto più volte in estasi in chiesa, sollevato di mezzo metro dal pavimento. Di fenomeni di levitazione furono protagonisti anche S. Francesco di Paola e S. Ignazio di Loyola. Ma il più grande «levitato» della storia è senza dubbio *S. Giuseppe da Copertino* (v.), che decine e decine di volte si sollevò e compì veri e propri voli nella chiesa, sotto gli occhi dei fedeli e dei confratelli. Le levitazioni di S. Giuseppe da Copertino sono le meglio documentate che si conoscano: una volta per esempio ebbe una levitazione al cospetto del chirurgo e del medico che dovevano praticargli un salasso. Lo stato di levitazione durò oltre un quarto d'ora e il salasso gli fu praticato in quella posizione.

Nell'epoca della stregoneria ci furono streghe, o presunte tali, che furono condannate perché presentavano fenomeni di levitazione; e infine nell'Ottocento i fenomeni di levitazione cominciarono a presentarsi durante le sedute spiritiche. Il più famoso medium a levitazione fu *D.D. Home* (v.), che alla metà del secolo scorso fu protagonista di levitazioni rimaste famose, prima fra tutte quella avvenuta nel 1868, quando uscì da una finestra e rientrò coi piedi in avanti da un'altra, sotto gli occhi di numerosi testimoni attendibili.

Altri medium capaci di levitarsi furono il rev. *Stainton Moses*, *Eusapia Paladino* (v.) e, in anni molto recenti, il fiorentino *Roberto Setti* (v.)
Altri medium furono in grado di far levitare tavoli e oggetti: famosissima Stanislawa Tomczycz, che all'inizio del secolo teneva sollevati in aria piccoli oggetti che furono anche fotografati. Levitazioni del tavolo sono state spesso constatate durante le sedute medianiche.
Quanto alle cause della levitazione, ancora brancoliamo nel buio. C'è chi ha parlato di «leve psichiche» e chi di «raggi rigidi» responsabili dei sollevamenti, ma queste ipotesi non soddisfano affatto. Più genericamente pare opportuno parlare di una «energia psi», capace di agire non in opposizione alla legge di gravità, ma all'interno di essa, modificandola e facendola, per così dire, funzionare al contrario. Questa energia psichica, totalmente diversa da quella fisica e per ora ben poco nota, sarebbe responsabile di tutti i fenomeni paranormali di tipo fisico: questa la suggestiva ipotesi formulata del prof. *Ugo Déttore* (v.), uno dei maggiori studiosi italiani di parapsicologia.

Libri sibillini
Raccolta di scritti oracolari che ebbero un notevole ruolo nel culto ufficiale romano e che venivano attribuiti alla *sibilla* (v.) cumana. I testi potevano essere consultati dai sacerdoti solo su ordine del Senato. Nell'83 a.C. i libri sibillini bruciarono per un incendio del tempio in cui venivano custoditi; una nuova raccolta di scritti messa insieme sulla base di tradizioni oracolari greche fu distrutta allo stesso modo nel 400 d.C.

Libro egiziano dei morti
Risale a oltre mille anni a.C. e consiste di una raccolta di preghiere, invocazioni, miti e formule magiche che si riferiscono alla morte e al viaggio dell'anima nell'aldilà. I testi sono stati ritrovati, scritti su papiri, nelle tombe o nei sarcofagi stessi dei defunti. Diversamente dal *Libro tibetano dei morti* (v.), che è un testo unico e organico, il Libro egiziano dei morti ha varie origini e consiste di contenuti molto diversi, che rispecchiano le due contrastanti tradizioni, quelle dei sacerdoti del dio del sole e quelle di Osiride. Una parte importante del Libro tratta delle divinità egiziane, della creazione del mondo e della vita nell'aldilà e costituisce quindi una fonte preziosa per la conoscenza dell'antico Egitto.

Libro tibetano dei morti
Il titolo originale è *Bardo Thödol*, tradotto in Occidente come «Libro della salvazione dell'esistenza intermedia»; è l'opera più famosa del buddhismo tibetano (lamaismo) e fu tradotta per la prima volta in inglese nel 1927 da un lama, suscitando subito grande interesse. Testo mistico tenuto per molto tempo segreto il *Bardo Thödol* è sostanzialmente costituito da una serie di profondi insegnamenti e suggerimenti da impartire al morente, o a chi è appena morto, affinché possa salvarsi e uscire dal ciclo delle continue incarnazioni. Il testo espone quindi le dottrine fondamentali del buddhismo, soprattutto la legge del *karma* (legge di causa ed effetto) che regola le rinascite, e afferma che i fatti della vita sono più illusori e fragili di una bolla d'aria; altrettanto inconsistenti sono i regni dell'aldilà e le creature che li abitano (dei, demoni, mostri ecc.) in quanto l'esistenza che segue immediatamente la morte è una continuazione dell'esistenza terrena, cioè una sorta di sogno. Attraverso gli insegnamenti contenuti nel *Bardo* è possibile conseguire l'illuminazione (sia nella vita terrena che nel «dopo vita»), comprendere che tutto proviene dalla propria mente e dalla legge del *karma*, e acquistare quindi i mezzi per indirizzarsi nel modo giusto. Lo psicologo svizzero *C.G. Jung* (v.) fu un grande ammiratore del Libro tibetano dei morti.

Licantropia
Significa trasformazione dell'uomo in lupo (o altro animale feroce): deriva infatti dalle parole greche *lykos* = lupo e *ànthropos* = uomo. Si tratta di una credenza popolare antichissima, che ritroviamo a Babilonia, in Grecia e presso i Romani. Soprattutto nel

Medioevo le storie di licantropi circolavano con insistenza. Si potrebbe pensare che fossero favole e leggende se non esistessero certi resoconti di missionari e viaggiatori presso i popoli primitivi che inducono a pensare che si tratti di qualcosa di più consistente. Qui si parla di animali feriti le cui orme si trasformano a un certo punto in orme umane, e il giorno dopo al villaggio viene trovata una persona ferita nello stesso punto. Famoso il caso avvenuto in Nigeria all'inizio del secolo: un ufficiale ferì con una fucilata una belva non meglio identificata, che riuscì a fuggire lasciando però per terra una mascella. Il giorno successivo al villaggio fu trovato un uomo morto privo di mascella. Racconti analoghi esistono con riferimento anche ad altri paesi, soprattutto africani. Il fenomeno manca tuttora di una spiegazione definitiva, non essendo mai stato oggetto di studi sistematici.

Liedetector
È la famosa «macchina della verità», ovvero uno strumento in grado di misurare vari stati fisici e alterazioni di questi stati (battito cardiaco, frequenza respiratoria, pressione del sangue, umidità della pelle ed altro ancora). I dati consentono di valutare il grado di eccitazione psichica del soggetto che si sottopone al controllo, e di conseguenza la verità delle sue affermazioni. Il soggetto deve rispondere a varie domande e il rispettivo grado di eccitazione fornisce indicazioni sullo stato d'animo e la reazione che la domanda suscita in lui. Si sospetta che il soggetto menta quando il grado di eccitazione cambia notevolmente da una domanda all'altra. Il *liedetector* viene in genere utilizzato nei tribunali per valutare l'attendibilità delle persone; è stato usato anche in parapsicologia per l'analisi psicologica dei sensitivi.

Lodge Sir Oliver Joseph (1851-1940)
Fisico inglese, ebbe alti riconoscimenti nella sua professione soprattutto nel campo dell'elettricità. Si interessò sempre di fenomeni paranormali e fu per vari anni presidente della *Società per la Ricerca Psichica* (v.) di Londra. Sperimentò con molti medium e sensitivi, specie nel campo della telepatia e degli automatismi, e tenne numerose sedute con la *Piper* (v.) e la *Paladino* (v.), dei cui fenomeni si convinse pienamente. Dopo la morte in guerra (1914) del figlio Raymond, poté comunicare con lui, grazie alla medium *Leonard* (v.), convincendosi della realtà della sopravvivenza. È considerato uno dei più autorevoli esponenti dello spiritismo scientifico. Ha lasciato numerose opere dedicate alla ricerca psichica.

Logurgia
Termine coniato dallo studioso svizzero Hans Naegeli, psichiatra, per indicare i chirurghi-maghi delle Filippine e del Brasile. Si veda la voce *Guaritori filippini*.

Lombroso Cesare (1835-1909)
Antropologo e psichiatra, docente all'Università di Torino. Famose le sue teorie sulla criminalità e sul tipo antropologico del delinquente. Di impostazione materialista e tendenzialmente scettico, fu contrario ai fenomeni spiritici finché non ebbe occasione di sperimentare con la *Paladino* (v.), e ne fece pubblica ammenda pubblicando vari articoli a favore dei fenomeni e delle teorie spiritiche. Importanti anche le sue ricerche nel campo della telepatia.

Lourdes
Città francese famosa per le apparizioni della Madonna avvenute in una grotta a Bernadette Soubiruos nel 1858. Le apparizioni furono 18 e Bernadette fu canonizzata nel 1933. Alla grotta delle apparizioni e all'acqua che vi sgorga sono attribuite migliaia di guarigioni, studiate da una apposita commissione medica, che per una cinquantina almeno delle quali ha parlato di miracolo.

Luce e Ombra
Fondata nel 1900 da Angelo Marzorati che la diresse fino al 1931, «Luce e Ombra» è la più antica, seria e prestigiosa rivista italiana di parapsicologia. Sospesa a causa della guerra, fu ripresa nel 1947 dal dr. *Gastone De Boni* (v.) di Verona, che l'ha diretta fino

alla morte (1986). Esce regolarmente quattro volte l'anno e si dedica a tutta la fenomenologia paranormale, in particolare a quella che offre sostegni all'ipotesi della sopravvivenza. Attualmente è organo dell'*Archivio di Documentazione Storica della Ricerca Psichica* (v.), creato a Bologna su iniziativa di Silvio Ravaldini, succeduto a De Boni nella direzione di *Luce e Ombra*.

Luminosi (Fenomeni)
Nelle sedute medianiche, e anche in certi casi di *poltergeist*, i fenomeni luminosi sono frequenti. È stato infatti spesso notato che nel buio dell'ambiente in cui si svolge la seduta si presentano all'improvviso luci di vario genere: globi lucenti, fiammelle intermittenti, luminosità soffusa, lampi che illuminano di colpo la stanza. Nel caso del medium fiorentino *Roberto Setti*(v.) la luminosità si presentava in concomitanza con la materializzazione dell'oggetto prezioso che ogni volta avveniva nelle sue sedute: le mani del medium cominciavano a risplendere di luce propria e in questa particolare luce azzurrina si formava lentamente l'oggetto, il quale poi continuava a presentare a lungo una certa luminosità anche quando il processo di materializzazione si era concluso.
Molti medium hanno prodotto luci: *Eusapia Paladino, D.D. Home*, il reverendo *Stainton Moses, Kate Fox* e tanti altri (v.).
A giudizio degli esperti, queste luci sarebbero di origine ectoplasmatica e rappresenterebbero il primo stadio della materializzazione: il condizionale si impone, in quanto in questo campo poche sono le ipotesi certe e controllate.

Lung-gom-pa
Termine tibetano che significa camminare in trance. Il fenomeno è stato descritto in maniera molto esauriente della ricercatrice inglese *Alexandra David-Neel* (v.) e consiste in questo: certi monaci, dopo uno speciale allenamento (esercizi di meditazione e concentrazione e speciali tecniche respiratorie), sono in grado di ridurre (a quanto pare) il peso corporeo e di percorrere così lunghe distanze in breve tempo. Durante la corsa sono in stato di trance, non hanno bisogno di riposarsi e non si fermano per nessun motivo.

Mackenzie William (1877-1970)
Nato in Inghilterra, visse a lungo in Italia e fu filosofo, biologo e metapsichista famoso. Dagli inizi del secolo in avanti sperimentò coi maggiori sensitivi europei, ma non aderì mai allo spiritismo e sostenne una sua teoria evolutiva delle capacità paranormali. Parlò di psichismo collettivo, o polipsichismo, responsabile dei grandi fatti dell'umanità e considerò i grandi personaggi dell'arte, della religione, della scienza, come dei medium capaci di captare e interpretare questo psichismo collettivo. Tra le sue opere principali ricordiamo *Le grandi avventure spirituali.*

Macrobiotica
Termine coniato dal filosofo giapponese George Ohsawa, che tra le due guerre ideò un sistema, che chiamò appunto macrobiotica (da *macros* = grande e *bios* = vita, cioè «grande vita» nel senso di vita piena, creativa, responsabile), che si basa sugli insegnamenti tradizionali della filosofia e della medicina orientale e tende a ripristinare attraverso l'alimentazione la salute fisica e mentale. Il pensiero macrobiotico è stato diffuso in Occidente (America ed Europa) dal dr. Michio Kushi. La macrobiotica non è soltanto una dieta, ma una filosofia. La dieta ideale suggerita dalla macrobiotica è costituita da cereali integrali, verdure fresche, pesce e legumi. Modificando la dieta e personalizzandola in base alle proprie necessità, si riesce — secondo gli insegnamenti della macrobiotica — a influire positivamente sulla persona non soltanto a livello fisico ma anche a livello mentale e spirituale.

Michio Kushi, il più noto divulgatore della Macrobiotica nel mondo

Macrocosmo
Il termine deriva dal greco *macros* = grande e *cosmos* = mondo. Indica il mondo nella sua globalità, visto come un organismo simile all'uomo, le cui parti — al pari degli organi umani — sono ben organizzate e armonizzate. È lo sforzo globale della creazione, che è unica e universale. Al macrocosmo corrisponde il *microcosmo* (v.), il piccolo mondo rappresentato dall'uomo.

Magia
Magia è l'azione concreta esercitata su cose o persone attraverso la parola, il gesto, il pensiero o l'immagine, prescindendo dalle categorie di spazio-tempo e causalità, ma conformemente a corrispondenze analogiche. Alla base della magia c'è certamente il desiderio dell'uomo, fin dal suo primo esistere,

di colloquiare con la natura e di trasmetterle i suoi desideri e la sua volontà. La volontà è infatti l'agente che nella magia muove ogni cosa.

Da sempre si è distinto fra una magia benefica (bianca) e una magia malefica (nera): la prima rivolta all'utile, la seconda al danno del singolo e della comunità. Il mago, che conosce i segreti rapporti e le misteriose energie esistenti nell'universo e nella natura, sa dominarli e farne uso a seconda delle proprie finalità. Le pratiche magiche sono sempre esistite: presso i popoli primitivi, gli Egiziani, in Grecia e a Roma, e poi nel Medioevo (l'alchimista era un mago che aspirava a conoscere fino in fondo le leggi della natura e ad interagire con esse col proprio pensiero e i propri riti), nel Rinascimento se ne occuparono attivamente Pico della Mirandola, Paracelso, Nostradamus, G. della Porta; nel Seicento Bacone distingue pensiero magico e pensiero scientifico iniziando un processo di negazione del magico che continuerà fino al nostro secolo. Gli studi parapsicologici, pur non avendo certo ancora risolto l'enigma della magia, ne offrono un'interpretazione in chiave psicocinetica.

Il principio di base su cui si fonda la magia è quello analogico: agendo su qualcosa che appartiene alla persona (animale o cosa) che si vuole influenzare, o su qualcosa che la rappresenta, si agisce anche sulla persona (animale o cosa) in questione. L'antico cacciatore che rappresentava sulle pareti delle grotte gli animali che intendeva cacciare, ne era già in qualche modo padrone. Oppure — e questa pratica si ritrova in tutto il mondo — trafiggendo un pupazzo che rappresenta la persona si colpisce anche la persona stessa, che da quel momento dovrebbe cominciare a deperire. Nelle pratiche magiche di tipo terapeutico sovente il guaritore tende a trasferire su un oggetto o un animale la malattia che affligge la persona: uccidendo l'animale e distruggendo l'oggetto ormai impregnati della malattia, la persona viene risanata. Dell'efficacia di queste tecniche fanno testimonianza innumerevoli relazioni un po' in tutto il mondo.

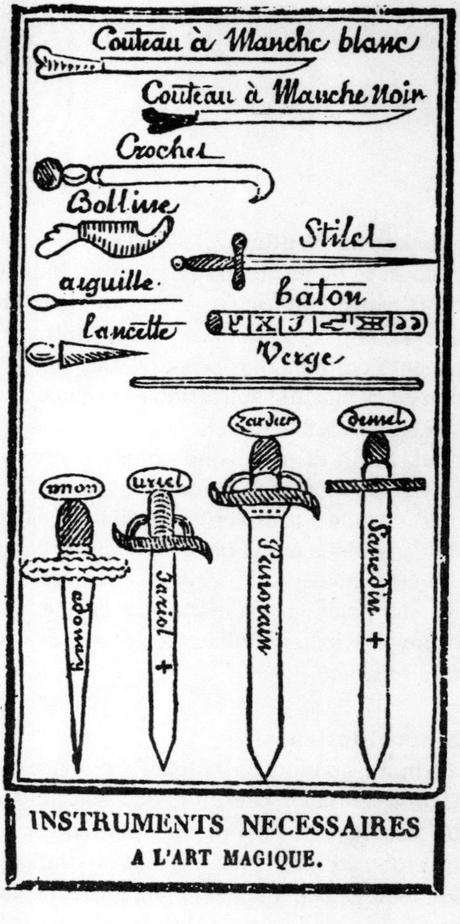

Strumenti necessari all'arte magica, in un antico testo

Molte le interpretazioni della magia e delle sue tecniche (formule, uso di talismani, scongiuri, ritualità varie, ecc.): c'è chi non l'accetta come reale e ipotizza che i suoi effetti siano dovuti unicamente a suggestione e superstizione, chi ritiene che sia tutta opera diabolica, chi parla di proiezioni psicologiche e chi, specie oggi, ritiene che potrebbe trattarsi dell'espressione di forze paranormali. Poeticamente Plotino diceva che la magia è «simpatia cosmica», cioè «la somma di tutto l'amore e di tutto l'odio dell'universo»: oggi potremmo aggiungere, alla luce delle scoperte della parapsicologia, che questo amore e quest'odio sono messi in movimento e resi attivi dall'operatore dotato di energia paranormale (psicocinetica).

Magnetismo animale
In base alle ipotesi del medico viennese *Franz Anton Mesmer* (v.), si tratta di un'energia («fluido») che scaturisce dal corpo umano e può essere usata a scopi terapeutici per curare infermità soprattutto di tipo nervoso. Mesmer infatti se ne servì a questo fine, ottenendo grandi successi presso i pazienti, ma incontrando l'ostilità della classe medica. Le sedute di magnetismo cui sottoponeva i suoi pazienti erano in realtà sedute ipnotiche, come fu dimostrato un secolo dopo da Braid.

Malachia (1095-1148 circa)
Fu arcivescovo in Irlanda e riformatore della chiesa irlandese, e fu fatto santo nel 1190. Gli vengono attribuite le ben note «Profezie di San Malachia», consistenti di 111 detti latini che si riferiscono ai Papi, a partire da Celestino II (morto nel 1144) fino alla fine del mondo e del papato stesso. I detti sono molto brevi e designano il carattere e la personalità dei rispettivi pontefici.

Malocchio
Il termine è chiaro e significa «occhio cattivo», «occhio malvagio». Con esso si intende la sfortuna che certe persone, soprattutto quelle dotate di occhi grandi, scuri, profondi e particolari, sarebbero capaci di gettare sulle persone, gli animali e le cose solo guardandole: l'azione può anche essere totalmente involontaria, dovuta semplicemente al «guardare con invidia» ciò che appartiene ad altri. Quella del malocchio è una credenza profondamente radicata da sempre nelle popolazioni: nelle campagne per esempio ancor oggi si usa ornare gli animali di nastri rossi (il rosso è simbolo di sangue e quindi di vita) per tener lontano il malocchio che qualche invidioso potrebbe gettare. E vige ancora la consuetudine di non entrare nelle stalle altrui, per evitare di gettare il malocchio o di essere accusati di farlo.
Al malocchio vengono attribuiti tutti gli effetti possibili: da disturbi alla salute a guai negli affari e nella vita privata e sentimentale. Il rito più diffuso contro il malocchio è quello del piatto d'acqua e delle gocce d'olio. L'operatore fa cadere alcune gocce d'olio in un piatto contenente acqua: se le gocce restano intatte, significa che non c'è malocchio, se invece si sfaldano o addirittura scoppiano vuol dire che il malocchio c'è. A questo punto l'operatore deve gettare via acqua e olio, recitare formule e benedizioni e quindi ripetere il rito finché le gocce non restano intatte.
Per maggiori dettagli, si veda anche la voce *Iettatura.*

Mandala
Immagine-simbolo che ricorre in tutti i tempi e presso tutti i popoli, raggiunse il suo massimo splendore e la sua più perfetta espressione artistica nel mondo buddhista ed è oggi oggetto di una rinnovata presa di coscienza. Mandala significa in sanscrito

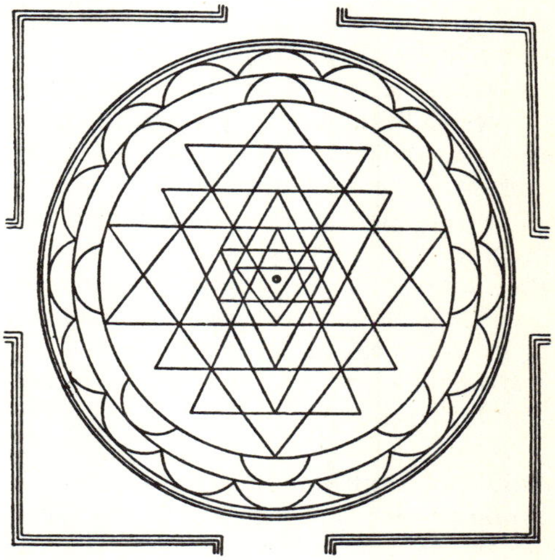

Mandala

«cerchio», e più propriamente «cerchio magico»: è la linea che racchiude la zona destinata al rito e la preserva dall'irrompere delle forze disgregatrici che nel mandala sono rappresentate simbolicamente ai limiti e all'esterno del cerchio. Il mandala rappresenta dunque prima di tutto uno spazio purificato, al di là del quale è il caos. Il mandala ha però anche un altro significato, quello di cosmo. Ogni mandala cioè è l'universo intero nel suo schema essenziale, considerato sia nella sua dimensione spaziale che in quella temporale. Inizialmente il mandala veniva disegnato per terra su una superficie purificata e consacrata con riti; in seguito fu disegnato su tela. La reintroduzione del concetto di mandala in Occidente si deve all'opera del grande psicologo svizzero *C.G. Jung* (v.), che lo riscoprì come simbolo della globalità dell'uomo e come autorappresentazione nel processo psichico di *individuazione* (v.), cioè nel processo di creazione di un nuovo centro della personalità: l'emergere spontaneo del mandala è sintomo di salute e di volontà di interezza, ricerca di auto-risanamento.

Mani di fuoco
Si tratta di impronte lasciate su libri, vesti e tavolette di legno da «mani infuocate»; la più vasta raccolta di questi reperti è conservata a Roma, al cosiddetto «Museo del Purgatorio» allestito nella chiesa del Sacro Cuore del Suffragio. I reperti qui custoditi sono accompagnati da una ineccepibile documentazione: si tratta sempre di apparizioni di trapassati allo scopo di chiedere preghiere per abbreviare il soggiorno in Purgatorio; come prova della loro reale presenza, essi avrebbero lasciato l'impronta delle loro mani infuocate. Il fenomeno è considerato un indizio a favore della *sopravvivenza* (v.).

Manning Matthew (1956)
È uno dei più famosi e poliedrici sensitivi attuali. Nato in Inghilterra, presentò fin da giovanissimo fenomeni di *poltergeist* (v.) e quindi scrittura e disegno automatico. In quest'ultima attività raggiunse livelli artistici molto alti, producendo disegni nello stile di grandi maestri del passato (Dürer, Matisse, Picasso ecc.). Per un certo periodo si dedicò al piegamento dei metalli e ad altri esperimenti di psicocinesi, sottoponendosi sempre di buon grado a controlli scientifici. Da parecchi anni Manning ha deciso di mettere le sue capacità al servizio dell'uomo e si dedica con successo all'attività di guaritore. Nei suoi corsi e seminari insegna anche alla gente a curare se stessa convogliando opportunamente le proprie energie e servendosi di visualizzazioni.

Mantica
Il termine deriva dal greco *mantiké*, che significa divinazione, e indica una precognizione che un sensitivo fa basandosi su oggetti e eventi (uso delle carte e dei tarocchi, osservazione dei fondi di caffè, visione nella sfera di cristallo, ecc.) che all'apparenza non hanno nulla a che vedere con la precognizione in se stessa, ma in qualche modo la simbolizzano. La consuetudine delle mantiche è antichissima: presso i Greci e i Romani gli indovini osservavano il volo degli uccelli, studiavano le viscere degli animali sacrificati o lanciavano ossicini che a seconda del modo in cui cadevano suggerivano certe situazioni. L'uomo quindi ha sempre creduto nella possibilità di vedere nel futuro aiutandosi con i mezzi più vari. È una mantica anche l'antico libro degli oracoli cinesi l'*I Ching* (v.), e c'è chi attribuisce valore di mantica anche all'*astrologia* (v.). È ipotizzabile, come fece all'inizio del secolo lo studioso francese Eugène Osty che dedicò alle mantiche molti studi, che i sensitivi si servano dei vari strumenti a loro disposizione come di semplici appoggi, utili a mettere in moto il meccanismo della precognizione. Oppure si può anche ipotizzare che il sensitivo agisca psicocineticamente sulle carte o sugli altri strumenti, dando loro inconsapevolmente l'assetto che corrisponde alla situazione futura.
L'interpretazione più suggestiva degli innegabili successi delle varie mantiche è quella proposta da C.G. Jung con la sua teoria della *sincronicità* (v.), che ipotizza l'esistenza di legami significativi e non causali tra tutto ciò che esiste e avviene.

Mantra
Termine sanscrito che significa «parola sacra» e che nello yoga sta a indicare parole o formule che fungono da oggetto di concentrazione e meditazione. Ripetendo costantemente il *mantra*, il meditante si impregna del suo significato finché esso entra a far parte della sua stessa coscienza. In genere l'adepto riceve dal *guru* (v.) un *mantra* personale e segreto che lo accompagnerà nel suo cammino spirituale. Il *mantra* per eccellenza è l'OM, la vibrazione sacra, radice di ogni cosa (che si ritrova anche nel latino «omne» = tutto).

Margery Crandon (1880-1941)
«Margery» è lo pseudonimo di questa grande medium americana, il cui nome era Mina Stinson, moglie del chirurgo Crandon. Fu studiata da importanti ricercatori (Prince, Carrington, McDougall, Murphy, Richet, Geley, Harry Price ed altri), che nonostante certe polemiche rimasero convinti della genuinità dei suoi fenomeni, che sono tra i più imponenti dell'intera casistica medianica. Margery aveva come spirito guida il fratello Walter, morto in un incidente, e produceva scrittura automatica, *raps* (v.), voci dirette, spostamenti di oggetti a distanza, musica paranormale, fenomeni di xenoglossia e infine le impronte paranormali: l'impronta del pollice di Walter rimase impressa in un blocco di cera chiuso a chiave in una cassetta. In trance Margery scrisse in cinese antico, come fu confermato dal sinologo Whymant chiamato a controllare i fenomeni. Numerosi furono anche i controlli per la voce diretta: la quale si produceva anche se Margery teneva la bocca piena d'acqua per tutta la seduta, come richiesto dagli sperimentatori. Margery fa parte del ristretto numero dei grandi medium, insieme a *D.D. Home*, *Eusapia Paladino, i fratelli Schneider* (v.).

Massoneria
Le origini della massoneria sono tuttora misteriose: la tesi più accreditata è che essa derivi dalle società di muratori anglosassoni del Medioevo, i cui membri si trasmettevano segretamente le regole della loro arte e vivevano in base ad alti principi etici e religiosi. La massoneria come si presenta ancora oggi fu organizzata in Inghilterra all'inizio del Settecento sulla base degli ideali di libertà, fratellanza, tolleranza religiosa e culturale. Nei tanti paesi in cui si è diffusa, la massoneria ha assunto aspetti diversi a seconda delle circostanze: presenta quindi per esempio connotazioni politiche e anticlericali in Francia, romantiche in Germania, di mutua assistenza in Italia, dove però sono presenti anche i caratteri della massoneria francese. In Italia la massoneria ha avuto il suo periodo di massima importanza e fioritura durante il Risorgimento: fortissimi i suoi legami con la Carboneria.

Materializzazione
Fenomeno osservato nel corso delle sedute medianiche, consistente nella formazione di fantasmi interi o parziali, oppure anche di oggetti che prima non esistevano. Alla base della materializzazione sembra essere l'*ectoplasma* (v.), misteriosa sostanza che scaturisce dal medium e che, organizzandosi, forma membra umane, teste, interi corpi, oggetti di vario genere. Numerosissime nella letteratura specializzata le descrizioni del fenomeno in questione, osservato in ottime condizioni di controllo da ricercatori qualificatissimi.
Tra le materializzazioni più famose ricordiamo quelle di *Katie King* (v.) e di *Estelle Livermore* (v.), che apparve per ben 5 anni nelle sedute della medium americana *Kate Fox* (v.), colei che insieme alla sorella Margaret diede inizio al movimento spiritico alla metà del secolo scorso. Famosi medium a materializzazione sono stati *Florence Cook*, *Elizabeth D'Espérance*, *Eusapia Paladino*, *Franek Kluski* (v.), Eva Carrière e — in epoca molto più recente — il fiorentino *Roberto Setti* (v.), nelle cui mani si producevano oggetti preziosi e gioielli con un processo di materializzazione lenta. Nelle sue sedute si materializzavano a volte anche fiori freschi e foglie, fenomeno per altro notato anche presso altri medium del passato. La materializzazione non va confusa con

l'*apporto* (v.), che consiste nell'apparizione improvvisa in ambiente chiuso di oggetti o addirittura di persone.

La materializzazione di una figura femminile prende forma in una seduta della medium Linda Gazzera

Nel passato sono stati compiuti esperimenti con le forme umane materializzate, e si è per esempio constatato che esse pesano molto meno di quanto ci si potrebbe aspettare: una ventina di chili per un fantasma di dimensioni normali. Oggi i medium a materializzazione non esistono praticamente più — e il mistero di questo sconcertante fenomeno, tante volte constatato, resta intatto. Alla materializzazione corrisponde la *smaterializzazione*, ovvero la disgregazione della materia che costituiva il fantasma o l'oggetto materializzato: la forma materializzata perde la sua struttura e ritorna allo stato di ectoplasma, il quale a sua volta viene riassorbito dal medium.

Maya
Parola sanscrita che significa sostanzialmente «illusione» e indica il mondo materiale, che altro non sarebbe che un prodotto della nostra mente: l'unica realtà è Brahma, l'uno-tutto. Il saggio deve rendersi conto di questa verità, e imparare a riconoscere che tutto è *maya*.

McDougall William (1871-1938)
Psicologo inglese, visse a lungo negli Stati Uniti dove fu docente all'Università di Boston. Presiedette la *Società per la Ricerca Psichica* di New York e fondò a Boston una Società consorella. Chiamato a dirigere la facoltà di psicologia della Duke University di Durham (Carolina del Nord), pensò di istituirvi un corso di parapsicologia e riuscì nel suo intento insieme a *J.B. Rhine* (v.), che qui diede inizio ai suoi celebri esperimenti col metodo statistico/quantitativo. Contribuì alla fondazione del Laboratorio di Parapsicologia (Noto come «Lab») e alla creazione della rivista specializzata *Journal of Parapsychology*. I suoi meriti nei confronti della parapsicologia scientifica sono grandi.

Medicina olistica
Nuovo approccio terapeutico che tiene conto sia del corpo dell'uomo che della sua psiche e del suo spirito, nella consapevolezza che non si può curare l'uno se si trascurano gli altri. Varie nuove tecniche corporee e procedimenti terapeutici tengono conto dell'approccio olistico. Si veda anche la voce *Olismo*.

Medicina popolare Si veda la voce *Guaritori di campagna*.

Medicine-man
«L'uomo medicina» o «guaritore» è colui che nelle società primitive cura le malattie con le sue conoscenze di botanica e con i suoi poteri magici e paranormali. Si veda a questo proposito anche il termine *Sciamano*.

Meditazione
Antichissima pratica propria soprattutto di discipline orientali quali *Yoga* e *Zen* (v.), oggi riproposta in Occidente a scopi anche terapeutici, in quanto attraverso essa è possibile ritrovare l'equilibrio interiore e un

rapporto armonico col mondo circostante. La meditazione tende a far tacere il tumulto interiore e l'attenzione a tutto ciò che è esterno, e a far trovare il centro autentico dell'Io e il senso di unità col Tutto. Le tecniche di meditazione sono molteplici, tutte comunque includono rilassamento e concentrazione.

Medium-medianità
Il termine deriva dal latino *medium* = mezzo, e indica appunto il «mezzo» attraverso il quale, in base all'ipotesi spiritica, gli spiriti possono manifestarsi e comunicare coi viventi. I fenomeni medianici, quelli cioè che sembrano avvenire per l'intervento dei disincarnati, sono molteplici e spesso spettacolari: materializzazioni e smaterializzazioni, apporti, voce diretta, scrittura automatica, luci e profumi inspiegabili, levitazioni, eccetera. Medium è colui attraverso il quale avvengono i fenomeni, medianità la facoltà che lo fa essere tale. Il medium opera per lo più in *trance* (v.), o comunque in stato alterato di coscienza.
Non si conoscono caratteristiche fisiche o psicologiche tipiche del medium, che può essere persona normalissima ed equilibrata, oppure anche fragile e nevrotica: come tutti i comuni mortali, appunto. L'unica cosa che si può dire con sicurezza della medianità dal punto di vista dei caratteri psicologici è che essa sembra essere ereditaria. Non si notano differenze neppure nel sesso: i grandi medium sono stati, o sono, sia uomini che donne. Le doti medianiche, che sono certamente innate, si manifestano in genere in età puberale, oppure anche più tardi, a volte, in seguito a spaventi e traumi. L'attività di medium non sembra essere dannosa per la persona, che non ne risente affatto e può continuare a tenere sedute fino a tarda età. In genere però nel tempo le doti medianiche tendono ad affievolirsi.
Molto importante per la buona estrinsecazione della medianità è l'armonia del gruppo nel quale il medium si trova ad operare: è stato constatato infatti che un gruppo armonico e sereno favorisce enormemente le manifestazioni. Di qui l'atteggiamento restio dei medium ad accogliere nel gruppo persone nuove che potrebbero turbare l'atmosfera.
La medianità è un fenomeno molto antico: certamente medium erano i maghi, gli indovini e i *negromanti* (= evocatori di morti) (v.) dell'antichità. Il medium tuttavia divenne un personaggio notissimo quando, con il famoso caso delle sorelle *Fox* (v.), iniziò lo spiritismo.
Gli spiritisti interpretano i fenomeni medianici come frutto dell'attività di trapassati; gli animisti come manifestazione di doti inconsce paranormali del soggetto stesso. Sebbene si studino i medium da oltre un secolo, si ignora ancora che cosa sia la medianità.

Megalito
Dal greco *megas* = grande e *lithos* = pietra. Si tratta di grandi blocchi di pietra sommariamente lavorati, infissi per terra e presenti un po' dovunque nel mondo. L'esoterismo vede in questi monumenti di misteriosa origine riferimenti simbolici, astrologici, religiosi. Si vedano anche le voci *Dolmen* e *Menhir.*

Menhir
Deriva dal bretone (*men* = pietra e *hir* = luogo) e indica una colonna monolitica di pietra rudimentale lavorata o appena sgrossata, piantata per terra e in genere piuttosto alta (certi *menhir* arrivano anche a dieci metri). Il significato dei *menhir*, che si ritrovano in tutto il mondo e sono di antichissima origine al pari del *dolmen* (v.), è ancora misterioso: non si sa infatti se si trattasse di monumenti religiosi, commemorazioni di fatti importanti, simboli fallici, segnali astronomici o altro ancora.

Mental Radio Vedi *Sinclair Upton.*

Meridiani
I meridiani del corpo umano sono, in base al pensiero dei Cinesi, linee sottili e irregolari che attraversano il corpo, latori di un fluido energetico invisibile. Ogni meridiano è legato a un organo o a una funzione e

l'energia che vi circola può essere *Yin* o *Yang* (v.). Siccome il flusso dell'energia può stagnare o essere ostacolato, stimolando i vari punti dei meridiani è possibile ristabilirne il decorso normale: è questo il principio di funzionamento dell'*agopuntura* (v.).

Mescalina
Droga ricavata da una varietà di cactus americano e usata in particolare dagli Indiani dell'America centrale per i loro riti. Essa produce alterazioni di coscienza e di percezione. Viene oggi utilizzata in psicoterapia, e a giudizio di molti sarebbe in grado di favorire la percezione extrasensoriale.

Mesmer, Franz Anton (1734-1815)
Medico austriaco, esperto anche di filosofia e teologia, divenne famosissimo in tutta Europa per la terapia che ideò e che dal suo nome si chiamò *mesmerismo*. Partito dall'applicazione delle calamite al corpo umano a scopi terapeutici, Mesmer arrivò presto a convincersi che il fluido si sprigionava non tanto dalle calamite quanto da lui stesso (magnetismo animale). Con questo «fluido» egli trattava i suoi pazienti, ottenendo risultati a volte strepitosi e guarigioni che apparivano miracolose. I suoi pazienti «magnetizzati» si abbandonavano a liberatorie crisi di pianto e di riso, avevano visioni, tremavano, manifestavano in qualche caso anche doti paranormali. Adorato dai suoi pazienti,

Mesmer in una illustrazione d'epoca

Mesmer fu violentemente osteggiato dalla medicina ufficiale, motivo per cui dovette lasciare Vienna per trasferirsi a Parigi, dove conquistò enorme fama, ma si attirò ancora una volta l'inimicizia della classe medica, per cui dovette ritirarsi in Svizzera, dove morì dimenticato da tutti.
Il magnetismo di Mesmer aprì la strada agli studi sull'ipnosi, alle terapie alternative e anche all'indagine dei fenomeni paranormali, tante volte constatati nei pazienti che egli sottoponeva a terapia magnetica.

Mesmerismo
Vedi *Mesmer*. Il termine è stato usato fino al secolo scorso, quanto fu sostituito da quello più appropriato di *ipnotismo* (v.), al quale è sostanzialmente assimilabile.

Messa nera
È l'opposto della messa cristiana, in sostanza una cerimonia religiosa celebrata in termini di magia e sessualità. Di antichissime origini (pare che si riallacci ai culti precristiani di fertilità), si sviluppò particolarmente nel Medioevo nell'epoca della stregoneria e ha continuato ad esistere fino ai giorni nostri. La messa nera viene celebrata in onore del demonio e prevede macabri riti e aberrazioni sessuali. Oggi sembra che si assista purtroppo a un *revival* di questa decadente manifestazione.

Metapsichica
Termine coniato, sulla falsariga della parola metafisica, dal ricercatore francese *Charles Richet* (v.) all'inizio di questo secolo, per indicare tutti i fenomeni psichici e fisici di tipo paranormale. Significa letteralmente *al di là* (*metà*) *della psiche* (*psyché* = anima); in altre parole tutto ciò che oltrepassa la psicologia tradizionale. Oggi la parola «metapsichica» è ancora usata, specie in Francia, anche se il termine «parapsicologia» l'ha complessivamente soppiantata.

Metodo (qualitativo e quantitativo)
Il metodo qualitativo e quello quantitativo sono i due modi coi quali la parapsicologia

affronta lo studio dei fenomeni paranormali. Il primo consiste nello studio del fenomeno e del personaggio nei loro rapporti reciproci, «dall'interno» per così dire. Si occupa quindi prevalentemente di fenomeni spontanei e di fenomeni medianici.
Il metodo qualitativo è stato adottato dalla parapsicologia fin dall'inizio ed è stato l'unico mezzo di indagine fino al 1930, quando si cominciò ad usare il metodo quantitativo, ovvero lo studio (effettuato sovente in laboratorio) statistico della percezione extrasensoriale e della psicocinesi. Il metodo quantitativo si basa sul concetto galileiano di ripetibilità e fu usato su larga scala dal prof. *J.B. Rhine* (v.) per i suoi esperimenti alla Duke University di Durham, ripetendo centinaia di volte le prove fino ad ottenere una significanza statistica. Il metodo quantitativo ha il merito di poter fornire dati accettabili da parte della scienza ufficiale, però è arido e in quanto tale porta presto a una caduta dell'interesse da parte del soggetto e quindi a una caduta dei risultati, che sembrano spesso legati all'emozione e alla carica di interesse. Oggi i ricercatori in parapsicologia si servono in genere di due metodi: cercano cioè di applicare il metodo statistico senza però trascurare l'analisi del sensitivo e la sua indagine psicologica.

Microcosmo
Deriva dal greco *micros* = piccolo e *cosmos* = mondo, e indica l'uomo nella sua globalità inteso come sintesi del mondo col quale vive in armonica corrispondenza. È, in altre parole, l'uomo che da solo forma un mondo: nell'uomo si riflette l'ordine universale, il *macrocosmo* (v.).

Millesimo (Sedute di) vedi *Centurione Scotto.*

Mind over matter
Espressione inglese che significa «la mente al di sopra della materia» ed è in sostanza anche una definizione della *psicocinesi* (v.): una concezione idealistica che si oppone nettamente alla visione materialistico-meccanicistica della realtà.

Mirabelli Carlos (1889-1951)
Famoso medium brasiliano, di cui nessuno mise mai in dubbio l'onestà. Condusse centinaia di sedute sotto il controllo dell'Accademia di Studi Psichici di San Paolo, producendo straordinari fenomeni in piena luce: apporti, levitazioni, movimento di oggetti senza contatto, scrittura automatica, materializzazioni. Dimostrò di parlare in trance ben 20 lingue straniere, che in stato normale non conosceva.

Mistica
La mistica, fenomeno proprio di tutte le religioni e di tutti i tempi, è l'unione diretta dell'uomo col trascendente e con la contemplazione della divinità in uno stato di estasi e beatitudine. Giovanni della Croce, S. Teresa del Bambino Gesù, Meister Eckart hanno descritto nelle loro opere lo stato mistico e le sue caratteristiche.
La mistica riguarda da vicino la parapsicologia per certi fenomeni paranormali che spesso i mistici hanno presentato: bilocazione, veggenza, telepatia, visioni, astinenza dai cibi, odore di santità, oltre alle stigmate che costituiscono un capitolo a sé. Sembra anzi che questi fenomeni, che nelle persone normali costituiscono eccezioni, siano perfettamente «a casa» nei mistici e nei santi, i quali per altro non danno loro un peso eccessivo. Il paranormale nel quadro della mistica andrebbe ulteriormente studiato e le sue caratteristiche approfondite.

Mitchell Edgar (1930)
Laureato in ingegneria e in astronautica, il capitano Mitchell è stato il sesto uomo a porre piede sulla Luna nel 1971 durante il volo dell'Apollo 14. Nel corso di questa missione Mitchell compì, su iniziativa personale, esperimenti di telepatia terra-luna precedentemente concordati con quattro persone: i risultati sono stati considerati positivi e hanno ulteriormente dimostrato che la percezione extrasensoriale ignora le barriere spaziali. Attualmente Mitchell si è ritirato dall'aeronautica e ha fondato l'Istituto di Scienze Noetiche, un centro che studia la coscienza e il potenziale umano e svolge in

questo campo un importante lavoro pionieristico.

Monacello
Figura mitica e leggendaria dell'Italia meridionale, di cui si dice che appaia talora vestito da monaco per aiutare chi si trova in difficoltà soprattutto economiche. Gli vengono attribuite anche intenzioni burlesche, per cui c'è chi cerca di renderselo amico offrendogli frutta e cibo. Rientra nelle tradizioni popolari, al pari dei folletti e delle fate.

Mondo astrale
Secondo la *teosofia* (v.) e altri sistemi esoterici, il mondo astrale è il piano successivo a quello fisico, precedente il piano mentale: è il mondo delle emozioni, che ancora in vita è possibile visitare col corpo astrale, nel sonno o in stato di dormiveglia. Dopo la morte si entrerebbe direttamente nel mondo astrale, che costituirebbe l'anello di congiunzione tra la nostra dimensione terrena e quella mentale, o spirituale.

Monoideismo
Dal greco *monos* = solo, e *idea*, cioè concentrazione su una sola idea. In psicologia e parapsicologia si ricorre al monoideismo per produrre lo stato ipnotico e anche per predisporre i soggetti agli esperimenti di telepatia.

Monroe Robert Allan (1915)
Commerciante americano, famoso a partire dagli anni Cinquanta per i suoi *Viaggi fuori dal corpo* (v.), che studiava sistematicamente. Le sue uscite dal corpo furono anche studiate in laboratorio, col risultato che furono evidenziate analogie tra queste e lo stato onirico. Monroe ha anche sviluppato tecniche per uscire volontariamente dal corpo e le ha esposte nei suoi libri.

Morselli Enrico (1852-1929)
Neuropsichiatra, docente all'Università di Genova. Al pari di *Lombroso* (v.) era materialista e scettico nei confronti dei fenomeni paranormali, ma dovette ricredersi assistendo alle sedute di *Eusapia Paladino* (v.). Non si convinse mai dell'ipotesi spiritica, però accettò in pieno la fenomenologia medianica che cercò di interpretare in termini psicologici.

Morte
Su quello che ci si aspetta dopo la morte, la ricerca parapsicologica è in grado di fornire indicazioni che, pur non costituendo prove definitive, forniscono tuttavia argomenti a sostegno dell'ipotesi che non tutto finisca con la fine del corpo fisico. I fenomeni che fanno ipotizzare un proseguimento della vita oltre la morte sono vari: tutta la vasta fenomenologia medianica, che avviene «come se» a produrla fossero interventi esterni; le apparizioni, specie se percepite collettivamente; il *poltergeist*, che sembra l'opera di spiriti inquieti; le esperienze fuori dal corpo (OBE), nelle quali la coscienza dimostra di poter sussistere indipendentemente dal corpo fisico; le «voci» al registratore, che paiono dovute a interventi di disincarnati; e soprattutto le esperienze di chi è stato tra la vita e la morte e in quella condizione ha visto e sentito qualcosa che gli ha dato profondi convincimenti sulla vita ultraterrena. Si veda a questo proposito la voce *Esperienze in punto di morte*. Tutta questa fenomenologia conferma quanto da sempre dicono le religioni sulla morte e su quello che ci aspetta dopo di essa.

Morte iniziatica
Si intende con questa espressione la morte simbolica dell'uomo «vecchio» (cioè delle concezioni fino a quel momento accettate) e la nascita dell'uomo «nuovo», dotato cioè di conoscenze e aspirazioni diverse e superiori. Molti riti di tipo magico-religioso presuppongono prove iniziatiche, morte e rinascita iniziatica. Lo stesso concetto ritroviamo nella parole di Gesù riportate dall'evangelista Giovanni: «Se il grano non muore nella terra, resta solo; se muore, porta molti frutti» (Giovanni XII, 24-25).

Moses William Stainton (1839-1892)
Pastore protestante inglese, è stato un

grande medium e un autorevole esponente dello spiritismo scientifico. Scoprì le proprie capacità nel corso di sedute con altri medium, e per anni sperimentò con validi studiosi producendo una vastissima gamma di fenomeni: apporti, levitazioni, scrittura automatica, voce e scrittura dirette, luci e musica paranormali. Fu sempre considerato di assoluta serietà e stimato dai suoi contemporanei. Fondò nel 1881 la rivista *Light*, che diresse fino alla morte, autentica miniera di notizie sulla grande medianità di quel tempo. Aveva varie guide spirituali, che gli dettarono la sua opera fondamentale, *Insegnamenti spiritici*.

Mummificazione
Fenomeno relativamente frequente in base al quale sostanze deperibili quali frutta e carne non subiscono il processo di putrefazione, ma si «mummificano», ovvero si disidratano, incartapecoriscono e solidificano, e possono così essere conservate per tempi lunghissimi. Il fenomeno si produce ad opera dei sensitivi e dei guaritori — e, sembra, anche all'interno della *piramide* (v.). Pur essendo noto da molto tempo, il fenomeno della mummificazione non è stato oggetto di ricerche organiche e necessita quindi di essere ulteriormente studiato.

Murphy Gardner (1890-1983)
Psicologo, docente all'Università di New York, fu sempre interessato alla parapsicologia, di cui è considerato uno dei più validi studiosi moderni. Organizzò esperimenti di telepatia Parigi-New York insieme a *Warcollier* (v.); importanti anche i suoi studi sulla chiaroveggenza, le apparizioni, la precognizione. Presiedette sia la *Società per la Ricerca Psichica* (v.) di Londra che quella di New York e fu presidente del famoso Congresso Internazionale di Parapsicologia di Utrecht, patrocinato dalla *Parapsychology Foundation* (v.), nel corso del quale fu ufficialmente adottato il termine «parapsicologia». Murphy è stato uno studioso sereno, aperto e legato al metodo scientifico. È autore di vari libri e di numerosi articoli sulle riviste specializzate.

Musica medianica (o paranormale)
È musica che si avverte nelle sedute medianiche anche senza la presenza di strumenti, oppure tramite strumenti che suonano da soli: il caso più famoso è quello di *D.D. Home* (v.), che faceva suonare una fisarmonica chiusa in una gabbia di ferro solo posandovi sopra due dita. Il fenomeno è analogo a quello della *voce diretta* (v.). Con parecchi grandi medium del passato, (*Kate Fox, S. Moses, Eusapia Paladino* (v.), ecc.), fu ottenuta con vari mezzi musica medianica. Nella vasta casistica relativa alla musica paranormale ricordiamo insoliti, suggestivi fenomeni musicali legati alla morte di certi personaggi: una musica dolcissima e persistente fu udita nelle ultime ore di vita di Goethe da varie persone, tra cui la cognata, il medico e il fedele Eckerman. Alcuni medium si sono rivelati in grado di scrivere musica per automatismo: il caso più famoso è quello dell'inglese *Rosemary Brown* (v.), che, pur disponendo di una modestissima cultura musicale, scrive musica nello stile di grandi maestri del passato: il fenomeno è affine a quello della *scrittura e del disegno automatico* (v.).

Myers Frederik William Henry (1843-1901)

F.W.H. Myers

Grecista e latinista, visse a Cambridge e fu tra i fondatori della *Società per la Ricerca Psichica* (v.) di Londra. È considerato uno dei maggiori teorici della ricerca psichica, cui dedicò tutte le sue energie. Sperimentò nel campo dell'ipnosi, della telepatia, della chiaroveggenza e della medianità; promosse l'inchiesta da cui nacque il famoso *Fantasmi dei viventi*, un classico del fenomeno delle apparizioni, e soprattutto creò un sistema filosofico sul paranormale che espresse nella sua opera fondamentale, pubblicata postuma, *La personalità umana e la sua sopravvivenza*. Dopo la sua morte, si manifestò — a quanto pare — a varie automatiste, producendo il fenomeno delle *corrispondenze incrociate* (v.), considerato uno dei più importanti a sostegno della sopravvivenza.

Nascita iniziatica Si veda la voce *Morte iniziatica.*

Natale
Il 25 dicembre è il giorno in cui la Chiesa celebra la nascita di Gesù, ma l'origine di questa festa è molto più antica ed è legata al culto del Sole, che si ritrova in tutte le religioni politeistiche. Il 25 dicembre è infatti il primo giorno dopo il solstizio d'inverno, quello che gli antichi chiamavano «dies natalis solis invicti», il giorno natale dell'invitto Sole. Naturale la sovrapposizione di questo giorno a quello della nascita di Gesù. Al Sole, fonte di vita e di calore, venivano attribuite le qualità più straordinarie, soprattutto quella di purificare gli uomini e di risanarli.
Questo significato magico e occulto del Natale si ritrova intatto in numerosi riti di iniziazione di origine pagana che ancora sopravvivono nelle campagne: è infatti solo nelle notte di Natale che la virtù di guarire può essere trasmessa a nuovi adepti. Si veda a questo proposito anche la voce *I guaritori di campagna.*

Necromanzia - Negromante
Deriva dal greco *nekròs* = morto e significa quindi divinazione per mezzo dell'evocazione dei morti. Negromante è colui che evoca i morti: oggi si intende spesso con questo termine semplicemente «indovino», o «mago». La consuetudine di evocare i defunti per interrogarli e chiedere loro consiglio è molto antica e la si ritrova ovunque nel mondo: molti esempi si possono trovare nei poemi omerici e anche nella Bibbia. Le tecniche usate per questa evocazione sono le più varie: oggi ci si avvale delle pratiche spiritiche.

NDE
Sigla che deriva dall'inglese *Near Death Experiences* (= esperienze in prossimità della morte) e che indica le visioni, le sensazioni e le esperienze di chi si è trovato in punto di morte ed è stato richiamato in vita. Tali visioni presentano un modello costante nonostante le profonde differenze socio-culturali dei protagonisti e fanno quindi ipotizzare che alla loro origine possano esserci elementi reali. Per più approfondite spiegazioni si veda la voce *Esperienze in punto di morte.*

Neumann Therese (1898-1962)
Visionaria e stigmatizzata tedesca, vissuta a Konnersreuth. La veggente riviveva ogni venerdì la passione di Cristo, soffrendone le pene e sanguinando abbondantemente. Di lei sono riferiti straordinari fenomeni paranormali: xenoglossia, veggenza, telepatia, levitazione, bilocazione. Rimase per ben 36 anni senza mangiare, nutrendosi soltanto dell'ostia. Dopo la sua morte sono stati riferiti numerosi miracoli legati all'invocazione del suo aiuto.

New Age
Termine inglese che significa «Nuova età» e indica globalmente la nuova coscienza che sarà propria dell'età dell'*Acquario* (v.): una coscienza più aperta, responsabile, sensibile ai valori spirituali e *transpersonali* (v.). La coscienza «New Age» dovrà esprimersi in tutti i campi della vita umana: rapporti interpersonali, politica, ecologia, interiorità, tecnologia, scienza, ed è soprattutto caratterizzata da un grande senso di responsabilità nei confronti di tutta l'umanità e del pianeta in cui viviamo e da un'estrema apertura nei confronti dei problemi psicologici e spirituali. Il movimento «New Age» ha preso le

mosse negli Stati Uniti e attraverso pubblicazioni, conferenze e seminari sta cominciando a sensibilizzare anche l'Europa, cominciando per ora dai paesi anglosassoni. Gli ideali di cooperazione, tolleranza, comprensione, comunicazione totale, integrazione di Oriente e Occidente, spiritualizzazione e pace del «New Age» coinvolgono tutto il pianeta, ma devono essere vissuti in primo luogo da ognuno a livello individuale: soltanto così la nuova coscienza del Duemila potrà divenire viva e operante a livello globale.

Nielsen Einer (1894-1962)
Grande medium danese a materializzazione, famoso tra le due guerre. Rivelatosi medium fin da ragazzino, ebbe vistosi fenomeni di automatismo parlante, apporti, voce diretta, materializzazioni di interi fantasmi. A quest'ultimo fenomeno assistette più volte il dr. Gastone De Boni di Verona, che ne ha lasciato ampie descrizioni su *Luce e Ombra* (v.). Nonostante che la sua probità sia stata messa in dubbio da certi critici, Nielsen è considerato uno dei più validi medium dell'epoca moderna.

Nirvâna
Termine sanscrito che nelle dottrine induiste indica il ritorno dell'*âtman* (v.), l'anima individuale, all'Assoluto impersonale *brahman* (v.), con cui si fonde, o in cui si dissolve. Nel buddhismo il termine *nirvâna* assume una sfumatura lievemente diversa ed è la cessazione del desiderio di rinascere, la fine dei desideri di tipo umano e della necessità di compiere esperienze terrene. Il raggiungimento di questa situazione porta come naturale conseguenza l'unione con l'Assoluto.

Nostradamus
Michel de Notre Dame, detto Nostradamus, è il più famoso veggente che la storia ricordi: a oltre 400 anni dalla loro pubblicazione, le sue Centurie continuano a destare scalpore. Nostradamus visse nel XVI secolo: era nato in Provenza da famiglia di origine italiana e si era laureato in medicina.

Nostradamus

Viaggiò molto e in Italia fece una delle sue più celebri profezie, che si avverò 45 anni dopo: riconobbe in un modesto fraticello diciannovenne il futuro pontefice (Sisto V). Nostradamus aveva sempre avuto il dono delle profezia e a partire dal 1550 cominciò a pubblicare degli opuscoli chiamati *Pronosticationes*, in cui annunciava quello che sarebbe avvenuto l'anno dopo: e anche in questo fu profeta e anticipò una moda oggi diffusissima. Le sue celebri *Centurie* sono un ampliamento di questi opuscoli e apparvero nel 1555. Pare che Nostradamus, per fare le sue profezie, si drogasse immergendosi in una specie di letargo ipnotico che, a suo dire, gli permetteva di liberarsi dall'io corporeo e di trasportarsi in spirito nel futuro, da cui tornava con le informazioni desiderate. Nostradamus fu un uomo molto abile perché riuscì a non avere mai fastidi con l'Inquisizione, e sebbene si occupasse di una materia scottante riuscì ad essere contemporaneamente un cattolico devoto e un mago iniziato ai più alti segreti esoterici. L'oscurità delle sue Centurie è probabilmente dovuta alla necessità di non esporsi

in maniera eccessiva.
Le Centurie di Nostradamus prevedono un'enorme quantità di eventi: la rivoluzione francese con la ghigliottina, Napoleone, la guerra del 1914-1918, l'abdicazione di Edoardo VIII per sposare una divorziata, l'ultima guerra mondiale, Mussolini, la bomba atomica su Hiroshima, lo sbarco sulla luna, l'uccisione di Kennedy a Dallas, l'occupazione russa della Cecoslovacchia, i missili spaziali, l'attentato al papa e tante altre cose. Il fatto che il significato delle Centurie di Nostradamus risulti chiaro solo dopo che l'evento si è prodotto, è dovuto con ogni probabilità alla necessità, di cui sopra si è detto, di non avere guai con l'Inquisizione: forse il veggente aveva scritto gli eventi in modo chiaro e secondo un ordine cronologico, e in un secondo momento rese oscura la lingua ed eliminò i riferimenti cronologici e i dati precisi per motivi di sicurezza personale.

Numerologia
È la capacità di determinare — trascrivendo in cifre nomi e date di nascita — il carattere, la personalità, le tendenze e il destino delle persone. La precisione a volte sorprendente dei dati ricavati attraverso la numerologia fa pensare che, più che una tecnica, essa sia una *mantica* (v.), cioè uno dei tanti mezzi attraverso i quali i soggetti dotati di capacità paranormali riescono a entrare nell'altro e a leggergli dentro.

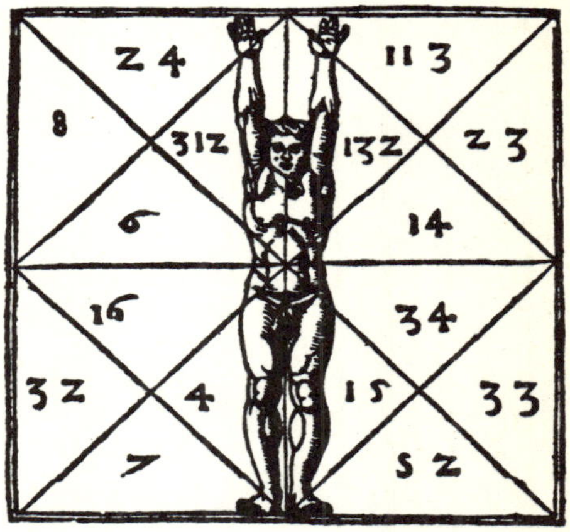

Un quadrato «magico»

O

Occhio
Organo dei sensi sensibile alla luce. Secondo la tradizione popolare uomini e animali possono danneggiarsi con lo sguardo: ben noto il caso del serpente che affascina le sue vittime e, nell'antichità, quello della Medusa il cui sguardo tramutava in pietra. Chiudere gli occhi ai morti significava in origine renderli inoffensivi. Usato come «antidoto», l'occhio è frequentemente raffigurato sugli amuleti. Tuttora molto diffusa è la credenza nel *malocchio* (v.).

Occultismo
Il termine indica genericamente orientamenti di pensiero e scuole tesi alla ricerca di conoscenze superiori e poteri straordinari che restano nascosti (occulti) ai più. Rientrano nell'occultismo la magia (bianca e nera), l'astrologia e l'alchimia. Tra gli indirizzi filosofico-religiosi più interessanti dell'occultismo abbiamo oggi la *teosofia*, l'*antroposofia* e i *Rosacroce*: si vedano le singole voci.

Odori paranormali
I fenomeni olfattivi sono molto noti nella ricerca psichica e legati per lo più alle sedute medianiche, nel corso delle quali è spesso capitato di sentire odori e profumi estranei all'ambiente: il medium inglese *Stainton Moses* (v.) produceva profumo di sandalo e di verbena, la *Paladino* (v.) odore di ozono e fosforo. Nelle sedute del medium fiorentino *Roberto Setti* (v.), scomparso nel 1984, si avvertivano profumi di rosa, violetta o incenso a seconda delle «entità» che si manifestavano. I profumi persistevano a lungo anche una volta finita la seduta. Tra i fenomeni olfattivi rientra anche il famoso *odore di santità* emanato dai mistici e dai santi sia in vita che in morte: Padre Pio da Pietralcina emanava odore di violette, Santa Rosa profumava di rose e i corpi di certi santi erano ancora profumati a distanza di anni dalla morte. Si veda a questo proposito anche la voce *Mistica*.

Oggetti volanti non identificati
Fin dall'antichità si tramandano notizie di avvistamenti in cielo di «oggetti» la cui origine è rimasta misteriosa e che vengono definiti anche «dischi volanti» o UFO (da *unidentified flying objetcts*, che significa in inglese «oggetti voltanti non identificati»). Ne troviamo cenno in antiche cronache e si conoscono graffiti rupestri mostranti esseri umani provvisti di una sorta di casco spaziale.
Tutto ciò fa ipotizzare che da sempre la Terra sia stata visitata da esseri provenienti da altri pianeti.
La fase moderna della storia degli UFO inizia il 24 giugno 1947, quando il pilota americano Kenneth Arnold avvistò un disco volante, lo inseguì senza riuscire a raggiungerlo e affermò che non poteva trattarsi di una macchina terrestre. Si seppe poi che anche durante la guerra piloti di aerei militari avevano visto strani oggetti volanti luminosi che li seguivano e li scortavano.
Da allora il fenomeno UFO non ha mai cessato di interessare l'opinione pubblica: migliaia di oggetti volanti non identificati sono stati avvistati ovunque nel mondo anche da parte di esperti (piloti, astronomi, tecnici dei radar, ecc.), alcuni di essi sono anche atterrati lasciando tracce ben visibili e inspiegabili, addirittura si conoscono persone che affermano di essere state «rapite» da un disco volante e di avere incontrato esseri di altri pianeti. Gli Stati Uniti hanno istituito commissioni ufficiali per studiare il fenomeno, è stata raccolta una quantità impo

nente di testimonianze e materiale documentario senza per altro arrivare a dare una risposta definitiva al problema. I dischi volanti presentano caratteristiche molto precise: emanano luci variopinte, sono totalmente silenziosi, compiono manovre che gli aeroplani terrestri non sono in grado di compiere: curve a 180°, si alzano verticalmente come elicotteri ma a velocità molto maggiore, si fermano di colpo nello spazio e restano sospesi in aria per ore e ore, ripartendo poi a una velocità inconcepibile per i nostri mezzi.

Una stampa del sec. XVII mostra misteriose sfere avvistate nel cielo nel 1566

Sebbene una parte degli avvistamenti che vengono continuamente compiuti possa essere spiegata ricorrendo a cause naturali (palloni sonda, fenomeni atmosferici, luci riflesse, ecc.), resta un margine di casi non spiegabili finora in alcun modo e che costituisce uno dei misteri più affascinanti del nostro secolo.

Olcott Henry Steel (1832-1907)
Ufficiale e avvocato americano, giornalista e studioso dei fenomeni medianici. In America conobbe *Helena P. Blavatsky* (v.) e con lei fondò la Società Teosofica. Visse a lungo in India, contribuendo ampiamente, con le sue grandi doti organizzative, alla diffusione della teosofia; fino alla morte presiedette la Società, che dopo di lui fu guidata da *Annie Besant* (v.). A lui si devono molti importanti ricordi della Blavatsky.

Olismo
Deriva dalla parola greca *olos* = intero, ed è un movimento di pensiero (le cui radici sono antiche ma che trova oggi più organica espressione), secondo cui tutto in natura è unito e legato, per cui corpo e spirito, soggetto e oggetto, mente e materia sono aspetti della medesima realtà.

OM
L'OM (o «aum») è la sillaba sacra, il mantra per eccellenza, che nella filosofia indiana significa l'Assoluto, i cui attributi sono onniscienza e onnipotenza. L'OM viene intonato nel corso di cerimonie sacre e con la sua vibrazione contribuisce a creare una

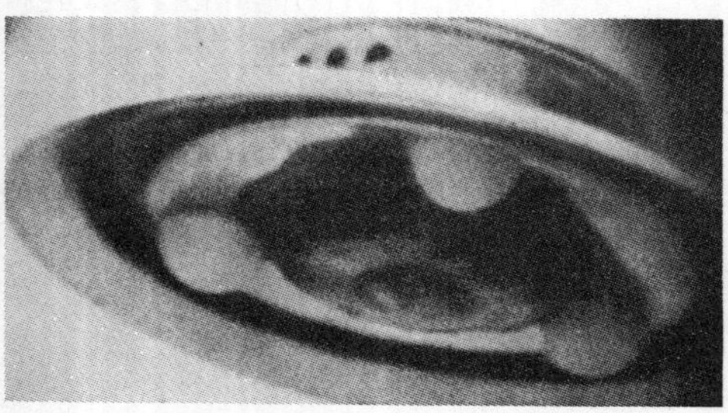

Foto di un UFO eseguita dal contattista americano George Adamski (1952)

L'Om, in una delle molteplici varianti grafiche

particolare atmosfera mistica. È anche oggetto di meditazione individuale.

Ombra
Secondo la tradizione popolare, l'ombra sarebbe l'anima della persona: se uno non vede la propria ombra, questo deve essere considerato un segno di morte vicina. Nella psicologia analitica di *C.G. Jung* (v.) l'ombra rappresenta il lato represso dell'uomo, quello che egli teme e sfugge. Nel processo di *individuazione* (v.) l'ombra deve quindi essere portata a livello di coscienza e integrata.

Omeopatia
Tecnica terapeutica che si basa sull'antica legge latina dei simili: *similia similibur curentur*, cioè i simili si curino con i simili.
L'allopatia, ovvero la medicina ufficiale, a parte rare eccezioni quali per esempio le vaccinazioni, si basa invece sulla legge dei contrari: *contraria contrariis curentur* (è con il contrario che si cura), e quindi si riscaldi chi ha il raffreddore, si somministri il contravveleno all'avvelenato, eccetera. Due secoli fa, il medico tedesco Samuel Hahnemann riscoprì il valore della legge dei simili e creò un sistema curativo che oggi viene tenuto in sempre più attenta considerazione dai medici. Alla base della scoperta di Hahnemann c'è questa constatazione: ciò che fa ammalare può, in dosi minime, anche guarire. Provando prevalentemente su se stesso, Hahnemann arrivò a ridurre sempre più le dosi dei medicinali, notando che il ricorso a dosi infinitesimali del farmaco riduceva gli effetti secondari dannosi e potenziava quelli curativi. In questo senso l'espressione «dosi omeopatiche» equivale a «dosi minime». Diluendo sempre più il prodotto (in proporzione di uno a cento, poi uno a mille e così via) e «dinamizzando» poi il tutto con certe tecniche, Hahnemann ottenne prodotti di indubbia efficacia, che sono stati poi perfezionati e moltiplicati dai suoi seguaci. Il principio che sta alla base dei prodotti omeopatici, che spesso non contengono più traccia del farmaco iniziale a causa delle innumerevoli diluizioni, potrebbe essere quello che Einstein ci ha fatto conoscere della trasformazione della massa in energia. O anche quello, che deriva dalla scoperta dell'antimateria, che fa pensare che possa esistere il «negativo», cioè l'impronta, la traccia di qualcosa che sul piano fisico ha cessato di essere.

Oracolo
Indicava nell'antichità la manifestazione della volontà divina attraverso un sacerdote, il quale poteva interpretare dei segni (volo di uccelli, viscere di animali sacrificati, ecc.), oppure esprimere direttamente questa volontà con la parola. Famosissimi l'oracolo di Delfi e la Sibilla Cumana, ma l'antichità ne conosce moltissimi altri in quanto il fenomeno era diffuso e universalmente accettato.

Orgon Vedi *Reich Wilhelm.*

Oroscopo
Deriva dal greco (*ôra* = ora e *skopein* = esaminare) e significa osservazione della situazione del cielo al momento della nascita. Da questa situazione l'*astrologia* (v.) desume carattere e destino della persona.

Osty Eugène (1874-1938)
Medico francese, cominciò quasi per caso a occuparsi di ricerca psichica avendo assistito alle prestazioni di certi chiromanti. Contribuì alla fondazione dell'*Istituto Metapsichico Internazionale* di Parigi nel 1919 (v.), e fece parte del comitato direttivo. Fu un acutissimo studioso di tutta la fenomenologia paranormale, specie telepatia, chiaroveggenza, precognizione e retrocognizione; ideò il famoso esperimento a «*sedia vuota*» (v.) e sperimentò anche coi medium a effetti fisici *Guzyk* (v.) e *Rudi e Willi Schneider* (v.). Fu però sempre contrario all'interpretazione spiritica. A partire dal 1924, anno in cui morì Charles Richet che dirigeva l'Istituto, ne assunse la direzione e per potersi meglio dedicare alla ricerca psichica abbandonò la professione di medico. La sua opera più importante è *La conoscenza sopranormale.*

Ouija
La parola è formata da *Oui* (il sì francese) e da *Ja* (il sì tedesco), e indica un piccolo strumento usato per le comunicazioni medianiche, ideato alla metà del secolo scorso. L'apparecchio è costituito da una tavoletta triangolare montata su rotelle, fornita di una punta. Il sensitivo pone la mano sul triangolo e la macchinetta si muove indicando via via con la punta le lettere di un cartellone su cui viene fatta scorrere. Una sua variazione sarebbe la *planchette*, che al posto della punta che indica le lettere ha una matita, che scrive direttamente. La *planchette* è più veloce dell'*ouija* e prelude già alla scrittura automatica. Pare che l'uso dell'*ouija* sia molto antico, anche se non ne abbiamo le prove. Nell'Ottocento la macchinetta era molto usata per le comunicazioni medianiche; oggi è in genere sostituita dal «bicchiere» o dalla «monetina», su cui il sensitivo (o comunque la persona che sperimenta) pone il dito facendolo scorrere su un cartellone su cui sono indicate le lettere dell'alfabeto, i numeri da uno a dieci, le parole «sì» o «no» e qualche altro segno convenzionale.
Le comunicazioni ottenute sia con l'*ouija* che con la *planchette* o il bicchierino sono spesso molto modeste; nel 1913 tuttavia la medium americana P.L. Curran scrisse con questo mezzo una serie di pregevoli romanzi e un poemetto in inglese arcaico apparentemente dettati da un'entità che diceva di chiamarsi *Patience Worth* (v.).
Sebbene non sia possibile escludere l'interpretazione spiritica di questo fenomeno, oggi si tende a parlare di emersione di contenuti inconsci attraverso una pratica automatica.

Ouspensky, Peter Demianovic
(1878-1947)
Insegnante e scrittore russo esoterico, discepolo e seguace di *Gurdjieff* (v.), di cui continuò l'opera in maniera autonoma e personale. La sua dottrina è una forma di antropologia esoterica, che pur non rientrando direttamente nella parapsicologia ha molti punti di contatto con essa, anche per i numerosi casi di fenomenologia paranormale spontanea che presenta.

P

Paladino Eusapia (1854-1919)
Famosissima medium a effetti fisici. Di origini molto modeste, traumatizzata fin da bambina dall'aver assistito all'uccisione del padre, orfana di madre fin dalla nascita, fece la donna di servizio prima a Bari poi a Napoli, dove di rivelarono le sue straordinarie doti medianiche. Fu l'incontro col medico napoletano Ercole Chiaia, appassionato di spiritismo, a segnare il suo destino: le capacità di Eusapia furono studiate anche dal *Lombroso* (v.), su invito di Chiaia, poi da *Richet* e *Aksakov* (v.), dall'astronomo Schiapparelli e in seguito da tutti i ricercatori più noti d'Europa.

Levitazione di un tavolo in una seduta di Eusapia Paladino. La medium è dietro la «tenda medianica». Sono presenti gli studiosi Debierre, Branly e Ochorowicz

I fenomeni che si producevano nelle sue sedute erano prevalentemente di carattere fisico; spostamenti di oggetti, anche mobili pesantissimi, levitazioni, apporti, venti freddi, fenomeni luminosi, impronte di mani di fantasma sull'argilla. Eusapia viaggiò molto in Europa e andò nel 1907 anche a New York. Fu contestata da alcuni ma convinse della realtà dei suoi fenomeni personaggi come Lombroso, Morselli, Bergson, Curie, il giornalista Barzini e tanti altri. Nelle sue sedute si materializzavano anche fantasmi, raramente completi. Eusapia Paladino è stata certamente una delle medium più interessanti e poliedriche che la storia della ricerca psichica ricordi, e ancora oggi si discute di lei e dei fenomeni che ella era in grado di produrre.

Panpsichismo
Dal greco *pan* (tutto) e *psiké* (anima), questo termine indica una dottrina che nega l'esistenza della materia morta: tutto ciò che esiste, ogni tipo di materia, è animato. Il panpsichismo risale alla filosofia antica, ma lo si ritrova nel Rinascimento e in filosofi più moderni come Schelling. Il concetto di panpsichismo si ritrova anche nelle filosofie orientali e nell'esoterismo.

Panteismo
Dal greco *pan* = tutto e *theos* = dio. È una dottrina filosofica che afferma che Dio e il mondo sono una sola cosa, senza separazione e distinzione. Quindi in ogni manifestazione naturale è possibile riconoscere Dio. Plotino, Spinoza e Giordano Bruno furono filosofi panteisti.

Paracelso (1493-1541)
Teofrasto Bombasto von Hohenheim si autodefinì Paracelso in ricordo del medico romano Celsus, vissuto nel I secolo. Medico e filosofo, fu sostenitore della dottrina del *macrocosmo* e del *microcosmo* (v.), in base alla quale il microcosmo-uomo è una corrispondenza del macrocosmo-universo. Era convinto che le forze del firmamento in

fluissero fisicamente e psicologicamente sull'uomo e che l'uomo, dal canto suo, per capire quale compito Dio gli ha dato, dovesse usare certe «scienze» per individuarlo e realizzarlo: tra queste «scienze» c'è anche la magia.

Paracelso

Paranormologia

Il termine significa «studio del paranormale» ed è stato coniato in anni recentissimi dal prof. *Andreas Resch* (v.), sacerdote redentorista e parapsicologo, docente di «Psicologia clinica e paranormologia» all'Accademia Alfonsiana di Roma, che fa parte della Pontificia Università Lateranense. A giudizio del prof. Resch, il termine paranormologia è meno vincolante di quello di parapsicologia in quanto non limita l'indagine a ciò che è «a margine della psicologia», ma comprende ogni altro fenomeno, anche di tipo fisico, purché sia «a margine» di ciò che è considerata la norma.

Parapsicologia

Il termine deriva dalla parola «psicologia» preceduta dal prefisso *para*, che significa in greco «vicino a», «accanto», e indica fenomeni che avvengono a fianco, a margine della psicologia. Il termine parapsicologia, che per altro esiste fin dall'Ottocento, fu ufficialmente adottato dalla comunità dei ricercatori del 1953 al Congresso Internazionale di Utrecht, che segnò una tappa importante per la ricerca psichica e coincise anche con l'istituzione della cattedra di parapsicologia presso la locale università.

La parapsicologia studia i fenomeni paranormali, i quali sono antichi come l'uomo. Nelle comunità primitive il ricorso ai poteri magici era di uso comune, e nelle prime civiltà storiche il sacerdote era in pratica un sensitivo: vedeva eventi lontani, leggeva il futuro, comunicava coi defunti, curava i malati con le sue pratiche magiche. In Grecia, a Roma e ancora nel Medioevo e nel Rinascimento, profezia, divinazione, sogni veridici, apparizioni erano fenomeni accettati da tutti.

La ricerca sistematica in questo campo, quella che portò poi alla nascita della moderna parapsicologia, cominciò tuttavia alla metà del secolo scorso negli Stati Uniti: a Hydesville, nello Stato di New York, le sorelle *Fox* (v.), due ragazzine di 12 e 15 anni che si trovavano ad abitare in una casa «infestata», riuscirono a stabilire un dialogo a forza di battiti con la presunta entità infestante, instaurando così la moda del tavolino e della comunicazione coi trapassati, moda che si diffuse rapidamente prima negli Stati Uniti e poi in Europa, assumendo ben presto proporzioni tali da non poter più passare inosservata agli uomini di scienza. Il fatto è che nelle sedute medianiche, con o senza tavolino, avvenivano tali e tanti fenomeni che contrastavano con le leggi fisiche (levitazioni, materializzazioni, luci inspiegabili, oggetti che si muovevano da soli, ecc.), che gli scienziati furono indotti a occuparsene. Si arrivò così alla fondazione delle Società, prima fra tutte la *Società per la Ricerca Psichica* (SPR) di Londra (1882); seguita tre anni dopo dalla Società consorella (ASPR) di New York e nel 1919 dall'*Istituto Metapsichico Internazionale* di Parigi e da altri praticamente in tutte le nazioni.

Fu un tempo di grandi ricerche portate avanti con enorme entusiasmo, anche se non mancarono le polemiche data la natura straordinaria dei fenomeni in oggetto: polemiche che continuano a ripresentarsi ancor oggi, ogni volta che i fenomeni paranormali vengono portati all'attenzione del vasto pubblico. A occuparsene, a quel tempo, furono scienziati, scrittori e pensatori illustri: basti citare il fisico inglese *William Crookes* (v.), scopritore del tallio, *Charles Richet* (v.), premio Nobel 1913 per la fisiologia, gli astronomi Schiaparelli e *Flammarion* (v.), Madame Curie, il filosofo Henri Bergson, gli psichiatri *Cesare Lombroso* ed *Enrico Morselli* (v.). Gli ultimi decenni dell'Ottocento e i primi del Novecento furono caratterizzati dalla grande medianità e dallo studio dei fenomeni che si producevano nelle sedute tenute dai medium. Poi gradualmente il panorama venne cambiando e l'attenzione fu sempre più rivolta ai fenomeni attribuibili esclusivamente all'uomo, quali telepatia, chiaroveggenza e precognizione.

Verso il 1930 la situazione cambia radicalmente: alla Duke University di Durham (Carolina del Nord) il prof. *Joseph B. Rhine* (v.) dà inizio alle sue ricerche col metodo quantitativo che porterà avanti per cinquant'anni, applicando il calcolo statistico a una materia che sembrava escluderlo e arrivando a convincere la scienza dell'esistenza di fenomeni che essa si ostinava a negare. Grazie al suo lavoro ineccepibile, oggi la parapsicologia fa parte dell'*Associazione Americana per l'Avanzamento delle Scienze* (AAAS).

Attualmente gli studi psicologici, dedicati soprattutto alla percezione extrasensoriale (telepatia, chiaroveggenza e precognizione) e alla psicocinesi, vengono portati avanti con grande interesse anche in Russia e Cina, in Istituti sovvenzionati dallo Stato. Sia in Unione Sovietica che in Cina l'interesse dei ricercatori è soprattutto rivolto all'utilizzazione pratica delle capacità paranormali, per la ricerca di cose o persone nascoste o scomparse, ricerche d'acqua, di minerali e archeologiche, diagnosi paranormali, cure paranormali, eccetera. In Europa e negli Stati Uniti esistono cattedre di parapsicologia (quelle europee si trovano a Utrecht in Olanda, a Friburgo in Germania e a Edimburgo in Scozia), e in California, ad Orinda, esiste un'intera facoltà. In Italia esistono in varie città centri che si occupano dello studio e della divulgazione della parapsicologia, ma si tratta sempre di iniziative private. L'unico insegnamento universitario è quello di *Paranormologia* (v.), esistente presso il Collegio Alfonsiano, che fa parte dell'Università del Laterano, e tenuto fin dal 1970 dal prof. *Andreas Resch* (v.), psicologo e sacerdote redentorista.

Nonostante le difficoltà e gli ostacoli che spesso la giovane ricerca parapsicologica deve affrontare, cresce un po' dappertutto la consapevolezza dei poteri interiori dell'uomo, che sono sostanzialmente la capacità di comunicare con tutto e con tutti e di agire con la mente sulla materia.

Parapsicologia animale Si veda la voce *Animali.*

Parapsychology Association (PA) Fondata in America nel 1957, è un'organizzazione professionale che riunisce i più qualificati ricercatori del mondo nel campo della parapsicologia, coloro che hanno contribuito al suo progresso. La PA organizza ogni anno un Congresso Internazionale e pubblica il *Journal of Parapsychology*. Nel 1969 è entrata a far parte dell'Associazione Americana per l'Avanzamento delle Scienze (AAAS). Ne sono membri italiani il prof. *Emilio Servadio* e il dr. *Piero Cassoli* (v.).

Parapsychology Foundation (PF) Fondata nel 1951 dalla sensitiva *Eileen Garret* (v.) e sostenuta finanziariamente dalla ricchissima signora Bolton, si dedica all'incoraggiamento e al sostegno economico della ricerca scientifica del paranormale. Premia le migliori ricerche, ne finanzia altre, organizza annualmente conferenze internazionali, pubblica opere monografiche e una rivista trimestrale, *International Journal of Parapsychology.*

Pattern

Termine inglese che significa schema, modello. È usato anche in parapsicologia per indicare certi decorsi e modalità di estrinsecazione di determinati fenomeni.

In sociologia e scienza del comportamento indica struttura del comportamento, modello di comportamento, schemi culturali e rituali.

Patti oltre la morte

Inquietante casistica nota da sempre: due persone, parenti o amiche, si promettono che la prima che morirà tenterà, qualora sopravviva, di dare all'altra un segno della propria nuova esistenza. Scopo del patto è naturalmente il desiderio di fornire o ricevere una prova della sopravvivenza dell'anima alla morte del corpo.

Uno dei casi meglio documentati che si conoscano è quello che ebbe per protagonista Luigi Comollo, amico di Don Giovanni Bosco, e per testimoni Don Bosco stesso e l'intera camerata di seminaristi cui il futuro santo allora apparteneva. Luigi Comollo, che aveva stretto con Don Bosco un patto oltre la morte, apparve poco dopo il trapasso al suo amico e ai suoi compagni.

Un altro caso, molto più antico e ancora più impressionante, è narrato negli *Annali Ecclesiastici* dal Baronius e riguarda il famoso umanista Marsilio Ficino, vissuto tra il 1433 e il 1499. Ficino aveva un amico, di nome Michele Mercato, che non credeva nella sopravvivenza dell'anima e al quale, per dare una prova dell'immortalità, aveva promesso di apparire nel caso che fosse stato il primo a morire. Nella notte tra il primo e il due agosto 1499, Mercato sentì un galoppo di cavallo arrestarsi sotto la sua finestra. Si affacciò per vedere chi fosse e riconobbe Ficino in groppa a un cavallo bianco, che gli gridò: «Michele! C'è... c'è un'altra vita!», e poi si allontanò col suo cavallo sparendo in pochi secondi. Solo la mattina dopo Mercato venne a sapere che Ficino era morto nella sua villa di Careggi un'ora prima di apparirgli.

Un caso particolarmente interessante è capitato a Palermo all'inizio del secolo (1911) ed è stato narrato da uno dei due protagonisti, il dr. Vincenzo Calderone, che era un miscredente. Un giorno un suo paziente, con cui stava parlando di spiritismo e sopravvivenza, gli disse che se fosse morto per primo gli si sarebbe mostrato per dargli una prova. Il medico allora aveva ribattuto scherzosamente che avrebbe gradito che gli si manifestasse rompendo qualcosa nella sua sala da pranzo, per esempio il lume appeso al tavolo. Passò qualche tempo, durante il quale i due non ebbero mai occasione di vedersi. Una sera, mentre il medico era a cena con la sorella, sentì dei colpettini sul paralume della lampada a gas; il fatto si ripeté varie volte e alla fine il parafumo sospeso sopra al tubo di vetro si spezzò in due parti, senza cadere. La mattina dopo si udì un gran colpo sul tavolo: il medico accorse e vide la metà del parafumo al centro del tavolo proprio sotto la lampada, in una posizione in cui non avrebbe potuto essere se fosse caduto normalmente perché il paralume l'avrebbe deviato. Poco dopo il medico venne a sapere che il suo cliente era morto alcuni giorni prima, e si ricordò della promessa.

Il caso più recente (1980) di cui si abbia notizia è capitato a un medico romano, il dr. Luciano G.: mentre cercava di parlare per telefono col proprio studio, per una inspiegabile interferenza sentì una voce maschile che parlava con una donna annunciandole che quella mattina stessa era morto Eugenio A., amico d'infanzia del medico, di cui però aveva perdute le tracce da anni. Il medico riuscì a inserirsi nella conversazione e ad avere maggiori ragguagli sul decesso dell'amico. Solo nel pomeriggio ricordò un fatto risalente al 1946, quando aveva 17 anni: lui e l'amico Eugenio si erano scambiati un patto: «Il primo di noi che dovesse morire, dovrà far sapere all'amico superstite l'evento. Ma dovrà essere un segnale particolare, misterioso...». Rispetto alla casistica fin qui nota, in quest'ultimo caso c'è l'uso del telefono, fatto però che stupisce relativamente in quanto in questi ultimi anni i fenomeni paranormali sembrano manifestarsi spesso attraverso strumenti tecnici (v. *Psicofonia* e *Telefonate dall'al-*

dilà). Il perché di questo non ci è noto; si può considerare però che il paranormale fa parte dell'uomo ed è quindi pensabile che possa manifestarsi anche attraverso i mezzi di comunicazione che l'uomo ha creato.
L'interpretazione più semplice di questi fenomeni è quella spiritica. Oggi i parapsicologi tendono però a pensare a fenomeni provocati dai viventi, i quali — magari inconsciamente — ricordano la promessa, desiderano che sia mantenuta, vengono a sapere per telepatia o chiaroveggenza della morte dell'altro e provocano psicocineticamente o allucinatoriamente il fatto, che poi inconsciamente drammatizzano attribuendolo al defunto. Si tratta di una ipotesi complessa e tortuosa, nonché indimostrabile al pari di quella spiritica.

Pendolo
È sostanzialmente un peso attaccato a un filo, che viene fatto oscillare su mappe, carte geografiche, fotografie, cartelloni con sopra indicate le lettere. I suoi movimenti vengono interpretati dal consultante (in genere un sensitivo) e forniscono determinate informazioni. Le sue oscillazioni dipendono da movimenti muscolari inconsci e, nei casi genuini, esprimono una forma di chiaroveggenza. Il pendolo (come la bacchetta del rabdomante) può quindi essere considerato un appoggio di cui il sensitivo si serve per fare emergere più facilmente le sue doti.
Si veda anche la voce *Radiestesia*.

Pensiero positivo
Atteggiamento positivo nei confronti della vita, teso a influire con opportune suggestioni mentali sull'andamento della vita stessa. Anche molti psicologi sono ormai dell'avviso che il pensiero positivo possa esercitare un influsso benefico sulla vita in generale e anche sulla salute, e consigliano quindi tecniche suggestive in questo senso ai loro pazienti.

Perispirito
Termine adottato dagli spiritisti per indicare un corpo «sottile» che funge da collegamento tra corpo fisico e anima. Si potrebbero, al suo posto, usare anche le espressioni «corpo astrale» o «corpo eterico». Sede dei sentimenti e delle emozioni, il perispirito consentirebbe certe manifestazioni spiritiche e soprattutto renderebbe possibile la visualizzazione delle «entità» in seduta e fuori seduta.

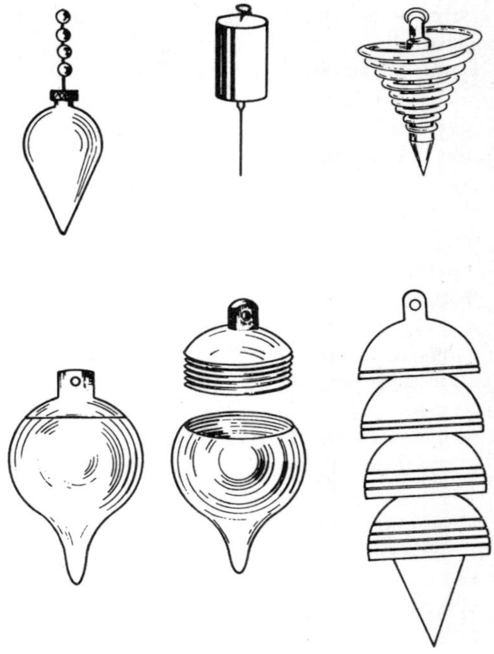

Vari modelli di pendolo. Quello cavo può contenere il «testimone»

Percezione dermo-ottica
Si tratta della facoltà, relativamente comune, di saper distinguere colori, lettere e numeri non con gli occhi, ma con la pelle; sia quella delle mani che quella dei piedi e di altre parti del corpo (per esempio l'orecchio). Gli studi sulla percezione dermo-ottica sono cominciati nel secolo scorso, quando ci si accorse che era possibile distinguere i colori anche senza bisogno della vista, semplicemente toccando superfici diversamente colorate. Questo riusciva molto bene sotto ipnosi e veniva attribuito a facoltà di divinazione: si rite-

neva cioè che si trattasse di una forma di percezione extrasensoriale di tipo chiaroveggente. Sono rimasti famosi gli esperimenti compiuti in Francia verso il 1920 dal romanziere Jules Romain, che era anche un ottimo ricercatore scientifico; egli ipotizzò che la capacità di distinguere i colori senza l'aiuto della vista fosse una facoltà molto diffusa, diversa però della chiaroveggenza. Parlò infatti di «visione extraretinica» e sperimentò non con sensitivi ma con persone normalissime, arrivando alla conclusione che noi disponiamo di una «vista» parallela a quella normale, sviluppabile con l'esercizio e propria di parecchie parti del corpo. Romain arrivò addirittura a parlare di veri e propri occhi della pelle, che definì «ocelle». Oggi questa ipotesi è definitivamente scartata, ma si discute ancora sulle cause di questo effetto, che restano oscure.
Il personaggio più straordinario in questo campo è stata certamente Roza Kuleshova, una giovane donna sovietica morta prematuramente nel 1978. Di lei, delle sue eccezionali capacità e degli esperimenti compiuti ha dato ripetutamente notizia il dr. A.S. Novomeyskij dell'Istituto di Pedagogia di Nizni Ragil in Unione Sovietica.
Roza, che il dr. Novomeyskij aveva conosciuto nel 1962, era in grado — a occhi bendati e sfiorando appena con le dita il materiale che le veniva sottoposto — di leggere numeri, lettere e intere frasi, di distinguere il colore degli oggetti e di individuare cosa rappresentavano disegni e fotografie. Riusciva anche a riconoscere il colore di raggi luminosi di tinta diversa.
«Roza», ha scritto il dr. Novomeyskij, «mentre era intenta a individuare i colori avvertiva sensazioni di calore. Per esempio una superficie rossa veniva da lei percepita come una forma simile a una croce e la sentiva molto calda; il colore giallo le appariva liscio e meno caldo, il verde ancora più liscio, il blu le appariva coperto di disegni orizzontali e freddo, eccetera. Erano queste caratteristiche che la orientavano nel distinguere i colori. Col tempo e con l'esercizio imparò anche a distinguere con la mano lettere e numeri».
Che la percezione dermo-ottica sia qualcosa di totalmente separato dalla vista lo dimostra il fatto che i ciechi risultano molto dotati in questo campo, come dimostra tutta una serie di esperimenti compiuti dal dr. Novomeyskij e dai suoi collaboratori.
Attualmente gli studi sulla percezione dermo-ottica (specie dei colori) viene portata avanti in Occidente dalla d.ssa Yvonne Duplessis di Parigi, che ha creato e dirige il «Centro di Informazione sul Colore», dove si indaga la capacità umana di percepire i colori e di reagire ad essi, e le possibili applicazioni pratiche di questo particolare tipo di percezione che tutti, a quanto pare, in qualche misura possediamo.

Percezione extrasensoriale
Percezione extrasensoriale (in sigla ESP, dall'inglese *extrasensory perception*) è il termine suggerito dallo psicologo americano *J.B. Rhine* (v.), per indicare globalmente la fenomenologia paranormale di tipo cognitivo, cioè la *telepatia*, la *chiaroveggenza* e la *precognizione* (si vedano le singole voci). La sigla ESP è diventata di uso comune e internazionale.

Percipiente
È chiamata percipiente la persona che negli esperimenti di telepatia riceve il messaggio (simbolo, immagine, pensiero, ecc.) che l'*agente* (v.) cerca di trasmettergli.

Personalità multipla
Indica la presenza di vari sistemi di esperienza e comportamento in un'unica persona, cioè una dissociazione della personalità primaria in personalità secondaria. Gli psicologi parlano di «personalità multiple» anche nei casi di medium che presentano durante la trance personalità diverse da quella abituale.

Pezzola Pasqualina (1908)
Di origine contadina, vive da sempre a Civitanova Marche e ha dimostrato fin da molto giovane straordinarie doti di veggenza, indirizzate soprattutto a fini diagnostici. Quando deve fare la diagnosi a qualcuno, cade in

trance e «viaggia», cioè — si presume — esce dal corpo e si reca a visitare la persona, che può anche essere lontana. Questa insolita visita le consente di fornire dati molto precisi, tali da stupire gli stessi medici. La Pezzola è stata studiata a lungo dal conte Lorenzo Mancini di Fermo e da sua sorella Giuseppina, che era medico; più di recente hanno sperimentato con lei il dr. *Piero Cassoli* (v.), il dr. Enrico Marabini e il dr. *Massimo Inardi* (v.), tutti bolognesi e tutti medici, che ne hanno riferito in riviste e convegni. Oggi Pasqualina non compie più le diagnosi a distanza, che l'affaticano molto, e si limita a visitare i pazienti direttamente. Le sue doti chiaroveggenti sono però ancora presenti.
Si veda a questo proposito anche la voce *Diagnosi paranormale*.

Phantasms of the living (Fantasmi dei viventi)
Titolo di una famosa opera edita in Inghilterra nel 1896, con cui la *Society for Psychical Research* di Londra (v.) diede inizio alla sua attività di ricerca. Oggetto di quest'opera è la telepatia sulla base delle apparizioni, un fenomeno che da che mondo è mondo ha sempre avuto un ruolo importante presso tutti i popoli. L'opera si basa su materiale spontaneo, cioè narrazioni fatte da migliaia di persone relative a personali esperienze. Le apparizioni vengono qui interpretate non come manifestazioni di trapassati, ma come allucinazioni indotte telepaticamente e proiettate all'esterno.

Piancastelli Corrado (1930)
Sociologo e giornalista napoletano, da molti anni noto come il «medium dell'Entità A», dal nome dell'entità che si manifesta durante le sue trance. Esse ebbero inizio quando Piancastelli era un ragazzino e sono state sempre contraddistinte da un alto livello intellettuale, molto più di quanto ci si potrebbe attendere da un ragazzo di pochi anni. Attualmente Piancastelli presiede il Centro Italiano di Parapsicologia di Napoli. Il suo caso è stato a lungo studiato dal professor *Giorgio di Simone* (v.).

Pietra filosofale
Termine proprio dell'*alchimia* (v.), la pietra filosofale, detta anche *lapis*, è il risultato ultimo dell'opera alchemica, capace di trasformare ogni metallo in oro, di donare la salute e la più alta spiritualità. Ha quindi un profondo significato simbolico sia a livello fisico che psichico e spirituale. Nella tradizione alchemica più alta, la pietra filosofale era destinata a compiere la trasformazione interiore dell'adepto. Era però ricercata anche concretamente, sotto l'aspetto chimico e tangibile, per assicurarsi ricchezza e salute. È l'espressione del sogno antico degli alchimisti.

Pietre preziose
Le pietre preziose e semipreziose sono dotate, secondo gli insegnamenti magici ed esoterici, di forze particolari: possono quindi servire come amuleti. Anticamente si usava polverizzarle, mescolarle al vino e usarle come medicamenti: ogni pietra corrispondeva a una determinata malattia.

Piper Leonore (1859-1950)
Famosa medium americana, apprezzata soprattutto per le sue trance a incorporazione, durante le quali dimostrava straordinarie conoscenze chiaroveggenti. Fu studiata dal famoso filosofo *William James* (v.), che si convinse pienamente dei suoi fenomeni, e in seguito da altri illustri studiosi negli Stati Uniti e in Inghilterra: nessuno mise mai in dubbio le sue capacità. Attraverso di lei di manifestavano entità di trapassati che fornivano notizie precisissime, molte delle quali venivano confermate solo in un secondo tempo. La signora Piper ebbe una parte di rilievo nelle famose *corrispondenze incrociate* (v.), ideate a quanto pare dal *Myers* (v.) dopo morto.
Numerose persone acquistarono la fede grazie alle sedute della signora Piper, che seppe fra l'altro prestarsi sempre generosamente per chi aveva bisogno del suo aiuto. Nella sua lunga carriera ebbe varie «guide» che si alternarono negli anni.

Piramide

Non sono pochi a ritenere che la particolare forma della piramide abbia un suo intrinseco potere: tale credenza è probabilmente dovuta alla suggestione dei monumenti egiziani e al loro persistente mistero. Sono comunque stati compiuti esperimenti con modellini in miniatura di piramide: a quanto pare dentro la piramide le lame si affilano, i vegetali e la carne subiscono un processo di mummificazione e non marciscono, e così via. Pare addirittura che la forma piramidale abbia positivi effetti sulla salute. Sul fenomeno non sono finora stati compiuti studi sistematici, per cui si può anche pensare a suggestioni ed eventualmente alle doti paranormali di chi opera con la piramide.

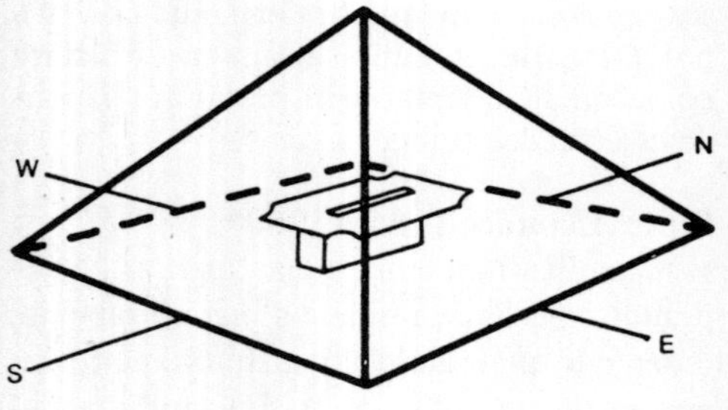

La piramide, in un modellino ridotto, esattamente orientata per l'uso

Pirobazia

Il termine deriva dal greco *pyr* = fuoco e *bàinein* = passeggiare e indica quindi «camminare sul fuoco». Si tratta di una pratica antichissima che viene dall'Oriente e che fa parte da millenni di numerose culture. Ne parla la Bibbia nel libro di Daniele, ne parlano i Veda. Virgilio racconta che gli Hirpi, antica popolazione italica, custodi del tempio di Apollo sul monte Soratte, avevano la capacità di camminare sul fuoco, e Strabone narra che fatti analoghi avvenivano in Cappadocia.

Nei secoli scorsi missionari e viaggiatori hanno riferito di usanze simili un po' dovunque: in India, a Singapore, in Tibet, in America del Sud, in Giappone, Nuova Zelanda, Mongolia, alle Isole Mauritius, Antille e Fiji, in Grecia e Bulgaria. In Grecia il rituale della passeggiata sul fuoco viene ripetuto ogni anno il 21 maggio nei villaggi di S. Elena e Langhadà (Macedonia), in occasione della festa di S. Costantino e in ricordo di un'antica vicenda: nel 1257 in un villaggio della Tracia prese fuoco la chiesa dedicata a S. Costantino; parve a molti di sentire sospiri e lamenti levarsi dalla chiesa in fiamme e si ritenne che venissero dalle antiche icone rappresentanti Costantino e sua madre Elena. Alcuni coraggiosi si precipitarono in chiesa e riuscirono a trarle in salvo. Da allora ogni anno si svolge la cerimonia della pirobazia. Coloro che la praticano si chiamano *anastenaridi* (da *anastenàzein* = sospirare), nome che si riferisce alla leggenda delle icone e forse anche dal fatto che i danzatori sul fuoco emettono profondi sospiri, certamente necessari a provocare lo stato psicofisico adatto all'esteriorizzazione delle forze inconsce.

Si conoscono molte relazioni, risalenti anche al secolo scorso, relative a cerimonie del fuoco un po' dovunque nel mondo: e sempre viene sottolineato il fatto che per affrontare l'impresa è necessario prepararsi con preghiere, digiuni, tecniche psicofisiche speciali, danze e canti rituali intorno al fuoco acceso. Fondamentale risulta sempre la fede nel dio in onore del quale viene compiuta la cerimonia, il quale è in grado di preservare dalle ustioni e di far attraversare indenni il tappeto di braci ardenti.

Nel 1935 fu compiuto a Londra il primo controllo scientifico di un «camminatore sul fuoco», l'indiano Kuda Bux, originario del Kashmir, che aveva molte volte compiuto il rito in India e si era detto disposto a tentare l'impresa anche a Londra. Furono eseguite due prove, a una settimana di distanza una dall'altra, e l'indiano fu studiato prima e dopo con esami medici, film al rallentatore, raggi X. La temperatura dei suoi piedi risultò prima della passeggiata di 34° e dopo di 33,9°! Il braciere aveva all'esterno 430° e all'interno 1.400°: a 1.371°, si noti bene, fonde l'acciaio! A conclusione dell'espe-

rimento di cui era stato promotore *Harry Price* (v.), la commissione di controllo dichiarò che il mistero rimaneva e che probabilmente «l'immunità dalle scottature dipende da qualche oscura relazione fra le forze psichiche e quelle fisiche che consente di non risentire degli effetti del fuoco grazie a uno stato di semi-ipnotismo».
Oggi la «passeggiata sul fuoco» è divenuta di moda prima negli USA e poi anche in Europa, dove vengono tenuti seminari per insegnare a tutti a camminare sul fuoco: non come tecnica fine a se stessa ma come mezzo per superare le proprie paure e dimostrare le potenzialità che esistono nell'uomo. Viene sempre compiuta un'accurata preparazione consistente in esercizi di concentrazione, meditazione, *training autogeno* (v.) e visualizzazioni, vengono eseguiti canti e danze rituali intorno al fuoco: in questo modo migliaia di persone hanno già attraversato indenni bracieri a 800°.
Il fenomeno, ormai definitivamente dimostrato, resta in gran parte tuttora un mistero, che fa comunque ipotizzare che nell'uomo esistano potenzialità ignorate che con certe tecniche è possibile mettere in moto.

Pitture e disegni automatici
Attraverso gli *automatismi* (v.), i sensitivi producono, oltre alle scritture, anche pitture e disegni. Si tratta di un fenomeno molto suggestivo: sotto le mani del medium (che può essere in trance o anche in semplice stato di attenzione) nascono pitture e disegni di pregevole fattura e totalmente al di là delle sue capacità. Egli infatti in genere non ha mai dipinto, non sa farlo a livello consapevole e neppure aveva mai pensato di dedicarsi a questa attività. Presi da un impulso irresistibile, questi strani pittori non hanno di solito la minima idea di quello che dipingeranno quando si accingono all'opera, non fanno mai schemi né progetti, non operano correzioni, lavorano a gran velocità usando direttamente le dita per distribuire i colori, dipingono a volte nello stile di grandi pittori del passato dai quali dicono di sentirsi guidati. Nelle opere di questi improvvisati artisti ricorrono spesso motivi chiaroveggenti e precognitivi, quasi che essi esprimessero attraverso pitture e disegni la propria sensitività. Date le strane modalità di estrinsecazione, non stupisce che questi artisti si ritengano strumenti di entità che attraverso di loro vogliono trasmettere le loro opere.
L'altra interpretazione resta quella della creatività inconscia e in grado di esprimersi solo in stati alterati di coscienza quale è la trance. Tra gli artisti medianici più famosi ricordiamo Hélèn Smith, Augustin Lesage, Marian Gruzewski; tra i moderni, Giuseppe Lanzillo di Bologna, che dipinse sempre di notte in stato sonnambolico, e il brasiliano Luiz Antonio Gasparetto, che dipinge nello stile di grandi maestri del passato.

Pitture e disegni diretti
Si veda a questo proposito la voce *Scrittura diretta*: le modalità sono le stesse. Il fenomeno però è ancora più raro e, a quanto ci risulta, è stato in tempi recenti appannaggio soltanto del torinese *Gustavo Adolfo Rol* (v.), che faceva apparire psicocineticamente pitture e disegni in fogli chiusi a chiave nei cassetti o custoditi nelle tasche di qualcuno dei presenti. Negli anni Settanta, scritture e disegni automatici e anche diretti furono prodotti dal sensitivo inglese *Matthew Manning* (v.), il quale però oggi si dedica esclusivamente all'attività di guaritore.

PK
La sigla sta per *psicocinesi* (dal greco *psyché* = anima e *kinèsis* = movimento) e indica l'influsso della mente sulla materia. Il termine fu coniato da *J.B. Rhine* (v.) negli anni Trenta.

Placebo
Deriva dal latino e significa «piacerò». Si tratta di un preparato identico nella forma, nel colore e nell'odore a un farmaco autentico, ma privo di ogni contenuto terapeutico; il paziente cui viene somministrato è però convinto di ricevere una medicina, il che produce in genere effetti suggestivi e molto precisi. Il sistema cominciò ad essere

utilizzato già nel secolo scorso ed è noto come «effetto placebo».
Si parla di «effetto placebo» anche per le cure paranormali o spirituali: un paziente che crede nel guaritore spirituale migliora se è convinto che il guaritore stia agendo a distanza su di lui.

Planchette
Piccolo strumento ideato in Francia all'epoca della massima fioritura del movimento spiritico, utilizzato per produrre scritture automatiche; è sostanzialmente un piccolo «tavolino» con tre gambe, due delle quali posano su rotelline mentre la terza è costituita da una matita. Il medium pone la mano sul piccolo tavolino e lo fa muovere formando così parole e frasi. Per la planchette vale quanto già detto a proposito della *scrittura automatica* (v.).

Poltergeist
Poltergeist significa in tedesco «spirito che fa chiasso» o «spirito burlone», e indica uno di fenomeni più strani e sconcertanti di cui si occupi la parapsicologia: improvvisamente e senza alcun motivo apparente, in una casa si cominciano e sentire colpi contro i mobili e le pareti; porte, finestre e armadi accuratamente chiusi si aprono da soli, piovono sassi da non si sa dove, le suppellettili si spostano senza che nessuno le tocchi facendo anche salti di parecchi metri, e la cosa curiosa è che spesso gli oggetti fragili non si rompono mentre quelli solidi vanno in pezzi.
In certi casi compare con insistenza acqua nei luoghi più impensati, oppure coperte e vestiti prendono inspiegabilmente fuoco: tutte cose che vanno contro le leggi fisiche note nonché contro il buon senso comune. Pare veramente che sia in azione uno spiritello dispettoso o una strega di antica memoria. Se si pensa però che solo pochi anni fa un tribunale di Londra concesse agli inquilini di una casa la riduzione dell'affitto perché era disturbata da misteriosi colpi e battiti, ci si renderà conto che «gli spiriti burloni» sono ancora tenuti in seria considerazione. La letteratura specializzata riporta infatti decine e decine di casi ben documentati, sia antichi che moderni.
Lo studio sistematico del *poltergeist* è cominciato alla fine del secolo scorso. Studiare questi casi è difficile, soprattutto per il carattere bizzarro e imprevedibile dei fenomeni, ma non impossibile: ottime indagini sono state compiute per esempio negli Stati Uniti, dove sono stati registrati casi clamorosi, e — per quello che riguarda l'Europa — in Germania (a Friburgo) presso l'*Istituto per le Zone Frontiere della Psicologia*, creato dal prof. *Hans Bender* (v.): uno dei pochissimi centri in Europa dove si fa parapsicologia a tempo pieno con mezzi e strutture adeguati. I casi studiati a fondo dall'Istituto in questi ultimi anni sono decine, ma il più famoso è indubbiamente quello di Rosenheim in Baviera. È un caso che ha avuto grande risonanza e che è stato studiato molto bene, anche per la volontà di collaborazione delle persone coinvolte. I fatti si svolsero nello studio legale dell'avvocato Adam di Rosenheim in Baviera. Cominciò così: i tubi al neon appesi al soffitto dello studio si spengevano continuamente senza che risultassero bruciati. Gli elettricisti stabilirono che i tubi venivano svitati dai loro supporti a una temperatura di 90°. Varie volte caddero anche a terra frantumandosi. Furono sostituiti con lampadine, ma anche queste si misero a esplodere. Il telefono si comportava altrettanto stranamente: spesso i quattro telefoni dell'ufficio suonavano contemporaneamente, e non c'era nessuno all'apparecchio; oppure le comunicazioni venivano interrotte ogni pochi secondi, mentre le bollette salivano alle stelle. A questo punto fu invitato a intervenire il prof. Hans Bender, il quale notò che i fenomeni si presentavano solo nelle ore di ufficio. Ben presto si stabilì che il centro del *poltergeist* era Annemarie, l'impiegata 19enne: quando passava per i corridoi i lampadari vibravano e quando le lampadine esplodevano le schegge volavano verso di lei. In sua presenza uno scaffale pesantissimo si scostò da solo dal muro di 30 cm, e questo avvenne più volte di seguito. Due fisici dichiararono, dopo accurate inda

gini, che i fenomeni elettrici e telefonici non erano spiegabili attraverso gli attuali principi della fisica.
I fenomeni cessarono quanto Annemarie, che era in situazione di crisi e — sembra — innamorata del principale, fu congedata: però si portò dietro i fenomeni prima a casa e quindi in un altro ufficio dove fu assunta. Poi gradualmente tutto tornò alla normalità.
Questo caso, avvenuto alla fine degli anni Sessanta, è tipico del *poltergeist* ed è stato descritto ampiamente per dare un'idea precisa della casistica in questione.
Studiando da vicino la casistica e confrontandola, gli studiosi si sono resi conto che i fenomeni ruotano sempre intorno a una persona (come era il caso di Annemarie), che pare fungere da elemento scatenante. Queste persone che sono al centro dei *poltergeist* hanno caratteristiche comuni: spesso si tratta di adolescenti di età puberale e in situazione di conflitto. Studiando la loro psicologia, si è constatata aggressività repressa, bassa tolleranza alle frustrazioni, tendenza a dominare: in breve, energie psichiche che non hanno trovato una forma adeguata di liberazione. Si presume quindi che le persone liberino inconsciamente queste energie in forma psicocinetica, provocando il *poltergeist*. Questa interpretazione, che però non risolve certo tutti gli aspetti del fenomeno, è oggi preferita a quella spiritica di un tempo, che però non può essere del tutto esclusa, almeno nei casi in cui i fenomeni non sembrano legati a una persona, ma a un luogo: si tratta di fatti misteriosi, rumori, apparizioni, luci, che si ripetono da secoli con identiche caratteristiche in certi ambienti, per esempio vecchie chiese, castelli e così via, e che sono stati riferiti sempre negli stessi termini da persone diversissime e in tempi diversi (v. la voce *Infestazione*).
In ultima analisi, di questi fenomeni non esiste ancora una spiegazione totalmente soddisfacente. Bisogna in ogni caso constatare che si tratta di fenomeni sconcertanti, che mettono a dura prova la nostra razionalità e voglio forse farci intuire che la realtà è molto più varia, multiforme e complessa di quello che crediamo. Questo forse è il messaggio degli «spiriti burloni», termine che, nonostante l'importante contributo della moderna psicologia, risulta veramente calzante.

Popoli primitivi
Presso i popoli primitivi, come hanno sempre testimoniato esploratori, missionari e viaggiatori, i fenomeni paranormali risultano essere ampi, numerosi e accettati senza problemi. La presenza stessa della figura dello *sciamano* (v.) presso le varie tribù attesta il ricorso regolare a pratiche magiche, guarigioni miracolose, visioni profetiche e chiaroveggenti, contatti coi trapassati. Dei poteri paranormali gli sciamani, o gli stregoni, dei popoli primitivi hanno fatto sempre un uso pratico e concreto, destinato soprattutto a curare la gente e a stabilire un contatto con l'aldilà.
Numerose anche le forme di divinazione, praticate secondo le più varie tecniche e tese a ricavare informazioni su eventi che interessano tutta la tribù: la caccia, le piogge, le malattie, eccetera. E numerosi anche i sortilegi, destinati a provocare danni e malattie a determinate persone. Si presume che questo possa avvenire per azione psicocinetica, al pari delle guarigioni paranormali.
La presenza di una così ricca fenomenologia paranormale presso i popoli primitivi sembra sostenere l'ipotesi che le facoltà paranormali siano appannaggio naturale della mentalità arcaica, primitiva, e che la civiltà tecnologica e soprattutto il pensiero razionale le facciano via via regredire fino ad atrofizzarsi.

Porta, Giambattista della (1535-1615)
Scienziato e scrittore, sviluppò una dottrina delle corrispondenze tra regno minerale, vegetale, animale, umano e planetario. Studiò la *fisiognomica* (v.) influenzando la ricerca dei secoli successivi. Scrisse venti volumi della sua *Magia naturale*, una raccolta famosa di fatti insoliti.

Possessione
Mons. Corrado Balducci, uno dei massimi esperti di «demonologia», definisce la pos

sessione diabolica la «presa di possesso dell'uomo da parte del demonio, il quale si impossessa di tutto il corpo di una persona che diviene un suo strumento. Dell'anima non si impossessa; però impadronendosi del corpo il demonio riesce a far tacere l'anima, che non è più cosciente di ciò che avviene. Quindi nei casi di possessione non c'è responsabilità anche se il posseduto bestemmia, sputa sulle statue dei santi e così via. Nella possessione avviene una sostituzione di comando: il diavolo prende la guida del corpo. Si spiega così come l'indemoniato possa fare cose meravigliose, che normalmente non è in grado di fare: essendo il demonio un essere spirituale ha poteri enormi e ne fa uso!».

Una posseduta in una incisione del sec. XIX

La dottrina cattolica ammette che il diavolo possa in certi casi impossessarsi di una persona ai fini suoi: i veri casi di possessione sarebbero però rarissimi (i più sarebbero di competenza dello psichiatra) e riconoscibili da vari elementi che devono essere presenti contemporaneamente: avversione al sacro, fenomenologia psichiatrica (crisi violentissime in presenza del sacro) e fenomenologia paranormale ad altissimo livello: *telepatia, levitazione, xenoglossia, chiaroveggenza,* (v.), sviluppo di forze superiori al normale, materializzazione di oggetti (spilli, fiori, chiodi, vetri, ecc.), che vengono sovente vomitati dal posseduto. Quando la fenomenologia paranormale è abbinata a quella psichiatrica e all'avversione del sacro, siamo — secondo gli esperti — di fronte a una persona che presenta forti indizi di possessione. L'esistenza del demonio è per la Chiesa Cattolica verità di fede, ribadita anche molto di recente dai Pontefici, per cui risulta importante individuare un ben preciso criterio di riconoscimento dei casi reali di possessione, cosa che mons. Balducci ha fatto nel suo libro *La possessione diabolica.* Per liberare i posseduti, la Chiesa usa l'*esorcismo* (v.), che nella sua forma attuale è contenuto nel *Rituale Romano* (v.).

Prana

Il termine è sanscrito e significa vento, spirito, respiro, vitalità. Indica l'energia cosmica che attraverso la respirazione entra nel corpo umano e lo compenetra. Lo *yoga* (v.), che dà molta importanza al respiro, è teso anche a favorire una migliore circolazione del *prana* e quindi ad accrescere i suoi positivi effetti.

Pranoterapia

Deriva dall'indiano *prana* = forza vitale primordiale, e indica l'azione terapeutica dei *guaritori.* Per maggiori ragguagli si veda quest'ultima voce.

Precognizione

Insieme a *chiaroveggenza* e *telepatia* (v.), la precognizione costituisce la percezione extrasensoriale. È la conoscenza anticipata di eventi che ancora non esistono, che si realizzeranno solo in seguito e di cui, nel presente, non esistono le premesse.
La precognizione è il più inquietante tra i fenomeni paranormali, in quanto sembra annullare la legge di causa ed effetto e pone seri dubbi sul libero arbitrio e sulla nostra libertà personale. È per altro un fenomeno profondamente radicato nella storia dell'uomo, ed è antico come il mondo. Da sempre infatti l'uomo ha creduto che visioni, sogni, intuizioni potessero consentirgli di gettare un'occhiata in ciò che non esiste e che si verificherà solo in seguito.

Basta ricordare la Bibbia, i poemi omerici, l'Apocalisse di Giovanni che è un libro profetico e tanta parte della letteratura antica per rendersi conto di quanto questo convincimento fosse radicato. Della precognizione si sono occupati personaggi autorevolissimi; Platone la definiva la più nobile di tutte le arti, Cicerone credeva nei sogni profetici.
Numerose grandi *profezie* (v.) accompagnano la storia dell'uomo: da quelle del Ragno Nero a quelle di Fatima. Le più precise, pur nella forse voluta oscurità, sono quelle di *Nostradamus* (v.), che a 400 anni dalla loro pubblicazione continuano a destare interesse e sensazione. Famose precognizioni si ritrovano in testi letterari: per esempio gli scritti del musicista austriaco Jakob Lorber, vissuto alla metà del secolo scorso, che per 25 anni scrisse automaticamente messaggi che una misteriosa voce gli dettava, nei quali è possibile ritrovare anticipazioni di fatti che riguardano la nostra vita di oggi: gli sviluppi della scienza e le più sensazionali scoperte scientifiche, i pericoli dell'èra industriale, l'inquinamento e altro ancora. Notissimo anche il caso del *Titanic* (v.), il transatlantico che nel 1912 affondò nell'Atlantico, la cui vicenda era stata esattamente descritta 14 anni prima in un romanzo di Morgan Robertson.
Recentemente sono state rese note esattissime precognizioni relative a fatti bellici: si tratta del ritrovamento di lettere scritte nel 1914 da un soldato tedesco, in cui la sconfitta della Germania, il periodo post-bellico, il nazismo, la seconda guerra mondiale, la scissione delle due Germanie vengono descritti con una precisione veramente impressionante. Del ritrovamento si è occupato il prof. *Hans Bender* (v.) di Friburgo, che ha scrupolosamente controllato l'autenticità dei testi. La precognizione è un fenomeno che si presenta spesso spontaneamente, specie nel sogno. Uno dei casi più noti e meglio studiati è quello dell'attrice tedesca Christine Mylius, morta nel 1982, anche lei studiata dal prof. Hans Bender, che per 30 anni ha accuratamente protocollato i propri sogni, nei quali (con mesi e addirittura anni di anticipo) vedeva la propria vita familiare e professionale, fatti politici e sociali, eventi legati a parenti ed amici.
La precognizione è sovente difficile o logorante da accettare anche da parte del sensitivo, in quanto il più delle volte sono previsti fatti drammatici (incidenti, sciagure, morti, ecc.). La visione è spesso molto precisa, ma non contiene indicazioni di luoghi e date: il sensitivo cioè *sa* che si tratta di una precognizione, è certo che si realizzerà, ma non sa né dove né quando. L'altissima percentuale di fatti drammatici che sono oggetto della precognizione fa ipotizzare che siano proprio la paura, l'ansia, l'angoscia a metterne in moto il complesso meccanismo.
Oltre a studiare, raccogliere e analizzare questa casistica spontanea, la parapsicologia studia oggi la precognizione in maniera organica e precisa: per esempio attraverso gli esperimenti di laboratorio ideati dal prof. *J.B. Rhine* (v.), in cui il sensitivo cerca di indovinare quale faccia del dado apparirà dopo il lancio oppure quale carta verrà scoperta dallo sperimentatore (oggi per altro si utilizzano i generatori di eventi casuali e altri congegni elettronici), oppure attraverso gli esperimenti a *sedia vuota* (v.) resi celebri dal sensitivo olandese *Gerard Croiset* (v.).
Al grande interrogativo suscitato dalla precognizione, di come cioè essa si possa conciliare con la nostra libertà personale e il libero arbitrio, si può rispondere con la spiegazione che a suo tempo ne aveva dato Nostradamus: certi individui, in particolari circostanze, hanno la facoltà di integrarsi all'eternità che abbraccia tutti i tempi e, per ispirazione divina, di predire l'avvenire, cosa possibile in quanto tutti gli avvenimenti passati, presenti e futuri sono già presenti perché il tempo è una nozione umana, adatta alla costituzione materiale del nostro essere. Il tempo cioè non esisterebbe come tale e certe persone avrebbero il dono di poter vedere ciò che apparentemente è futuro, ma che in realtà è un attimo e ci perviene attraverso diverse lunghezze d'onda. Oggi fra l'altro sappiamo che anche la fisica moderna sta confermando questa valutazione, che consente di pensare che siamo liberi e re-

sponsabili delle nostre azioni, anche se all'apparenza potrebbe sembrare il contrario.

Preesistenza
In base alla dottrina della reincarnazione, è la vita che precede quella attuale; oppure anche lo stato dell'anima prima di incarnarsi.

Premonizione
È una precognizione che si presenta col carattere di avvertimento, così che talora è possibile evitare il fatto preannunciato. La premonizione può presentarsi sotto forma di sogno (anche simbolico), di visione, di sensazione o anche di «segno» tipico e ricorrente (per esempio orologio che si arresta inspiegabilmente quando deve morire qualcuno in famiglia). La casistica spontanea riporta molti casi di questo genere.
Si parla di «premonizione tutelare», quando è particolarmente evidente il carattere di avvertimento del sogno o della visione: per esempio una signora sogna che un lampadario si stacca dal soffitto e finisce sulla culla dove dorme il suo bambino, facendogli molto male. Si sveglia impaurita, va a prendere il piccino e per quella notte lo tiene a letto con sé. La mattina dopo si accorge che il lampadario è effettivamente caduto sulla culla, fortunatamente vuota. A volte questi annunci tutelari vengono fatti da persone care defunte, il che sembra costituire una prova a sostegno dell'ipotesi spiritica. In realtà non sappiamo ancora quale sia il modo di funzionamento della precognizione e della premonizione, se si esclude la suggestiva ipotesi esposta alla voce *precognizione*, che dobbiamo a Nostradamus e appare ancora oggi la più valida.

Price Harry (1881-1948)
Ricercatore inglese, dedicò la sua vita allo studio dei sensitivi, dei medium e dei casi di infestazione: in particolare si occupò di studiare i *fratelli Schneider* (v.), *Eileen Garrett* (v.) e la famosa *infestazione* (v.) della parrocchia di Borley, che durò anni e alla quale dedicò numerose pubblicazioni. Fu sempre molto critico, sospettoso di trucchi, rigoroso e acuto nel giudizio. Sulle sue ricerche scrisse vari libri (*La casa più infestata d'Inghilterra, Confessioni di un cacciatore di spiriti*).

Primitivi Vedi la voce *Popoli primitivi.*

Processo di individuazione Vedi *Individuazione.*

Profezia
Deriva dal greco: *pro* = invece di, e *phànai* = parlare. La profezia cioè è un annuncio fatto in nome di un altro (la divinità), e profeta è colui che riceve e trasmette questo annuncio. Profeti ne sono esistiti in tutti i tempi, e sempre si è trattato di personaggi di tipo mistico, che annunciavano al loro popolo il volere divino. La profezia era quindi intimamente legata al sacro, al numinoso, all'ispirazione che viene dall'alto. Troviamo infatti esempi di profezia nella Bibbia (Mosé), in Grecia e a Roma, nella religione islamica (Maometto), e praticamente in tutte le religioni, soprattutto nella fase in cui devono ancora stabilizzarsi. Anche l'Apocalisse di Giovanni è un libro profetico. Nel Medioevo abbiamo una ricca fioritura di profezie cristiane (quelle di Gioacchino da Fiore, di San Malachia), insieme ad altre profezie di contenuto e ispirazione più «laici». Le profezie più famose sono quelle di *Nostradamus* (v.), che il veggente riteneva derivassero non tanto da ispirazione divina quanto da particolari poteri raggiunti con determinate tecniche. In tempi molto più recenti abbiamo le profezie di Fatima, di ispirazione divina, e quelle recentissime di Medjugorje (Jugoslavia), dove dal 1981 la Madonna appare quotidianamente ad alcuni fanciulli. Sia le profezie di Fatima che quelle di Medjugorje riguardano l'umanità intera, alla quale è rivolto l'invito a cambiare altrimenti non saranno più evitabili grandi disastri.
Oggi la moderna ricerca parapsicologica riserva il termine di profezia alle precognizioni lontane nel tempo e di vasto interesse sociale; parla invece semplicemente di *precognizione* (v.) quando si riferisce a fatti più vicini, a esperimenti come quello della *sedia*

vuota (v.), oppure a esperienze personali e fatti singoli.

Proscopia
Deriva dal greco e significa «precognizione». Il termine è oggi raramente usato.

PSI
La lettera greca *psi* (da cui sono derivati i nomi *psiche*, *psichico*, ecc.) indica attualmente, in sigla, tutto ciò che ha a che vedere col paranormale: si parla infatti di energia psi, di campo psi e altro ancora. Il termine, nella situazione ancora fluida della terminologia parapsicologica, ha il merito di non prendere posizione alcuna, nel senso che comprende sia i fenomeni di ordine psichico che quelli di ordine fisico (per altro prodotti, a quanto si ritiene, dalla psiche umana).

Psiche
Termine greco che significa «alito, respiro, anima». Secondo Democrito e gli Stoici l'anima è un alito sottile che pervade tutto il corpo. Nella terminologia moderna la parola *psiche* non ha ancora un significato perfettamente definito su cui tutti siano d'accordo: in genere comunque si intende con «psiche» l'organizzazione interiore, spirituale della persona, la sua capacità di sentire e comprendere. Resta aperto il problema se questo *quid* che organizza, capta e comunica sia da intendersi come qualcosa di semimateriale o invece come un'entità immateriale.

Psichedelico
Deriva dal greco *delosis* = svelamento, denudamento, e indica l'aumentata sensibilità derivante da stati di trance o di coscienza alterata. Il termine viene usato in relazione a farmaci, droghe e anche musica, la cui caratteristica è quella di rivelare e mettere a nudo i moti interiori e psicologici.

Psicoanalisi
Procedimento terapeutico messo a punto da Joseph Breuer e soprattutto da *Sigmund Freud* (v.), il quale ne fece una vera e propria dottrina filosofica, o più esattamente un'antropologia filosofica, un movimento ben preciso e organizzato. La psicoanalisi interpreta l'organizzazione psichica in un sistema di diversi principi: conscio, inconscio e subconscio, e le istanze Io, Super-Io e Sé. L'inconscio può essere conosciuto soltanto attraverso azioni spontanee o provocate, in particolare attraverso il materiale dei sogni. Il legame tra psicoanalisi e parapsicologia è molto stretto, e già Freud aveva accettato l'esistenza dei fenomeni paranormali, in particolare della telepatia, che con tanta frequenza si presenta nel rapporto analista-paziente, soprattutto attraverso i sogni. Successivamente psicoanalisti come Ehrenwald, Eisenbud e *Servadio* (v.), hanno confermato e portato avanti queste osservazioni e messo in luce il rapporto esistente tra psicoanalisi e parapsicologia.

Psicocinesi (PK)
Deriva del greco *psychè* = anima e *kinèsis* = movimento: il termine fu coniato dal prof. *J.B. Rhine* (v.) e indica l'azione della mente sulla materia. Rhine studiò questa capacità col metodo quantitativo e, come fece per telepatia, chiaroveggenza e precognizione, arrivò a dimostrarne statisticamente l'esistenza: per sperimentare si serviva di dadi, che venivano lanciati a mano o a macchina, e sulla cui caduta il sensitivo cercava di influire.
I fenomeni psicocinetici sono per altro molto ampi, vari e antichi: essi comprendono gli spostamenti di oggetti che avvengono nei casi di *poltergeist* (v.), i movimenti del tavolo, le levitazioni e tutti gli altri fenomeni fisici prodotti dai medium, la registrazione di voci paranormali, i ben noti piegamenti dei metalli, e con ogni probabilità anche l'azione ancora misteriosa dei guaritori. Famosi esperimenti di psicocinesi sono stati compiuti con la sensitiva polacca Stanislava Tomczyk, che riusciva ad alzare dal tavolo oggetti senza toccarli, e dalla sovietica *Nina Kulagina* (v.), capace di muovere e sollevare piccoli oggetti posti sotto una campana di vetro.
La psicocinesi sembra essere una capacità

piuttosto diffusa: nei famosi esperimenti televisivi in cui *Uri Geller* (v.) piegava chiavi e posate davanti agli occhi dei telespettatori, migliaia di persone a casa loro si sono rivelate in grado di imitarlo.
Non sappiamo ancora in che cosa consista la misteriosa energia che consente un effetto contrario a tutte le leggi della fisica: le ipotesi formulate sono varie, ma nessuna è definitiva. Il problema resta dunque aperto e l'enigma della sconcertante azione della mente sulla materia è tuttora insoluto.

Psicofonia

La psicofonia, o registrazione su nastro di «voci» di origine sconosciuta, è il più nuovo dei fenomeni studiati dalla parapsicologia: ha 25 anni o poco più. È un fenomeno modernissimo, in quanto per manifestarsi ha bisogno del registratore, tuttavia nella sostanza ricorda molto da vicino il vecchio, familiare «tavolino» intorno al quale ci si riuniva per evocare gli spiriti.
Le «voci» sono parole o frasi, in genere brevi, telegrafiche, frammentarie, che inspiegabilmente compaiono sul nastro magnetico: parole che nessuno ha pronunciato né sentito al momento della registrazione e che invece sono udibili — più o meno chiaramente — al riascolto del nastro. La cosa curiosa è che queste voci si autodefiniscono «voci dei morti», fatto che rende subito evidente il paragone col «tavolino» di antica memoria.
Gli sperimentatori, che sono numerosissimi in quanto il fenomeno è alla portata di tutti (può bastare un vecchio registratore e tanta buona volontà e pazienza), sono spesso convinti che le «voci» provengano dai trapassati; altri ricercatori invece ritengono che si tratti di un fenomeno psicocinetico, cioè dell'azione inconscia della psiche umana sul nastro magnetico.
Il fenomeno delle voci fu scoperto, in maniera praticamente casuale, dal regista svedese *Friedrich Jürgenson* (v.) nel 1959. Jürgenson doveva realizzare un servizio televisivo sul canto degli uccelli; si portò quindi il registratore nel bosco e cominciò le registrazioni. Al riascolto, oltre al canto degli uccelli, trovò sul nastro delle voci umane, molto strane in quanto nel bosco era andato solo. Ripeté l'esperimento e questa volta, al riascolto, sentì la voce della propria madre defunta che lo chiamava per nome. Da allora Jürgenson si dedicò alla registrazione di «voci», raccogliendo una casistica enorme: e si trattava sempre di voci di defunti, a lui noti o ignoti. Del fenomeno «voci» si interessò a fondo anche *Konstantin Raudive* (v.), un filosofo lettone che dopo la guerra si era trasferito in Germania. Raudive raccolse ben 80.000 voci e sul fenomeno scrisse due libri, che sono stati tradotti in molte lingue e hanno reso il fenomeno noto un po' dappertutto.
Registrare le «voci», come si è detto, non è difficile. Per cominciare è bene usare il metodo microfonico, che è il più semplice: si apre il microfono, si avvia il registratore, si fa scorrere il nastro per qualche minuto e poi si passa all'ascolto, per controllare se siano rimaste incise voci. Un altro metodo molto usato, che richiede però più esperienza, è quello radiofonico, che consiste nel collegare il registratore alla radio tramite un cavetto e sintonizzarsi su certe frequenze — che variano a seconda delle latitudini e degli sperimentatori. In genere comunque ognuno trova abbastanza rapidamente il suo metodo. Esistono anche altre tecniche più complicate, non consigliabili però a chi è agli inizi.
Siccome le «voci» sono spesso poco chiare e richiedono un'interpretazione, è bene tener conto soltanto delle frasi più nitide e certe, per non correre il rischio di illudersi e di far dire alle «voci» quello che si vuole che dicano. I rischi di abbagli e interpretazioni sbagliate sono infatti numerosi, specie se si affronta il fenomeno nella speranza di sentire questa o quella voce, appartenente a una persona cara defunta. Esiste però anche una casistica chiara e inequivocabile, per la quale non si può certo chiamare in causa la fantasia o l'allucinazione acustica.
Anche per questo tipo di «voce» l'interpretazione può essere duplice: o proiezione psicocinetica o reale intervento dei trapassati. Come per molti altri fenomeni

paranormali, non esiste un'interpretazione definitiva.
In Italia il fenomeno è molto diffuso.

Psicoigiene
Sta ad indicare «igiene mentale», «salute psichica». Con riferimento al paranormale indica un approccio giusto, sano e corretto ai fenomeni in questione, per evitare che generino paure, ansie, eccessivi coinvolgimenti, attese miracolistiche destinate ad essere deluse. A questo compito si dedica ampiamente l'Istituto di Friburgo creato dal professor *Hans Bender* (v.).

Psicologia transpersonale
Scuola psicologica che ha preso le mosse dalla psicologia umanistica, ma che a differenza di quest'ultima non è centrata sullo sviluppo della personalità e la realizzazione dell'Io, bensì tende a trascendere questi limiti che le sembrano troppo angusti. La psicologia transpersonale pone l'accento sulla spiritualità e le esigenze transpersonali dell'uomo e riconosce a ognuno il diritto-dovere di seguire la propria via di realizzazione. Grande interesse quindi per le esperienze di tipo transpersonale, per la *meditazione* (v.), la *psicosintesi* (v.), per tutto ciò che rimanda alla trascendenza e anche per i fenomeni paranormali. Punto di riferimento fondamentale della psicologia transpersonale è il pensiero di *C.G. Jung* (v.). Si veda anche la voce *Transpersonale*.

Psicometria
È la capacità propria di certi sensitivi di captare da un oggetto la sua storia o quella delle persone cui è appartenuto. È bene che lo sperimentatore che controlla il corso dell'esperimento non sappia nulla dell'oggetto in questione, in modo da evitare che il sensitivo capti le informazioni per telepatia. In certi esperimenti infatti, proprio per ovviare a questo inconveniente, gli oggetti che devono servire da induttori vengono chiusi in buste o in scatole. Hanno sperimentato a lungo con psicometri il dr. Pagenstecher agli inizi del secolo, il prof. Walter F. Prince e in Italia il prof. *Francesco Egidi* e il dr. *Piero Cassoli* (v.). Si parla di «psicometria da ambiente» quando è l'ambiente stesso che funge da induttore: in genere si tratta di luoghi legati a eventi di grande importanza e drammaticità. Per esempio sui campi di certe battaglie si odono a volte risuonare ancora le grida di guerra e il fragore delle armi: questo è stato per esempio riferito spesso di Maratona. Anche il famoso episodio del *Trianon* (v.), in cui due signorine inglesi, passeggiando per il giardino di Versailles, assistettero a scene dell'epoca di Maria Antonietta, sembra dovuto a un fenomeno di psicometria d'ambiente. Lo stesso si può ipotizzare di altri celebri luoghi infestati. La psicometria è uno dei fenomeni paranormali più suggestivi: esso fa ipotizzare che noi siamo legati a tutto e tutti al di là di spazio e tempo, che nulla vada perduto e che la traccia di ciò che è stato continui ad essere operante, anche se solo pochi individui particolarmente dotati sono in grado di captarla.

Psicopompo
Significa in greco «accompagnatore delle anime», ed era nella mitologia greca colui che nel mondo sotterraneo accompagnava i morti. Attualmente si intende con questo termine una sorta di «protettore» che accompagna e protegge durante i viaggi astrali e le esperienze visionarie.

Psicoscopia Vedi *Psicometria.*

Psicoscrittura
Equivalente di *telescrittura*. Si veda quest'ultima voce.

Psicosi medianica
Disturbo psichico che può derivare dal coinvolgimento non corretto e troppo prolungato con pratiche spiritiche. La persona sente continuamente voci, elabora idee ossessive, ha allucinazioni, si sente addirittura costretta a compiere gesti che le sue «voci» o le sue apparizioni la incitano a compiere. In questi casi è bene interrompere subito le pratiche e farsi curare da uno psicologo o da uno psichiatra.

Psicosintesi
Dottrina psicologica e psicoterapeutica ideata verso il 1926 dallo psichiatra e psicologo *Roberto Assagioli* (v.), che la diffuse ampiamente in Italia e all'estero, dove suscita tuttora una grande interesse. Il concetto di base della psicosintesi è quello di crescita interiore e spirituale, di evoluzione delle potenzialità individuali. La psicosintesi è quindi anche e soprattutto una psicologia per l'uomo sano, interessato allo sviluppo armonico della propria personalità. In base alla psicosintesi, l'uomo deve arrivare a stabilire un equilibrio tra le sue varie polarità, a livello fisico, mentale e spirituale: compito molto arduo e difficile da raggiungere. Nella psicosintesi non esiste un metodo preciso e definito, in quanto ogni persona richiede vie proprie. Il terapeuta può quindi utilizzare vari metodi psicoterapeutici, che integra in una sintesi suggeritagli dalla sua esperienza e dal caso individuale con cui ha a che fare.

Psicotronica
Termine con cui i Sovietici indicano la ricerca parapsicologica di tipo strettamente scientifico. Proposto nel 1968 nel corso di un congresso a Mosca, il termine è stato accettato in tutti i paesi dell'Est. La psicotronica studia i fenomeni paranormali con l'aiuto di strumenti scientifici e si interessa in particolare dei rapporti tra uomo e natura, tra psiche e materia. Ad occuparsene, appunto per gli aspetti tecnico-scientifici, sono matematici, biologi, fisici, ingegneri, periti elettronici. Nei paesi dell'Est sono stati tenuti vari congressi di psicotronica e i risultati degli esperimenti vengono pubblicati in una rivista apposita che si chiama *Psychotronic*.

Qualitativo o quantitativo (Metodo)
Sono i due metodi coi quali vengono compiute le ricerche in parapsicologia. Il metodo qualitativo è lo studio del fenomeno paranormale, dei suoi modi di estrinsecazione, delle sue caratteristiche, nonché del sensitivo che lo produce; il metodo quantitativo invece è l'analisi di un gran numero di fenomeni, per lo più prodotti in laboratorio, con l'applicazione del metodo statistico. Il metodo quantitativo fu introdotto e applicato su larga scala da *J.B. Rhine* (v.).
Entrambi i metodi presentano vantaggi e svantaggi, per cui i ricercatori cercano di arrivare alla fusione delle due metodologie, per esempio ricreando un'atmosfera «affettiva» anche per la ricerca di laboratorio, che notoriamente porta dopo un certo tempo a un calo di interesse da parte del sensitivo e a un conseguente calo delle prestazioni. Oggi, dopo anni di ricerca di laboratorio, molti ricercatori si stanno nuovamente orientando verso l'indagine qualitativa, che tiene conto della persona nella sua globalità.

Quarta dimensione
Dagli inizi dell'Ottocento l'ipotesi di una quarta dimensione è oggetto di molto interesse, sia da parte degli scienziati e dei filosofi che degli esoteristi e occultisti. Si tratterebbe di una dimensione parallela alla nostra dimensione spazio-temporale, dove queste categorie non hanno più valore e la cui esistenza spiegherebbe anche vari fenomeni paranormali, come la smaterializzazione e rimaterializzazione di oggetti durante le sedute medianiche: attraversando la quarta dimensione l'oggetto «sparirebbe» ai nostri occhi per «riapparire» al rientro nella nostra dimensione.

Qumrân
Località sul Mar Morto dove nel 1947 furono ritrovati i famosi «rotoli» contenenti gli scritti degli *Esseni* (v.).

R

Rabdomanzia
Dal greco *ràbdos* = bastone, indica una divinazione che avviene attraverso l'uso di una bacchetta, la cui forma tradizionale è quella a forcella. Di origine antichissima (sembra che Mosè si fosse servito delle sue doti di rabdomante per trovare l'acqua per il suo popolo assetato), la rabdomanzia è stata ampiamente usata sia per la ricerca d'acqua che per quella di minerali sotterranei. Vastissima la casistica in questione.

Modo di tenere la bacchetta da rabdomante. Antica illustrazione

Oggi le bacchette di legno sono sostituite da modernissime bacchette di metallo di forma aerodinamica, tuttavia l'utilizzazione è sempre la stessa. Si discute tuttora se il rabdomante capti effettivamente radiazioni ed energie, oppure se la bacchetta gli serva semplicemente per catalizzare le sue doti di percezione extrasensoriale. Oggi molti propendono per questa seconda ipotesi, convalidata anche dal fatto che sovente i rabdomanti, al pari dei radiestesisti, operano non sul campo, ma su carte geografiche e piantine. Si veda anche la voce *Radiestesia.*

Racanelli Francesco (1904-1978)
Guaritore dotatissimo fin da ragazzo, laureatosi in legge conseguì poi una seconda laurea in medicina per poter esercitare tranquillamente la sua attività di guaritore: gli erano stati infatti intentati ben 5 processi per esercizio abusivo dell'arte medica. Di origine pugliese, visse quasi sempre a Firenze, dove svolse anche la sua benefica attività a favore dei sofferenti. La sua sola presenza e il semplice tocco delle sue mani lenivano i dolori e curavano malattie di varia origine, soprattutto psicosomatica. Racanelli era molto religioso e intendeva la sua attività di guaritore come un servizio reso al prossimo, in spirito di carità. Scrisse anche vari libri sul suo particolare modo di curare gli ammalati. È ricordato come una delle personalità più aperte, generose e genuine dell'intero campo del paranormale.

Radiestesia
Termine di origine ancora dubbia (dal greco *radios* = facile e *aìstesis* = sensazione: quindi «percezione facile». Oppure dal latino *radius* = raggio, radiazione), indica la capacità di certe persone di percepire per mezzo di strumenti diversi la presenza di acqua, minerali, reperti archeologici, persone scomparse, ecc. Se lo strumento usato è una bacchetta, si parla di *rabdomanzia* (v.); se invece è un pendolo, si parla di radiestesia. La facoltà sembra però essere la stessa: una forma di chiaroveggenza catalizzata dal pendolo o dalla bacchetta. Che si tratti di chia

roveggenza e non della percezione di radiazioni, lo dimostra il fatto che i radiestesisti lavorano spesso su fotografie, cartine, piante di appartamenti, o addirittura sul corpo umano per fare diagnosi mediche.
Il *pendolo* (v.) è sostanzialmente un peso attaccato a un filo, e viene fatto oscillare sull'oggetto, la fotografia, la carta geografica o la persona, ecc. che si vuole analizzare. I suoi movimenti indicano al sensitivo quale sia la situazione. Sebbene esistano manuali che spiegano i vari tipi di movimento del pendolo e i loro possibili significati, i radiestesisti concordano nel sostenere che ognuno deve trovare la propria chiave di lettura e i propri metodi. A questo scopo è necessario esercitarsi a lungo, possibilmente con la guida di un radiestesista esperto.
Come la rabdomanzia, anche la radiestesia è molto antica e la sua pratica è in uso in tutto il mondo. In Francia la radiestesia è stata ufficialmente riconosciuta dall'Accademia delle Scienze fin dal 1913.

Radionica
Rientra nella *radiestesia* (v.) e si occupa in particolare della diagnostica medica attraverso strumenti in grado di individuare le radiazioni negative, patogene. La radionica fu fondata dal medico americano Albert Abrams (1863-1924), il quale attraverso l'analisi di alcune gocce di sangue del paziente riusciva a indicarne i disturbi. Oggi la radionica gode di un certo rinnovato interesse e viene praticata da sensitivi esperti di diagnostica radiestesica.

Raps
Si tratta del plurale della parola inglese *rap* = colpo, e indica in parapsicologia quei colpi che possono essere uditi durante le sedute medianiche o i fenomeni di *poltergeist* e che sembrano prodursi all'interno dei tavoli, dei muri e dei mobili stessi. Sono in genere colpi secchi, a volte così violenti da dare l'impressione che il mobile si stia sfasciando, mentre invece non mostra poi il minimo danno.
Fu coi *raps* che il misterioso spirito di Hydesville comunicò con le sorelle *Fox* (v.), dando inizio nel 1848 al movimento spiritista e al rituale del «se ci sei batti un colpo». Ma il fenomeno è molto più antico e la Chiesa stessa lo contempla fin dal Medioevo: lo definisce *spiritus percutiens* e prevede riti e formule per farlo allontanare.
Nella letteratura relativa a sedute medianiche la casistica sui *raps* è enorme, per cui il fenomeno deve essere considerato genuino. Più difficile è l'interpretazione, che come sempre è quantomeno duplice: attività di spiriti disincarnati, o azione di uno psichismo umano? Come sempre, ognuno dovrà decidere da sé quale interpretazione gli sembri più adeguata.

Raudive Konstantin (1909-1974)
Psicologo lettone, scrittore e traduttore, dopo una vita travagliata legata alle sorti della sua patria si stabilì in Germania dove rimase fino alla morte. Il suo nome è famoso in campo parapsicologico per i suoi approfonditi studi sulla *psicofonia* (v.), il fenomeno scoperto nel 1959 dal *F. Jürgenson* (v.). Desideroso di sperimentare in maniera scientificamente corretta, riuscì a registrare oltre 80.000 voci di origine ignota e contribuì ampiamente a divulgare il fenomeno. Dedicò a questa ricerca gli ultimi 15 anni della sua vita e pubblicò i risultati dei suoi esperimenti nel volume *Voci dall'aldilà*. Studioso serio e scrupoloso, fu in ottimi rapporti coi più autorevoli studiosi di parapsicologia europei e americani.

Rebirthing
Si tratta di una psicotecnica di origine americana, in base alla quale rievocando con particolari tecniche respiratorie e corporee la propria nascita e rivivendola, si possono eliminare le conseguenze dei traumi perinatali e trasformare l'esperienza in un evento dolce e armonico. Il rebirthing armonizza e tranquillizza interiormente.

Regressione ipnotica Vedi *Ipnosi*.

Reich Wilhelm (1897-1957)
Psicoanalista e medico, sentì molto l'influsso di Freud e contribuì alla promo-

zione del movimento psicoanalitico. Si avvicinò anche al marxismo, che tentò di conciliare con la psicoanalisi, col risultato che fu espulso sia dall'uno che dall'altra. Emigrato negli Stati Uniti, operò con successo come psicoterapeuta. Il suo nome è soprattutto legato alla scoperta dell'«orgon», termine con cui Reich intendeva un fluido di natura biofisica esistente nel cosmo, che tutto compenetra e tutto influenza. Reich ideò anche i cosiddetti «accumulatori di orgon», specie di contenitori nei quali con particolari sistemi accumulava questa energia che poteva poi venire trasmessa agli organismi viventi. L'«orgon» di Reich ricorda il *prana* (v.) degli orientali. Reich fu in vita un personaggio molto discusso e la sua scoperta, mai controllata scientificamente fino in fondo, ha avuto alterne vicende. Gode tuttora di un certo interesse nei paesi di lingua tedesca.

Reincarnazione

La dottrina della reincarnazione insegna che non si vive una sola vita ma molte, che cioè «si prende di nuovo carne» fino al raggiungimento di determinati scopi. La reincarnazione come dottrina religiosa è diffusa soprattutto in Oriente e trova in India la sua più ampia e profonda espressione filosofica nei Veda, nelle Upanishad e nella *Bhagavadgita* (v.). In quest'ultima opera troviamo una definizione molto chiara e compiuta della reincarnazione: «... Come si abbandonano gli abiti vecchi per indossarne dei nuovi, così l'anima lascia i corpi usati per rivestirne dei nuovi...».

Dall'India la dottrina della reincarnazione passò poi in altri paesi arrivando anche in Occidente: in Grecia l'ammisero Empedocle, Pitagora e soprattutto Platone e in seguito vi credettero Origene, i Neoplatonici, Bruno, Campanella e Leibniz. Ma il regno della reincarnazione è l'Oriente: in Cina rientra nel Taoismo, in Giappone fu introdotta dal Buddhismo, in India è rappresentata sia dal Buddhismo che dal Brahmanesimo e dall'Induismo.

In tempi recenti, o relativamente recenti, la dottrina della reincarnazione è stata riproposta in Occidente da *Allan Kardec* (v.), il codificatore dello spiritismo; e va detto che di reincarnazione parlano tutti i messaggi che arrivano attraverso i medium.

Scopo delle molte vite è quello di purificarsi e fare esperienze, ai fini dell'evoluzione e secondo le leggi del *karma* (v.). Per cercare di dimostrare la realtà della reincarnazione, si stanno oggi compiendo ricerche di grande interesse, si cerca cioè di studiare i ricordi (spontanei o indotti) che le persone possono avere sulle loro vere o presunte esistenze precedenti.

Le ricerche più stimolanti sono state iniziate una trentina di anni fa dal prof. *Jan Stevenson* (v.), docente di psichiatria all'Università della Virginia, il cui metodo si basa sull'analisi dei ricordi spontanei di persone, specie bambini, che raccontano cose che normalmente non dovrebbero sapere: per esempio di aver avuto un tempo un altro nome e a volte anche un altro sesso, di essere vissuti in città diverse da quelle in cui si trovano, di aver avuto un lavoro, una famiglia, dei figli che non hanno niente a che vedere con la situazione attuale, di esser morti in un determinato modo. A volte questi bambini, che cominciano sempre a parlare di queste cose appena sono in grado di esprimersi, addirittura rifiutano i propri genitori dicendo che essi non sono la loro vera mamma e il loro vero papà e indicano come tali altre persone; chiedono giocattoli che sarebbero appartenuti loro nell'esistenza precedente, descrivono abitazioni che non sono quelle in cui vivono. I controlli minuziosissimi eseguiti da Stevenson e dai suoi collaboratori hanno consentito di confermare molte di queste affermazioni. A volte questi bambini nascono avendo addosso inspiegabili *segni di nascita* (v.): cicatrici che corrispondono alle ferite che avrebbero portato alla morte della personalità precedente, di cui i bambini ricordano perfettamente tutte le vicende.

Inoltre questi bambini presentano caratteristiche e comportamenti che non si spiegano né con la genetica né con l'influenza dell'ambiente: fobie, gusti, simpatie, attitudini, capacità innate, fissazioni che, a giudi

zio del prof. Stevenson, si possono spiegare solo ipotizzando fatti precedenti il concepimento.
La casistica, ormai vastissima, analizzata da Stevenson non è stata raccolta soltanto in India e nei paesi in cui si crede nella reincarnazione, ma un po' in tutto il mondo: Europa, Stati Uniti, Australia. Stevenson non ritiene questi casi prove della reincarnazione, ma semplicemente indizi a favore di tale ipotesi.
Altri indizi vengono da ricerche di altro tipo, cioè dagli esperimenti di regressione in stato di ipnosi. I soggetti ipnotizzati vengono fatti regredire nel tempo e capita in questo modo che si imbattano in presunti ricordi di vite precedenti. Anche in questo campo la casistica è abbondante: lo psichiatra inglese Denys Kelsey ha raccolto addirittura migliaia di questi casi, arrivando a crearsi la convinzione che tante fobie, nevrosi, problemi psichici siano provocati da traumi subiti dal soggetto in una sua vita precedente e che possano essere guariti facendo riaffiorare alla memoria della persona in questione il ricordo di quei fatti lontani. Ne è derivata una vera e propria *terapia della reincarnazione*, che soprattutto nei paesi anglosassoni incontra molto interesse.
Anche se prove scientifiche della realtà della reincarnazione non ce ne sono, non si può negare che questa dottrina stia entrando sempre più nella coscienza degli Occidentali, i quali — secondo Stevenson — tra meno di vent'anni saranno pronti ad accettarla.

Relatività (Teoria della)
Teoria elaborata da Einstein nel 1905, che insieme alla teoria dei quanti ha prodotto un ribaltamento delle abituali concezioni del mondo. Per la parapsicologia sono di particolare importanza le asserzioni di Einstein circa *spazio e tempo* (v.), che non esisterebbero come valori assoluti, quelle sulla massa e l'energia, che sarebbero modi di manifestazione di un'unità esistente alla base di ogni cosa, e quelle sui campi gravitazionali, che spiegherebbero la psicocinesi.

Reliquia
Si tratta di resti del corpo di santi (sangue, denti, ossa, capelli, ecc.) che vengono venerati e a cui vengono attribuite guarigioni e altri fenomeni straordinari. Il culto delle reliquie, oltre che nel cattolicesimo, è presente in altre religioni, tra cui il buddhismo. Le fede nel potere delle reliquie produce effetti suggestivi e autosuggestivi molto forti. Si veda a questo proposito anche la voce *Sangue*.

REM
Il termine è formato dalle iniziali delle parole *Rapid Eyes Movements* = rapidi movimenti degli occhi, e indica una fase del sonno caratterizzata da veloci movimenti dei bulbi oculari. È stato constatato che ogni notte ognuno di noi attraversa più o meno 4-5 di queste fasi, che durano circa venti minuti l'una. Svegliando una persona durante la fase REM, essa quasi sempre dice di essere stata svegliata nel bel mezzo di un sogno ricco e vivace: durante le altre fasi del sonno questo non avviene. Sfruttando questa conoscenza, è stato possibile programmare esperimenti di influenzamento telepatico durante il sogno, effettuati soprattutto al Dream Laboratory del Maimonides Medical Center di Brooklin. Si veda anche la voce *Sogno*.

Remote viewing
Significa in inglese «visione a distanza» ed è un termine coniato dai ricercatori americani per indicare una capacità paranormale molto vicina alla chiaroveggenza, che può però comprendere anche elementi telepatici e precognitivi. È sostanzialmente la capacità che certi individui hanno di descrivere luoghi e fatti lontani nello spazio e nel tempo attraverso canali diversi da quelli dei cinque sensi. Di *remote viewing* si occupano da alcuni anni con grande impegno ricercatori americani e sovietici, e articoli scientifici sull'argomento sono stati pubblicati dal *Bollettino dell'Istituto di Ingegneria Elettronica* in USA e dalla rivista *Nature* in Inghilterra.
L'*Associazione Americana per l'Avanza-*

mento delle Scienze (AAAS) ha organizzato congressi dedicati a questo tema e lo *Stanford Research Institute* (SRI) sta portando avanti da anni un progetto di studi a livello militare e non militare. Vari altri gruppi indipendenti in altri laboratori hanno ripetuto gli esperimenti dello SRI confermandone i risultati.
Tra gli studiosi che più si sono occupati di queste sperimentazioni vanno senz'altro citati gli psicologi americani Russel Targ e Keith Harary, che da tempo svolgono un lavoro pionieristico in questo campo e dopo anni di lavoro allo SRI hanno ora un istituto proprio (Delphi Institute). Con la collaborazione di sensitivi sovietici, Targ e Harary hanno compiuto nel 1984 riusciti esperimenti di *remote viewing* Mosca/San Francisco, seguiti dai membri dell'Accademia Sovietica delle Scienze e dimostranti che la capacità di «vedere lontano» non è limitata dalle grandi distanze. A giudizio degli studiosi americani, tutti possiedono doti di *remote viewing*, che è possibile sviluppare con opportune tecniche ed esercizi. Il *remote viewing* si presta molto ad utilizzazioni pratiche (per es. la ricerca di cose o persone nascoste o scomparse) ed è per questo motivo che incontra tanto interesse.

Resch Andreas (1934)
Sacerdote redentorista di origine italiana, risiede a Innsbruck. È laureato in psicologia clinica e da molti anni si occupa di parapsicologia. Ha una casa editrice propria (Resch Verlag), dove pubblica una rivista specializzata e i libri della serie *Imago Mundi* (v.), e un istituto di ricerca dotato fra l'altro di una grande biblioteca parapsicologica.
Fin dal 1970 tiene corsi di *Paranormologia* (v.) all'Accademia Alfonsiana di Roma, che fa parte dell'Università del Laterano. È segretario generale di *Imago Mundi* (v.), e organizza ogni due anni un grande congresso internazionale.

Residuo diurno
In base alla psicoanalisi, si parla di «residuo diurno» per quei sogni che contengono frammenti di situazioni non risolte e smaltite allo stato di veglia e che devono quindi essere «digerite» nell'evento onirico. Tali sogni hanno quindi a che fare con l'immediato passato di chi sogna. Talora nel sogno si presentano anche elementi che preannunciano il futuro del sognatore.

Retrocognizione
Si intende con questo termine la capacità di vedere eventi passati: è, in altre parole, chiaroveggenza relativa a eventi che si sono già svolti. Spesso i sensitivi capaci di retrocognizione hanno bisogno di «appoggi», cioè di oggetti che servono loro per fissare l'attenzione e raggiungere lo stato mentale e psicologico necessario per mettere in moto il meccanismo retrocognitivo: carte, fondi di caffè, sfera di vetro e altro ancora. Altre volte è un luogo a fungere da «miccia»: famoso il caso avvenuto all'inizio di questo secolo delle due signorine inglesi che passeggiando a Versailles rivissero scene e vicende della fine del Settecento: si tratta del caso del *Trianon* (v.), ampiamente studiato e documentato.
La retrocognizione non si presta ad esperimenti di laboratorio, di tipo cioè quantitativo/statistico, e neppure *J.B. Rhine* (v.) la incluse nei suoi esperimenti. Anche il fenomeno della retrocognizione, come quello della *precognizione* (si veda anche questa voce), mostra chiaramente l'indipendenza della percezione extrasensoriale da tempo e spazio.

Rhine Joseph Banks (1895-1982)
Psicologo americano, è considerato il padre della parapsicologia scientifica in quanto i suoi celebri esperimenti col metodo statistico/quantitativo condotti per oltre cinquant'anni alla Duke University di Durham (Carolina del Nord) diedero alla parapsicologia dignità scientifica al punto che fu accolta nell'Associazione Americana per l'Avanzamento delle Scienze (AAAS). Gli esperimenti iniziarono nel 1930 sotto la guida del prof. *McDougall* (v.), di cui Rhine era assistente, e ben presto portarono alla fondazione del Laboratorio di Parapsicologia e alla creazione del *Journal of Parapsycho-*

logy, dove venivano pubblicati i risultati degli esperimenti. Rhine iniziò la sua ricerca dalla telepatia per poi passare anche agli altri fenomeni di percezione extrasensoriale (chiaroveggenza, precognizione) e alla psicocinesi. Rhine non sperimentava in genere con sensitivi, ma con studenti, e si serviva di carte e dadi e della valutazione statistica. Rhine dovette affrontare le critiche e l'ostilità di non pochi scienziati, tuttavia seppe superare queste difficoltà e guadagnarsi, grazie alla sua sperimentazione rigorosissima, la stima generale. A partire dal 1965 il Laboratorio di Parapsicologia entrava a far parte della Fondazione per la Natura dell'Uomo, creata da Rhine stesso per promuovere la ricerca parapsicologica a livello internazionale. Rhine ha scritto varie opere in cui descrive i suoi esperimenti: *Nuove frontiere della mente, I poteri dello spirito, Percezione extrasensoriale.*

Rhine Louisa (1891-1984)
Moglie di Joseph Rhine, formò con lui una coppia perfettamente assortita e personalmente si dedicò allo studio dei fenomeni spontanei. Lavorò cioè col metodo qualitativo, mentre il marito si serviva su vasta scala di quello quantitativo. Oltre ai fenomeni in sé, studiò le caratteristiche dei sensitivi e dedicò attenzione anche al problema della sopravvivenza. Il suo lavoro integra quindi perfettamente quello del marito. La sua opera più importante è *Canali occulti della mente.*

Ricerca psichica
È la traduzione dell'espressione inglese *Psychical Research*, adottata ufficialmente nel 1882 dai ricercatori inglesi per indicare lo studio dei fenomeni paranormali. Si chiama infatti *Society for Psychical Research* (SPR) (v.) la prima società creata a questo scopo: fu fondata a Londra nel 1882 e continua ancora oggi la sua vasta attività. Sull'esempio della SPR, sorse nel 1885 l'*American Society for Psychical Research* (ASPR) (v.) di New York, ancor oggi all'avanguardia per la ricerca. Nei paesi anglosassoni il termine «ricerca psichica» è ancora comunemente usato insieme a quello di *parapsicologia* (v.), proposto e adottato dalla comunità scientifica internazionale nel 1953 al Congresso di Utrecht.

Richet Charles (1850-1935)
Medico e filosofo, premio Nobel nel 1913, fu uno degli scienziati più stimati del suo tempo. Fu un precursore in molti campi e si dedicò con passione anche allo studio del paranormale, in particolare all'ipnosi, ai fenomeni medianici e a quelli di percezione extrasensoriale. Sperimentò con medium e sensitivi, tra cui Eusapia Paladino, e fu nel 1905 presidente della *Società per la Ricerca Psichica* (v.) di Londra. Contribuì alla fondazione dell'*Istituto Metapsichico Internazionale* (v.) di Parigi nel 1919 e ne fu presidente onorario. Fu lui a coniare il termine «metapsichica», cui oggi in genere si preferisce quello di «parapsicologia». Onesto e coraggioso, fu sempre animato da spirito pionieristico e da grande intraprendenza, tanto da non esitare a mettere a repentaglio il proprio nome per difendere le ricerche cui si dedicava con passione. Tra le sue opere ricordiamo in particolare il *Traité de métapsychique*.

Rituale Romanum
Opera liturgica composta nel 1614 sotto Papa Paolo V: esso contiene i riti dei sacramenti, delle processioni e delle esequie, e anche quelli degli *esorcismi* (v.). Il Rituale indica come segni di possessione diabolica la conoscenza di eventi futuri, la chiaroveggenza, la lettura del pensiero, il parlare e capire lingue straniere, la levitazione, l'aumento eccezionale delle forze fisiche. Tutto ciò deve naturalmente essere combinato all'avversione al sacro.

Roberts Jane (1930-1985)
Scrittrice e medium americana attraverso la quale per molti anni si è manifestata l'entità «*Seth*». Si veda quest'ultima voce.

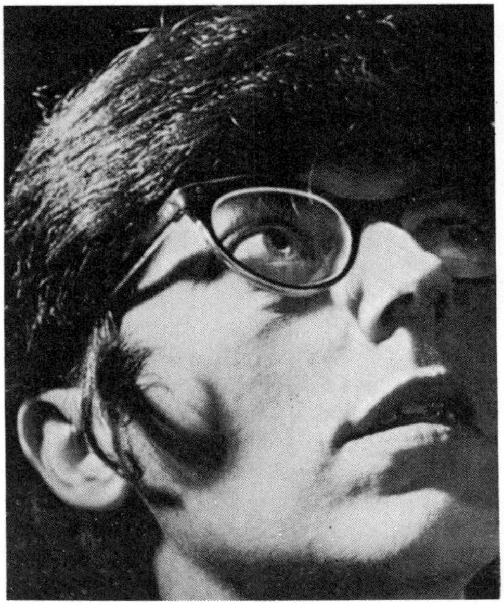

Jane Roberts

Rol Gustavo Adolfo (1903-1994)
Pittore e straordinario sensitivo, Rol visse e operò a Torino. Plurilaureato e molto colto, usava tenere quelli che amava chiamare «esperimenti» nell'ambito di un ristretto circolo di amici, in un clima sereno e anticonvenzionale, in piena luce. Alieno da ogni forma di pubblicità, ritenne sempre che le sue doti fossero espressione di elevatezza morale e rinuncia all'orgoglio e al denaro. In effetti Rol si è sempre prestato generosamente, aiutando sovente anche gli amici con le sue doti di veggente e di guaritore. Alle sue sedute hanno assistito occasionalmente vari studiosi italiani e stranieri, che sono rimasti pienamente convinti delle sue straordinarie qualità. Sorprendente era soprattutto la facilità e la levità con cui Rol produceva fenomeni che possono sembrare incredibili: apporti, scritture e pitture automatiche e dirette, lettura in libri chiusi, esperimenti con le carte di cui solo l'ipotesi della smaterializzazione e della materializzazione può spiegare l'andamento. Rol riteneva che tutto avvenisse grazie allo «spirito intelligente» dell'uomo, capace di collegarsi all'ordine universale e di produrre eventi che sembrano soprannaturali ma che in realtà rientrano nell'armonia cosmica.

Gustavo Adolfo Rol

Rosacroce
Società segreta creata in Germania nel Seicento, al fine di realizzare gli insegnamenti di Christian Rosenkreutz, cavaliere tedesco vissuto due secoli prima che, viaggiando in Oriente aveva fatto proprie antiche conoscenze alchemiche e occulte. Rosenkreutz aveva avuto pochissimi discepoli e continuatori, ma quando nel Seicento fu scoperta in Marocco la sua tomba sulla quale era inciso un messaggio che invitava a diffonderne l'insegnamento, questo fu espresso in opere anonime che ebbero largo seguito. Il movimento infatti si diffuse in molti paesi europei e poi anche in America: esso propugna il rinnovamento interiore e la possibilità di acquisire quei poteri straordinari che pare fossero stati propri del suo fondatore. Sostanzialmente il movimento rosacrociano è ancora misterioso ed è oggi diviso in vari gruppi che sostengono di possedere la vera tradizione degli antichi Cavalieri dei Rosacroce, i quali erano degli illuminati dotati di profonda cultura religiosa e occultistica.

Simbolo Rosacroce disegnato da Robert Fludd

Rune
Caratteri grafici del mondo germanico, diffusi dal 300 d.C. fino all'Ottocento in Germania e nei paesi scandinavi. I caratteri, che presentano ancora aspetti misteriosi, erano in genere graffiti su pietre, ma li si ritrova anche su oggetti (pugnali, strumenti musicali, ecc.). A quanto pare, le rune avevano un valore magico: ogni simbolo era collegato a un numero, e questo a potenze spirituali che chi preparava le rune (il mago) voleva rendersi amiche a fini suoi. Ad ogni simbolo e numero era collegato anche un suono, dal particolare carattere evocatorio. L'alfabeto runico mostra influssi greci e latini, ma presenta caratteri suoi propri che ne fanno un complesso a sé stante, che conserva tuttora il suo magico mistero.

Ryzl Milan (1928)
Chimico e parapsicologo cecoslovacco, vive ormai da molti anni negli Stati Uniti, dove insegna parapsicologia e si dedica ad attività divulgativa. Cominciò ad interessarsi di parapsicologia facendo esperimenti di ipnosi, constatando che in stato ipnotico le capacità paranormali emergono con più facilità. Sua è la teoria dell'*impregnazione psichica* (v.), che ipotizza che gli oggetti captino e fissino le energie mentali che poi la persona dotata di capacità paranormali è in grado di percepire e far rivivere. Ryzl si dedica in particolare allo studio dello sviluppo della sensitività, sia attraverso l'ipnosi che attraverso vari test ed esercizi, di cui parla anche nei suoi numerosi libri: *Parapsicologia, Ipnosi ed ESP, Come sviluppare le facoltà paranormali, La percezione extrasensoriale, Come sviluppare il potere della mente, Morire e poi?*

Sai Baba (1926)
È il più famoso guru indiano di oggi. È dotato di facoltà paranormali che interessano anche chi non si occupa del suo insegnamento: materializza quotidianamente cenere sacra (vibhuti) e gioielli, che dona ai presenti, e possiede doti di guaritore e veggente. Ha molti seguaci in India, e anche un po' in tutto il mondo, e vive a Putthaparti, il piccolo villaggio indiano dove è nato, meta ormai di continui pellegrinaggi. È considerato dai suoi seguaci un dio vivente e predica un insegnamento semplice, che può essere accettato da chiunque anche senza aderire all'induismo. Non ha mai permesso di essere studiato scientificamente, ma accurati studi su di lui sono stati compiuti in particolare dallo psicologo olandese Erlendur Haraldsson, che ha trascorso parecchi mesi in India, ha assistito a numerose materializzazioni e ha interrogato centinaia di testimoni, anche quelli degli anni giovanili di Sai Baba, quando la sua fama non era certo quella di adesso. Haraldsson è convinto della realtà dei fenomeni del guru indiano, di cui ha anche profonda stima dal punto di vista umano.

Sai Baba

Saint-Germain
Il conte di Saint-Germain (morto nel 1784) fu un avventuriero di probabile origine portoghese, che a partire dal 1740 visse presso numerose corti europee. Egli vantava la conoscenza di segreti magico-alchemici, in particolare di un elisir grazie al quale —diceva — da duemila anni egli continuava a vivere. Fu naturalmente un personaggio molto discusso, venerato da alcuni e osteggiato da altri. *Cagliostro* (v.) si riteneva suo discepolo.

Samadhi
È il livello massimo di interiorizzazione consentito e promosso dallo *Yoga* (v.), un diverso stato di coscienza che consente la «riunificazione» (è questo il significato del termine) di qualcosa di separato ad una unità; il Sé non è più isolato, ma riunito a un Sé universale, di cui si sente parte integrante. Lo stato di samadhi è un'antica esperienza primigenia nota anche al di fuori dello Yoga, dove per altro ha raggiunto la massima espressione: l'estasi dei santi è per esempio uno stato analogo.

Sangue (Miracolo del)
Fenomeno misterioso che avviene nell'ambito del cattolicesimo e che riguarda il sangue di mistici e santi, conservato e venerato come reliquia. Il caso più famoso è quello di S. Gennaro, il vescovo fatto decapitare a Pozzuoli nel 305 d.C. Secondo la tradizione il suo sangue fu raccolto in due ampolle da una donna e conservato. Quando nel 313 d.C. sangue e resti del santo furono traslati a Napoli, avvenne per la prima volta la li-

quefazione, che da allora si ripete in tre occasioni annue: 19 settembre (compleanno del santo), 16 dicembre (festa votiva in ricordo dell'eruzione del Vesuvio del 1631) e all'inizio di maggio
Il fenomeno avviene in Duomo, alla presenza di una gran folla, e ha carattere oracolare, cioè se ne traggono pronostici per il periodo a venire. Dal 1659 il tutto viene protocollato da una apposita commissione, per cui si tratta del fenomeno insolito meglio documentato nel tempo che si conosca. Tra le varie ipotesi esplicative, la più probabile (se prescindiamo dall'interpretazione religiosa) è quella paranormale: il sangue si scioglierebbe per l'aspettativa della folla, per effetto di un'energia psicofisica da essa emanata.

Satori
Termine sanscrito indicante l'esperienza dell'illuminazione nel buddhismo *zen* (v.). Le descrizioni che i maestri zen hanno lasciato mostrano il satori come un'esperienza improvvisa che tutto domina, non descrivibile a parole, che modifica i concetti di Io, spazio e tempo. Si veda anche la voce *samadhi*.

Schneider Rudi (1908-1957) **e Willi** (1905-1980)
Questi due fratelli austriaci sono stati famosi medium a effetti fisici. Furono studiati dal dr. *Schrenck-Notzing* (v.), a Monaco, che si premuriva in tutti i modi affinché nelle sedute non avvenissero trucchi: i medium venivano spogliati e rivestiti di tute apposite, e a volte addirittura erano chiusi in gabbia. Cononostante i fenomeni avvenivano: oggetti dipinti di vernici fosforescenti si muovevano da soli per aria, si facevano sentire venti freddi, si materializzavano arti umani che scrivevano e compivano altri gesti. Rudi, il più famoso dei due fratelli, fu sperimentato anche in America da *Harry Price* (v.), e la genuinità dei suoi fenomeni fu riconosciuta anche da famosi prestigiatori che assistettero alle sue sedute. *Eugène Osty* (v.), che studiò Rudi a Parigi, attestò le sue grandi qualità e la sua serietà. Anche Willi fu studiato da eminenti ricercatori, che non ebbero mai occasione di criticare il suo operato. Entrambi i fratelli persero presto le loro doti: a meno di trent'anni erano ormai inattivi e si dedicarono da allora a una normale vita di lavoro.

Schrenck-Notzing Albert (1862-1929)
Medico, docente all'Università di Monaco, di nobile famiglia, si interessò sempre di parapsicologia e ne fu un pioniere. Studiò i più grandi medium del suo tempo, da *Eusapia Paladino* ai fratelli *Schneider*, da *Kluski* a *Nielsen* (v.). Sperimentò sempre con grande rigore scientifico e compì importanti studi sull'*ectoplasma* (v.). Sebbene fosse totalmente convinto della realtà dei fenomeni cui assisteva, non aderì mai all'ipotesi spiritica, ma ritenne sempre che tutto avvenisse tramite il subconscio del medium. Numerose le sue opere dedicate alla ricerca psichica.

Sciamanesimo (e Sciamano)
La tradizione sciamanica esiste fin dagli inizi della storia ed è ancor oggi presente in molte civiltà. Fu osservata dapprima presso i popoli siberiani e del centro Asia (è dal tunguso infatti che deriva il termine *shaman* = persona che si agita forsennatamente), e poi il fenomeno fu constatato in forme molto simili anche in Africa, America Settentrionale e Meridionale, Oceania, Indonesia, Sumatra: praticamente un po' in tutto il mondo. Lo sciamanesimo è ancora diffusissimo come importante sistema terapeutico nei paesi a conduzione agricola e anche nelle città (come quelle del Centro e Sudamerica) dove vivono grandi gruppi di immigrati.
Lo sciamano è insieme guaritore e capo religioso della sua gente ed è in grado di mettersi in uno stato straordinario di coscienza e di prendere contatto, in nome di tutta la comunità, col mondo spirituale da cui viene la guarigione. Ruolo dello sciamano è compiere riti religiosi e comunicare con gli spiriti, prevedere il futuro, diagnosticare le malattie e curarle. I poteri sciamanici vengono trasmessi per ereditarietà o per vocazione spontanea. In entrambi i casi lo sciamano

viene riconosciuto ufficialmente come tale solo dopo una lunga iniziazione, nel corso della quale riceve dallo sciamano in carica un insegnamento tradizionale, che consiste nella trasmissione di riti, formule segrete, tecniche. Riceve anche una particolare istruzione di ordine estatico che gli viene trasmessa dall'alto nei sogni o durante la trance.
Caratteristica fondamentale delle concezioni sciamaniche è il convincimento che l'essere umano è parte integrante di un sistema ordinato e che la malattia è la conseguenza di qualche disarmonia con l'ordine cosmico o la punizione per un comportamento immorale. La terapia attribuisce quindi grande importanza al ristabilimento dell'armonia e dell'equilibrio con la natura, il prossimo e il mondo spirituale.
Lo sciamanesimo incontra oggi un rinnovato interesse da parte degli Occidentali per la sua analogia con la moderna psicoterapia. La terapia sciamanica è di tipo psicosomatico in quanto applica metodi psicologici a disturbi fisici: scopo di questi metodi è integrare nuovamente il paziente nell'ordine cosmico, perché solo vivendo in armonia con esso si può essere sani. I riti terapeutici degli sciamani hanno spesso la funzione di portare a livello consapevole conflitti e contrasti inconsci, per liberarli e quindi risolverli.
Come metodo terapeutico gli sciamani utilizzano lavoro di gruppo, psicodramma, interpretazione dei sogni, suggestione, ipnosi, immaginazione guidata e anche terapie psichedeliche: tecniche che usano da secoli, molto prima che gli psicologi moderni le riscoprissero. Mentre la psicoterapia moderna lavora con l'inconscio individuale, gli sciamani lavorano con l'inconscio collettivo e sociale. Oggi si ritiene che lo sciamanesimo possa insegnare molto sulla dimensione sociale della malattia, sugli influssi negativi dell'ambiente circostante, sulla malattia intesa come mancanza di equilibrio e conseguenza di comportamenti psicologici e rapporti sociali sbagliati.

Scrittura automatica
La scrittura automatica è uno degli *automatismi* (v.) più semplici, frequenti e graditi ai medium per la velocità di esecuzione che consente. Il sensitivo siede tranquillo con penna e matita in mano, fa il vuoto mentale e in breve tempo la sua mano comincia a muoversi autonomamente, scrivendo cose che il soggetto scrivente non ha consapevolmente pensato. Data questa modalità di produzione, il sensitivo non attribuisce gli scritti a sé, ma a fonti esterne. A giudizio di molti studiosi, gli automatismi sarebbero invece «canali montanti dell'inconscio». Indipendentemente dall'interpretazione, che resterà sempre un fatto soggettivo, la scrittura automatica è interessante anche perché attraverso di essa sono state scritte opere rilevanti di tipo poetico e letterario, decisamente superiori alle capacità e alle conoscenze dei rispettivi autori. A volte sono giunti scritti in lingue ignote al sensitivo oppure sono stati trasmessi contenuti decisamente paranormali. Si veda a questo proposito anche la voce *Letteratura medianica*.

Scrittura diretta
Fenomeno psicocinetico molto raro, per cui la scrittura si forma da sola su fogli o lavagne senza che il medium tocchi il materiale necessario a scrivere. La produzione di scritture dirette è avvenuta fin dal secolo scorso nel corso di sedute con medium particolarmente forti e in ottime condizioni di controllo. *D.D. Home*, *Eusapia Paladino* e *Stainton Moses* (v.) furono medium capaci di produrre scritture dirette. In tempi recenti esse sono state ottenute da *Gustavo Adolfo Rol* (v.), e dal medium romano Demofilo Fidani. Nel caso di Rol, le scritture (e anche pitture e disegni) dirette si formavano in genere su fogli tenuti in tasca da uno dei presenti, mentre nelle sedute di Fidani, che avvenivano al buio, si vedevano le matite fosforescenti muoversi da sole e scrivere.

Sdoppiamento
Si intende con questo termine il fenomeno dell'uscita dal corpo, cioè la separazione

della coscienza dall'involucro fisico. Si veda anche la voce *Esperienze fuori dal corpo.*

Sé
È il nucleo della personalità dell'individuo, il modo in cui il soggetto sperimenta se stesso. *Jung* (v.) e in seguito anche *Roberto Assagioli* (v.) dilatarono il concetto di sé, interpretandolo come il gradino ultimo del processo di crescita dell'individuo.

Sedia vuota
L'esperimento detto «a sedia vuota» fu ideato dal ricercatore francese *Eugène Osty* (v.) nel 1926 per indagare le doti precognitive del sensitivo Pascal Forthuny, e consiste in questo: in una sala dove si trovano diverse sedie numerate ne viene tirata a sorte una, e il sensitivo deve cercare di descrivere la persona che in un secondo momento, a caso, si siederà su quella sedia. Le affermazioni del sensitivo vengono protocollate e quindi confrontate con le caratteristiche della persona che è venuta a sedersi su quella sedia.
Pascal Forthuny eccelleva in questo difficile esperimento e riusciva a dare precisissime descrizioni sia dell'aspetto fisico che delle caratteristiche psichiche della persona che si era seduta sulla sedia prescelta. L'esperimento a sedia vuota è stato uno dei cavalli di battaglia del famoso sensitivo olandese *Gerard Croiset* (v.) e anche di altri sensitivi italiani e stranieri, ed è considerato il mezzo più valido per controllare e rendere ripetibili gli esperimenti di *precognizione* (v.).

Seduta medianica
Riunione di persone intorno a un medium di cui si desiderano controllare le doti e vedere i fenomeni. I partecipanti alla seduta devono costituire un gruppo armonico e ben affiatato, in grado di aiutare il medium nella estrinsecazione delle sue facoltà. La seduta spesso avviene al buio e i presenti «fanno catena», cioè si tengono per mano per meglio amalgamare le proprie energie psichiche. È bene che una persona esperta regoli il corso della seduta, per evitare interventi o movimenti negativi per il medium, il quale non deve in alcun modo essere disturbato quando è in trance. È bene che chi assiste alle sedute si procuri un registratore, per registrare quello che il medium dirà, e apparecchiature agli infrarossi per fotografare o filmare gli eventuali fenomeni fisici. È stato constatato che la presenza di persone scettiche inibisce la manifestazione dei fenomeni. È superfluo aggiungere che, nel caso il medium produca fenomeni fisici, è opportuno prima della seduta procedere a un controllo sia dell'ambiente che del medium stesso.

Seduta medianica in una raffigurazione del secolo scorso

Segnatura
Si tratta di segni simbolici, per lo più croci ripetute tre volte o multipli di tre, che i *guaritori di campagna* (v.) fanno sulle zone ammalate per propiziare la guarigione. Tali segnature sono accompagnate da preghiere e gesti rituali: un sistema terapeutico antichissimo, di origine pagana su cui si sono inseriti elementi cristiani, che si ritrova molto simile in varie parti del mondo.

Segni di nascita
Misteriose cicatrici o difetti corporei che certi bambini presentano già alla nascita e che corrisponderebbero al tipo di morte della personalità precedente, di cui i bambini, crescendo, conservano la memoria. Si veda la voce *Reincarnazione*.

Sensitivo - Sensitività
Sensitivo è la persona dotata di capacità paranormali (ESP e PK), sensitività è la facoltà del sensitivo di esercitare le sue doti

paranormali. Mentre in genere il termine *medium* (v.) è inteso in senso spiritico, quello di sensitivo indica capacità proprie alla persona, e non dovute a presunti interventi esterni.

A quanto pare, ognuno di noi possiede un minimo di sensitività, che si manifesta spontaneamente sotto forma di contatti telepatici, fenomeni precognitivi, «intuizioni» particolari, sogni veridici eccetera. Certe persone invece possiedono queste doti in larga misura e sono in grado di ricorrere ad esse anche a comando. La sensitività, in altre parole, può essere paragonata alla creatività e alle doti artistiche: tutti siamo in grado di imparare a strimpellare il pianoforte o a disegnare qualcosa, ma i grandi artisti sono rari.

Coi suoi esperimenti quantitativi condotti per oltre 50 anni, il prof. *Joseph B. Rhine* (v.) ha dimostrato la realtà delle doti di sensitività e anche la presenza di queste doti in ognuno di noi, almeno a livelli minimi. I sensitivi in genere si scoprono tali quando sono molto giovani e continuano a manifestare le loro doti molto a lungo. Come si è detto a proposito della medianità, l'essere sensitivi non dipende dal sesso né dall'età e neppure dalla cultura e dall'intelligenza: la sensitività è una dote veramente «democratica», che può essere propria delle persone più diverse, anche dal punto di vista etico. Sovente i sensitivi sono specializzati in determinati fenomeni: precognizione, psicocinesi, chiaroveggenza, psicometria e altro ancora. Si è constatato che i sensitivi producono una migliore fenomenologia in condizioni «affettive» o spontanee, mentre il livello delle prestazioni decade in laboratorio, probabilmente a causa della noia e della mancanza di emotività. Sembra anche che il tipo di fenomeno prodotto dal sensitivo dipenda in buona misura dalle esperienze di vita del sensitivo stesso: *Croiset* (v.), per esempio, si dedicava volentieri alla ricerca di persone annegate, in quanto da piccolo era stato personalmente sul punto di morire in un canale. Secondo certi ricercatori, la sensitività sarebbe stata un tempo propria di tutti in larga misura, e si sarebbe appannata nel corso del tempo per le diverse condizioni di vita. Secondo altri sarebbe una facoltà emergente, di cui in futuro tutti saranno abbondantemente dotati.

Serbatoio cosmico
Concetto coniato dallo psicologo americano *William James* (v.) per spiegare i fenomeni di percezione extrasensoriale: egli ipotizzò l'esistenza di un «luogo» in cui sarebbero conservate tutte le memorie dell'umanità e la traccia di tutto quanto avviene ed è avvenuto nel passato. Grazie alle loro particolari facoltà, i sensitivi sarebbero in grado di attingere da questo serbatoio le informazioni di cui hanno bisogno.

Serios Ted (1919)
Sensitivo americano famoso per le «fotografie del pensiero». Fu accuratamente studiato dallo psicoanalista Jule Eisebund, in presenza del quale riuscì con una Polaroid a fissare sulla pellicola immagini che furono considerate paranormali. Per ottenere questo, Serios aveva bisogno di bere molto e in genere la prestazione aveva successo quando egli era stanco e un po' ebbro. Anche altri studiosi assistettero agli esperimenti di Serios, trovandoli genuini. I fenomeni di Serios sono stati documentati da filmati: in essi si vede il sensitivo posarsi la macchina fotografica sulla fronte, concentrarsi e sbloccare poi l'energia con uno scatto deciso di tutto il corpo. Famose le fotografie in cui rimase impressa la cattedrale di Westminster e quella in cui apparvero i personaggi di un quadro conservato in un museo di Chicago. Ted Serios perse le sue capacità relativamente presto, e non è mai stato uguagliato da altri sensitivi.

Servadio Emilio (1904)
Nato a Genova, vive da molti anni a Roma. È stato un pioniere della psicoanalisi in Italia e fondatore della Società Psicoanalitica Italiana. Nel 1937 contribuì a fondare a Roma la *Società Italiana di Parapsicologia* (v.), che si chiamava inizialmente Società Italiana di Metapsichica; è uno dei due membri italiani della *Parapsychology Asso-*

ciation (v.). Ha sempre tenuto conto dei fenomeni paranormali che avvengono tra analista e paziente e si può dire che si sia occupato di tutta la fenomenologia paranormale, che ha ampiamente contribuito a divulgare. Un soggiorno di sette anni in India durante gli anni della guerra l'ha avvicinato ulteriormente alla filosofia indiana, di cui è profondo conoscitore. Tra le sue opere principali ricordiamo *La psicologia dell'attualità, Passi sulla via iniziatica, Sesso e psiche.*

Sesto senso
Termine con cui si intende comunemente la presenza nelle persone di doti extrasensoriali: *telepatia, chiaroveggenza* e *precognizione* (v.). Avere il «sesto senso» significa disporre di particolare intuizione e sensibilità, essere capace di anticipare certi eventi e di evitarne altri, muoversi con sicurezza nella vita come se si fosse in qualche modo guidati. Questo intuito e questa sensibilità derivano con ogni probabilità dall'inconsapevole possesso di capacità paranormali.

Seth
Nome convenzionale di un'entità che si è manifestata per oltre vent'anni negli Stati Uniti attraverso la scrittrice e medium americana *Jane Roberts* (morta nel 1985) (v.). Seth cominciò a guidare inaspettatamente la Roberts, che mai si era occupata di fenomeni medianici, all'inizio degli anni Sessanta: da principio si manifestò attraverso la scrittura automatica, in seguito per automatismo parlante mentre la medium era in trance. Seth ha dettato alla Roberts moltissimi messaggi dai profondi contenuti intellettuali e filosofici; raccolti in volumi (*Dialoghi con Seth*, *Comunicazioni con Seth*), questi messaggi sono divenuti negli Stati Uniti dei best-sellers e hanno avuto anche numerose traduzioni in altre lingue (tedesco, francese, italiano). I temi trattati sono le grandi problematiche umane: vita e morte, il perché dell'esistenza, la struttura dell'universo, Dio e l'uomo, le dimensioni terrene e spirituali.

Setti Roberto (1930-1984)
Straordinario medium fiorentino intorno al quale si riuniva quello che è noto come il *Cerchio Firenze 77* (v.). Scoprì giovanissimo le sue doti medianiche e per quasi quarant'anni svolse con grande generosità e dedizione quella che considerava una missione: fungere da strumento per le entità che volevano comunicare attraverso di lui. La sua trance era ad incorporazione (cioè l'entità — stando alle dottrine spiritiche — entrava in lui e si esprimeva servendosi del suo corpo). Durante le sue sedute si producevano fenomeni di altissimo livello: levitazioni, profumi paranormali, luci, apporti, *materializzazioni* (v.) di oggetti preziosi. Inoltre venivano trasmessi messaggi di elevato contenuto, una gran parte dei quali è stata pubblicata in libri a firma Cerchio Firenze 77 (*Dai mondi invisibili, Oltre l'illusione, Per un mondo migliore, Le grandi verità ricercate dall'uomo, La voce dell'ignoto, Oltre il silenzio, Maestro, perché?, La fonte preziosa*). L'identità di Roberto Setti come medium è stata resa nota solo dopo la sua morte: finché era in vita, solo una ristretta cerchia di amici sapeva chi fosse il medium attraverso il quale si producevano tanti eccezionali fenomeni.

Roberto Setti

Sheeps and goats
Termine inglese che significa «pecore e capre», coniato dalla dr.ssa americana Gertrude Schmeidler (New York) per indicare i soggetti favorevoli nei confronti della parapsicologia (sheeps) e quelli sfavorevoli (goats). I risultati degli esperimenti dipendono infatti in certa misura anche dall'atteggiamento mentale di chi li compie: il discorso vale soprattutto per gli esperimenti quantitativi di laboratorio, meno per la fenomenologia spontanea.

Sibilla
Figura molto importante nell'antichità greca e romana, la Sibilla era una vergine che, in stato di trance e probabilmente dopo aver assunto o assimilato particolari sostanze (sono ben note le esalazioni che uscivano dal terreno dove operava la Sibilla di Delfi), pronunciava vaticini e annunciava il destino degli uomini. Si riteneva che durante la trance la Sibilla venisse posseduta dal Dio Apollo, che attraverso di lei esprimeva le sue conoscenze del futuro. Le Sibille non erano sacerdotesse, però la loro figura aveva certamente un carattere sacrale, al pari del luogo dove esse vivevano e operavano. Famosi a questo riguardo l'antro della Sibilla Delfica, già citata, e quello della Sibilla di Cuma. I vaticini delle Sibille riguardavano in genere fatti funesti ed erano per lo più espressi in forma oscura: non per niente oggi il termine «sibillino» equivale a «enigmatico, misterioso».

Sinclair Upton (1878-1968)
Scrittore americano che alla fine degli anni Venti intraprese con la moglie sensitiva una serie di esperimenti qualitativi di telepatia: per esempio trasmissione telepatica di disegni a una distanza di parecchie centinaia di chilometri.
Gli esperimenti furono statisticamente significativi e Sinclair li descrisse nel suo libro *Mental Radio* (1930), che si avvale di una prefazione di *Albert Einstein* (v.). Quest'opera influenzò positivamente anche *J.B. Rhine* (v.), che in seguito diede inizio ai suoi esperimenti alla Duke University.

Sincronicità
Con questo termine lo psicologo svizzero *Carl Gustav Jung* (v.), che si interessò sempre di fenomeni paranormali e possedeva probabilmente doti di sensitivo, intese il legame significativo tra due o più eventi non legati da un rapporto di causa ed effetto, ma che si presentano collegati nella realtà. La sincronicità intesa in senso junghiano è quindi un ordine prestabilito e non è da confondere con la contemporaneità, che ricorre continuamente ma non presenta legami significativi tra gli eventi. Jung era arrivato a sviluppare il concetto di sincronicità in seguito a diversi episodi che gli erano capitati, per esempio questo che egli stesso descrisse in una lettera indirizzata nel 1945 al prof. *J.B. Rhine* (v.), di Durham (USA): «Vado a passeggiare nel bosco con una paziente. Ella mi racconta il primo sogno della sua vita, un sogno che ha lasciato in lei un'impressione incancellabile. Aveva avuto la visione di una volpe, l'aveva vista scendere le scale della casa dei genitori. In quel momento, a neppure quaranta metri da noi, una volpe sbuca fuori dagli alberi e per un paio di minuti corre tranquillamente sul sentiero davanti a noi. L'animale si comporta come se condividesse la nostra condizione umana...».
La teoria della sincronicità consentiva a Jung anche di spiegare numerosi fenomeni paranormali che non appaiono legati dal rapporto di causa ed effetto, in particolare la precognizione. Sebbene Jung stesso non sia arrivato a sviluppare compiutamente la sua teoria, l'ipotesi che gli eventi non siano collegati soltanto dalla legge di causa ed effetto ma anche da un «ordine significativo», da una *harmonia praestabilita* (che già Leibniz aveva ipotizzato) è quanto mai suggestiva e merita la massima considerazione.

Smaterializzazione Vedi *Materializzazione.*

Società Americana per la Ricerca Psichica (American Society for Psychical Research, ASPR)
Fu fondata nel 1885 a New York sulle orme

della consorella Società di Londra (SPR) e da allora svolge una vasta attività di ricerca e divulgazione. Pubblica il *Journal of the ASPR* e i *Proceedings*.

Società Italiana di Parapsicologia (SIP)
Fu fondata a Roma nel 1937 col nome di «Società Italiana di Metapsichica» su iniziativa del prof. Ferdinando Cazzamalli, che ne fu il primo presidente, del prof. Giovanni Schepis, del dr. Luigi Sanguineti e del prof. *Emilio Servadio* (v.), e fu riconosciuta dallo Stato. Nel 1949 assunse il nome che attualmente porta per distinguersi dalla *Associazione Italiana Scientifica di Metapsichica* (v.), (AISM) che era nel frattempo stata fondata a Milano; ha pubblicato a lungo un suo Bollettino ed è attualmente diretta dal prof. Stefano Somogyi. Purtroppo la sua attività odierna è in riduzione.

Società per la Ricerca Psichica (Society for Psychical Research, SPR)
Fu fondata a Londra nel 1882 per lo studio scientifico dei fenomeni paranormali ed è la più antica e la più prestigiosa delle Società di parapsicologia. La fondazione avvenne su iniziativa di Sir William Barret, del rev. Stainton Moses, di F.W.H. Myers e di Edmund Gurney, e suoi membri furono sempre personalità di altissimo livello: William Crookes, Oliver Lodge, William McDougall, Charles Richet, Henry Bergson, Camille Flammarion, C.G. Jung, M.me Curie e tanti altri. Nell'ambito della SPR sono state compiute importanti indagini su tutti i fenomeni paranormali, soprattutto quelli medianici che hanno caratterizzato la fine dell'Ottocento e gli inizi del Novecento. I volumi dei suoi *Proceedings* sono una vera miniera per i ricercatori. La SPR pubblica regolarmente un *Journal* e organizza incontri e conferenze annuali.

Sofrologia
Disciplina terapeutica ideata dallo psichiatra spagnolo prof. Alfonso Caycedo negli anni Sessanta, che si serve di tutte le tecniche di rilassamento, dall'*ipnosi* al *training autogeno*, dallo *yoga* alla *trance medianica* (v.). Tali stati devono portare all'armonia psicofisica, la quale a sua volta produce benefici effetti sulla salute e un potenziamento delle energie inespresse e inutilizzate dell'uomo.

Sogno
Il sogno, la cui importanza è stata definitivamente indicata da Freud, interessa la ricerca parapsicologica soprattutto in quanto sembra favorire i contenuti paranormali. Fin dai tempi più antichi si riteneva che il sogno fosse foriero di informazioni fondamentali, intuizioni, avvertimenti utili, notizie non altrimenti acquisibili. Molti fenomeni di *precognizione* (v.) si manifestano durante il sogno, e lo stesso avviene con la telepatia e la chiaroveggenza. Accanto all'emergenza spontanea di questa fenomenologia onirica, vengono anche compiuti esperimenti, con particolare riferimento al sogno telepatico. Nel 1953 furono scoperti i rapidi movimenti oculari (*rapid eyes movements* = REM) (v.) che caratterizzano quelle fasi del sonno in cui si sogna, e fu quindi possibile pensare ad esperimenti di telepatia che sfruttassero in particolare queste fasi. In questi esperimenti al soggetto addormentato venivano inviati, durante le fasi REM, messaggi telepatici; in seguito poi si controllava se il messaggio era stato captato oppure no. I numerosi test eseguiti per esempio al Dream Laboratory (= Laboratorio del sogno) del Maimonides Hospital di Los Angeles hanno dimostrato la realtà della telepatia onirica. Evidentemente il sogno, che rimuove le censure e le barriere consapevoli, apre la strada ai contenuti inconsci e quindi anche a quelli paranormali.
In sogno sembrano avvenire a volte anche i fenomeni di sdoppiamento (v. *Esperienze fuori dal corpo*, OBE), cioè momentanee separazioni della coscienza vigile dal corpo fisico.

Sogno lucido
Sogno in cui il sognatore è consapevole di sognare e può quindi esercitare un influsso sul contenuto e l'evoluzione del sogno stesso.

Sonnambulismo
Deriva dalla parola «sonno» più il termine latino *ambulare* = camminare, e indica un particolare stato neurofisiologico in cui una persona, pur dormendo, riesce a camminare, muoversi, compiere gesti identici a quelli che compie da sveglia, dimostrando anzi una maggiore sensibilità in quanto, pur avendo gli occhi chiusi, evita ostacoli, cammina in luoghi pericolosi senza farsi male e altro ancora. È noto che in stato sonnambolico certe persone sono state in grado di scrivere, disegnare e dipingere opere pregevoli che nello stato di veglia non riuscivano ad eseguire. Il fenomeno è tipico dell'età giovane e si riscontra più frequentemente nelle femmine che nei maschi. I sonnambuli presentano a volte fenomeni paranormali, specie chiaroveggenti. Nel secolo scorso col termine sonnambulismo veniva intesa l'ipnosi, e sonnambuli erano i soggetti ipnotizzati. In effetti i due fenomeni sono piuttosto simili, a parte il fatto che il sonnambulismo è spontaneo, mentre lo stato ipnotico è indotto dallo sperimentatore, che conserva il controllo dell'ipnotizzato.

Sopravvivenza
Sulla sopravvivenza dell'anima alla morte del corpo la ricerca parapsicologica può dire molte cose. Molti dei suoi fenomeni parlano infatti a favore dell'ipotesi che non tutto finisca con la morte fisica. Si tratta naturalmente di indizi, e non di prove, tuttavia questi indizi che provengono da molti fenomeni diversi parlano un linguaggio molto eloquente. Per l'indicazione dettagliata dei fenomeni in questione si veda la voce *Morte*, e sul tipo di sopravvivenza la voce *Aldilà*.

Sortilegio
Deriva dalla parola latina *sors* = sorte, destino, e significa pratica divinatoria tesa a leggere il destino e a influire su di esso con pratiche magiche. Si tratta di riti magici molto antichi, comprendenti formule e parole segrete, e uso di oggetti appartenenti alla persona su cui si vuole agire, nel bene e nel male: nel bene per ottenere ricchezza, salute, fecondità, nel male per ottenere gli effetti contrari e impadronirsi della mente e della volontà della persona in questione. Si vedano anche le voci *Magia* e *Fattura*.

S.P.R. Vedi *Società per la Ricerca Psichica*.

Spazio - Tempo
Tempo e spazio costituiscono le due grandi categorie di percezione indispensabili all'uomo per la sua «lettura» degli eventi del mondo sensoriale. Che si tratti di categorie create dall'uomo, lo dimostra il fatto che nei fenomeni paranormali la dipendenza dallo spazio e dal tempo è totalmente diversa da quella abituale: le manifestazioni *psi* (v.) si presentano infatti come se spazio e tempo non esistessero.
L'esperienza dello spazio e del tempo è quindi un fatto soggettivo dipendente dalla limitata capacità di percezione dell'uomo, e non un elemento oggettivo insito nella natura delle cose. Anche secondo le filosofie orientali tempo e spazio sono illusioni, cui la nostra limitatezza ci lega.

Sperimentatore
È così chiamata la persona che dirige e controlla gli esperimenti dei sensitivi, di qualunque genere essi siano. Lo sperimentatore può lavorare in laboratorio, oppure sul campo, o anche privatamente col soggetto di cui intende indagare le capacità. Da molto tempo ci si è accorti quanto sia importante il ruolo dello sperimentatore nell'esperimento paranormale: si è capito cioè che lo sperimentatore non ha semplicemente un ruolo passivo o di semplice controllo, ma entra attivamente nell'esperimento e lo influenza, anche se non ne ha la consapevolezza.
Il ruolo dello sperimentatore è importante anche per motivazioni psicologiche, e il legame che si crea tra lui e il sensitivo può essere determinante ai fini dei risultati. È noto che ci sono sperimentatori che non ottengono mai, o quasi mai, buoni risultati, e sperimentatori che li ottengono frequentemente. Positive ai fini dell'esperimento sono l'apertura, la simpatia, la partecipa-

zione dello sperimentatore, anche se opera controlli rigorosi; dannosi lo scetticismo, la diffidenza, l'ostilità. Di tutto questo deve essere ben consapevole chiunque si accinga a compiere esperimenti con medium e sensitivi.

Spiriti burloni
Nelle sedute medianiche, di qualunque tipo esse siano, si presentano spesso «entità», o presunte tali, che dicono sciocchezze, parole sconce, fanno precognizioni sbagliate, si fanno passare per spiriti di personaggi famosi. Gli spiritisti chiamano queste «entità» menzognere spiriti burloni, intendendo con questo termine spiriti inevoluti che si divertono a farsi beffe degli ingenui che si riuniscono intorno al tavolo o intorno al medium.

Spiriti di natura
Fin dai tempi più antichi l'uomo ha creduto nell'esistenza di esseri fantastici: fate e ninfe, fauni ed elfi, coboldi e folletti. La credenza in queste creature si è protratta fino al Medioevo e al Rinascimento, e ha ritrovato credito e diffusione attraverso lo spiritismo. Si tratterebbe di esseri soprannaturali sia femminili che maschili, a volte giovani e a volte vecchi, belli e brutti, abitanti dei boschi, delle grotte, delle sorgenti e dei prati, considerati la personificazione delle forze naturali. Anche in tempi recenti non sono mancate le dichiarazioni di persone serie e attendibili che hanno testimoniato di aver incontrato queste creature, ritenute per lo più benefiche all'uomo. Parrebbe dovuta all'intervento degli spiriti di natura la creazione di uno dei centri più interessanti della nostra epoca: la comunità di *Findhorn* (v.) in Scozia. In questo caso le misteriose creature sarebbero state viste sotto forma di luce e avrebbero dato consigli che hanno consentito di trasformare una landa sabbiosa, fredda e desolata in un giardino lussureggiante, che ha suscitato lo stupore degli agronomi di mezzo mondo. Oggi Findhorn, su cui il giardino ha attirato l'attenzione generale, è una comunità dove si insegna a vivere in modo diverso, in amicizia con gli uomini e la natura, in base a una nuova filosofia di vita.

Spiritismo
Movimento sviluppatosi negli Stati Uniti a partire dal 1848, cioè dopo il famoso episodio delle sorelle *Fox* (v.), che si diffuse rapidamente prima in America e poi in Europa, divenendo in breve tempo noto ovunque. Esso si basa sul presupposto che la sopravvivenza alla morte del corpo sia una realtà e che, attraverso medium e tecniche varie, sia possibile comunicare coi trapassati. Lo spiritismo sostiene inoltre l'esistenza di Dio e la pluralità delle esistenze (reincarnazione), necessarie per compiere molte esperienze sulla terra ed evolversi. Codificatore dello spiritismo può essere considerato *Allan Kardec* (v.), che nei suoi numerosi libri accentuò il lato religioso ed etico del movimento.
Lo spiritismo si basa sull'ipotesi del contatto coi trapassati e sui fenomeni che attraverso questo contatto si producono. In effetti nel corso delle sedute medianiche avvengono fenomeni straordinari che non sembrano attribuibili al medium: *levitazioni, materializzazioni, apporti, scritture e voci dirette* (v.), luci, spostamenti di oggetti, ecc. (si vedano le singole voci). Gli spiritisti attribuiscono tutta questa fenomenologia all'intervento dei trapassati, gli animisti invece ai poteri ancora sconosciuti del medium.
La ricerca parapsicologica è nata in pratica dallo spiritismo: furono infatti i fenomeni inspiegabili prodotti dai medium a suscitare l'interesse di scienziati e ricercatori e a promuovere la ricerca sia su questi stessi fenomeni che sulla percezione extrasensoriale, cioè telepatia, chiaroveggenza e precognizione, e sulla psicocinesi. L'epoca d'oro dello spiritismo è stata la fine dell'Ottocento e i primi decenni del Novecento: furono anni caratterizzati da uno straordinario fervore di ricerche, dalla creazione di importanti Società, da pubblicazioni fondamentali sull'argomento. Poi la grande stagione dei medium si è poco per volta esaurita e oggi i grandi medium sono

pochi, anche se tuttora si registrano casi interessantissimi.
Col termine «spiritismo scientifico» si intende lo studio organico dei fenomeni medianici, indipendentemente dall'interpretazione che ad essi può essere data. La casistica spiritica è immensa: essa è legata alla storia dei grandi medium e dei fenomeni da loro prodotti, ai messaggi relativi all'aldilà trasmessi attraverso di loro, ai ricercatori che hanno legato il loro nome a questa particolare ricerca: tra questi ricordiamo in particolare *Charles Richet, W. Crookes, Flammarion, Sir Arthur Conan Doyle, Aksakov, F.W.H. Myers,* e il nostro *Ernesto Bozzano* (v.), per non citare che i più famosi.
L'ipotesi spiritica, sostenuta da alcuni a spada tratta e osteggiata invece da altri, non è dimostrabile come non lo è quella animistica. E la controversia spiritismo-animismo continuerà a far discutere per molto tempo ancora gli appassionati di fenomeni paranormali.

Spirito
Tutte le religioni intendono con questo termine il principio immortale e immateriale che presiede alla vita umana, latore della coscienza e capace di valutazioni morali: la scintilla divina destinata a sopravvivere alla morte del corpo e a continuare ad esistere in una dimensione diversa e superiore. Anche per gli spiritisti e gli occultisti il termine mantiene questa connotazione; esso si distingue dall'*anima* (v.), sede dei sentimenti e delle emozioni e destinata anch'essa a sopravvivere al corpo, ma solo per un determinato periodo. In base alle dottrine spiritiche, lo spirito dall'aldilà sarebbe anche in grado di comunicare coi viventi, al fine appunto di fornire prove della propria sopravvivenza alla morte. Si vedano anche le voci *Spiritismo* e *Aldilà.*

Spirito-guida
Nel linguaggio spiritico è l'entità che nelle sedute medianiche prende il controllo del medium, in un certo senso lo aiuta e lo protegge: una specie di suo angelo custode. In base a certe teorie, ognuno di noi avrebbe uno spirito-guida, di cui sarebbe possibile sentire la voce ascoltandosi dentro. La sua voce è assimilabile a quella della coscienza.

Spiritualismo
Deriva dal termine inglese *spiritualism* (che significa sia spiritismo che spiritualismo) e indica da noi l'insieme di dottrine religiose e morali legate allo *spiritismo* (v.): fede nell'esistenza di Dio, nella sopravvivenza dell'anima, nella possibilità di entrare in contatto col mondo dei trapassati attraverso il medium. Presuppone quindi anche un comportamento etico adeguato al contenuto, spesso elevato, dei messaggi medianici.

Spontaneo (fenomeno)
I fenomeni paranormali spontanei sono quelli che capitano quotidianamente alla gente, anche se non fornita di particolari doti di sensitività: contatti telepatici, visioni, sogni veridici, precognizioni ecc. In realtà ognuno di noi possiede un pizzico di sensitività, che in certe condizioni tende ad emergere. Il paranormale spontaneo è il più ricco, suggestivo e coinvolgente e si presenta in modelli analoghi da che mondo è mondo. Per fornire prove della realtà del paranormale sono stati ideati anche esperimenti di laboratorio, che hanno il vantaggio di essere ripetibili e valutabili statisticamente (si veda la voce *Rhine*), tuttavia la qualità del fenomeno spontaneo è di gran lunga più alta di quella dei fenomeni provocati. Insieme, le due casistiche si completano e si integrano.

Stati alterati di coscienza
Stati di coscienza che comportano una netta modificazione delle abituali funzioni mentali della coscienza vigile; il raggiungimento di questi stati di coscienza può essere conseguito con mezzi psicologici o farmacologici. Caratteristiche più importanti di tali stati sono la modificazione del pensiero e della percezione spazio-temporale, perdita del senso del corpo, mancanza di controllo su se stessi, ma anche superamento del senso di separazione tra materia e coscienza,

tra l'Io e il mondo circostante, senso di unione tra *macrocosmo* e *microcosmo* (v.). Tra gli stati alterati di coscienza indichiamo la *trance*, l'*ipnosi*, il *sogno* (v.), l'estasi e gli stati allucinativi prodotti dalle droghe. A quanto pare, gli stati alterati di coscienza sono buoni induttori dei fenomeni paranormali.

Steiner Rudolf (1861-1925)
Di nazionalità tedesca, fu filosofo e letterato, con una speciale devozione per Goethe. Aderì per molto tempo alla *teosofia* (v.), divenendo segretario generale della Società Teosofica in Germania. Nel 1913 se ne staccò per fondare l'*antroposofia* (v.), un movimento che pur restando vicino alla teosofia è più aderente al cristianesimo. Stabilì la sede della sua fondazione a Dornach, in Svizzera, nel cosiddetto Goetheanum, un poderoso edificio di cui aveva personalmente disegnato il progetto. Numerose le opere di Steiner in campo artistico, politico, religioso, medico e pedagogico.

Goetheanum

Stevenson Jan (1918)
Docente di psichiatria all'Università della Virginia, si occupa da molti anni di parapsicologia con particolare riferimento ai fenomeni di telepatia e precognizione, alle apparizioni e soprattutto ai «ricordi di vite precedenti». Quest'ultimo studio si collega intimamente all'ipotesi della *reincarnazione* (v.). I ricordi studiati da Stevenson sono di questo tipo: bambini piccolissimi, appena cominciano a parlare, ricordano altre vite, altre situazioni, altri ambienti che non hanno nulla a che fare con la vita attuale. Analizzando e controllando questi ricordi (Stevenson ha ormai una vastissima casistica in tutto il mondo), è stato possibile constatare ampie analogie tra ricordi dei bambini e situazioni realmente accadute. Ci sono stati anche riconoscimenti di persone, di case, di oggetti. Inoltre questi bambini che ricordano presentano a volte sul corpo segni di cicatrici, detti *segni di nascita*, (v.) corrispondenti alle ferite che avrebbero portato alla morte della personalità precedente. Dopo aver studiato centinaia di casi di questo genere, Stevenson è arrivato alla conclusione che non può trattarsi di coincidenze e che è più probabile invece che quelle che i bambini ricordano, siano effettivamente vite precedenti. Numerose le pubblicazioni di Stevenson, alcune delle quali tradotte anche in italiano.

Stigmatizzazione
Certi mistici e santi cattolici hanno presentato ai piedi, alle mani e al costato i segni delle ferite di Gesù; spesso queste ferite sanguinano, specie di venerdì e nella settimana santa. La Chiesa lo ritiene un segno carismatico, i medici per lo più un effetto psicogeno. E a riprova di questo, ricordano che le stigmate sono state indotte anche in ipnosi, per suggestione. La Chiesa conosce circa 500 stigmatizzati, quasi tutti di sesso femminile: eccezioni sono stati S. Francesco e *Padre Pio* (v.). Tra gli stigmatizzati dei tempi nostri ricordiamo *Teresa Neumann* e *Natuzza Evolo* (v.).

Strega - Stregoneria
Equivalente alla magia nera, la stregoneria si ritrova in tutti i paesi e in tutti i tempi con pratiche fondamentalmente analoghe tese a esercitare il potere sulla vittima di turno. Ne troviamo notizia in Egitto, in Grecia, a Roma e poi durante il Cristianesimo, che condannò sia la magia bianca che

la magia nera e arrivò nel Medioevo all'istituzione dell'Inquisizione e ai roghi delle streghe. Secondo la voce popolare, le streghe intrattenevano rapporti col demonio, da cui traevano i loro malefici poteri, e si abbandonavano a riti orgiastici in cui avvenivano turpitudini di ogni tipo, uccisioni comprese. La «caccia alle streghe» fu un fenomeno di vastissima portata in Occidente, che produsse anche ingiustizie e vittime innocenti. Le ultime esecuzioni avvennero alla fine del Settecento in Germania e Spagna. Va considerato che la stregoneria, intesa come esercizio di *magia* (v.), sia bianca che nera, è tuttora presente un po' in tutto il mondo presso i popoli cosiddetti primitivi, quelli cioè vissuti lontano dalla civiltà occidentale: è quindi un fenomeno che fa profondamente parte della storia dell'uomo e che interessa lo studioso di parapsicologia in quanto espressione di facoltà extranormali, sia nel bene che nel male.

Strega nell'atto di evocare il demonio

Due streghe preparano un incantesimo

Sudre René (1880-1968)
Studioso francese, si occupò con grande chiarezza e competenza di tutti i rami della parapsicologia, tracciandone un limpido quadro nel suo ben noto *Traité de parapsychologie*. Promosse sia la ricerca qualitativa che quella quantitativa e si occupò anche della *psi* (v.) degli animali. Fu direttore dell'*Istituto Metapsichico Internazionale* (v.) di Parigi e della *Revue Métapsychique*. È considerato uno dei più importanti studiosi di parapsicologia di questo secolo.

Sufismo
È la corrente mistica dell'Islamismo, sviluppatasi sotto l'influenza della mistica cristiana quando Maometto era ancora in vita. *Sufi* sono chiamati coloro che seguono questa via, che è in realtà un insegnamento ascetico-iniziatico, che comporta la rinuncia a tutto e l'affidamento completo a Dio.

Superstizione
Fenomeno popolare antichissimo, che si ritrova in tutto il mondo e che comprende credenze e riti. L'origine è magica, quindi pre-cristiana. Superstizioni possono essere

le varie *mantiche* (v.) tese a conoscere il futuro, i riti atti a modificarlo in determinati sensi, i vari *amuleti* (v.) usati a scopo protettivo e preventivo.
La Chiesa cattolica ha sempre combattuto le superstizioni e le condannò nei Concili, proibendone le pratiche. Il fenomeno è tuttavia radicato profondamente nella natura dell'uomo e riemerge in piccole e grandi occasioni.

Swedenborg Emanuel (1688-1772)
Mistico e veggente svedese, giunse a visioni di grande spiritualità dopo aver dedicato una vita allo studio scientifico. Fu uno spirito enciclopedico, che si occupò di studiare e divulgare tutti i rami dello scibile, dalla fisica all'astronomia all'anatomia alla zoologia. Fu tenuto in alta considerazione dalla corte svedese, da cui ottenne il titolo nobiliare. Dotato fin da fanciullo di chiaroveggenza, naturalmente portato all'introspezione e all'esperienza religiosa (era figlio di un vescovo protestante), a 56 anni iniziò un cammino spirituale che doveva portarlo a vivere praticamente tra due mondi e a «vedere» più di quanto all'uomo sia concesso di vedere.
Aveva trance estatiche durante le quali gli si rivelavano il mondo spirituale, il cielo e l'inferno, le gerarchie evangeliche, l'*aldilà* (v.).
Tutto questo fu da lui descritto nelle numerose opere che ha lasciato, di cui anche personaggi come Goethe, Lavater e Jung sentirono l'influsso. Kant stesso ebbe prova delle doti chiaroveggenti di Swedenborg e ne parlò diffusamente nel suo *Sogni di un visionario*. Famosa la visione dell'incendio di Stoccolma del 1759, a 500 km di distanza. Swedenborg ebbe certamente doti medianiche e le sue opere sono con ogni probabilità scritte per automatismo, come egli stesso lasciò intuire.

T

Tabu
Termine polinesiano, che indicava una proibizione e riguardava cibi che non potevano essere mangiati, azioni che non dovevano essere compiute, oggetti che non dovevano essere toccati. Le motivazioni erano di ordine religioso. Ma la non osservanza di queste proibizioni era severamente punita. Anche oggi il termine *tabu* indica qualcosa di proibito, di non agibile o indagabile.

Tai Chi
È una sorta di yoga cinese, insieme meditazione in movimento e tecnica di autodifesa. Come tale è una tecnica estremamente armonica e rientra nella «scuola dolce» delle tecniche di combattimento, secondo cui chi cede con dolcezza finisce per vincere la violenza.

Talismano Si veda la voce *Amuleti e talismani*.

Tanatologia
Deriva dal greco *thanatos* = morte ed è lo studio della morte, del suo significato e di quello che ci attende dopo di essa. Oggi gli studi tanatologici sono soprattutto incentrati sull'analisi delle *Esperienze in punto di morte* (v.).

Tantra - Tantrismo
Movimento esoterico indiano basato su una serie di pratiche iniziatiche e la *Shakti* (= devozione). *Tantra* (dalla radice sanscrita *tan* = sviluppare, stendere) sono i libri sacri, *tantrismo* la scuola che ne deriva. I sacri testi tantra accettano l'esperienza della vita nella sua globalità, sconsigliano l'alienazione dal mondo e fanno un rito di ogni atto della vita quotidiana, sessualità compresa. Sono testi magico-religiosi, che la tradizione indiana considera dettati dallo stesso dio Shiva. Il tantrismo ricerca concretamente la liberazione e l'illuminazione attraverso la realtà della vita, partendo dal corpo che come microcosmo si identifica col macrocosmo ed è il tempio in cui può essere compiuta la ricerca spirituale. Il tantrismo raccomanda gli esercizi dell'*Hatha Yoga* (lo yoga del respiro, per il controllo della vitalità e della salute del corpo fisico) per il raggiungimento dei suoi scopi, che consistono nella liberazione dalla ruota delle esistenze e nell'illuminazione.

Un Buddha in unione con la sua Shakti

Tao
Indica in cinese «via, strada, cammino» e anche «regola, ordine, principio, dottrina, metodo». Nell'*I Ching* (v.) il Tao è l'ordine cosmico, etico e sociale in movimento e azione. Il *Taoismo*, filosofia fondata da *Lao Tse* (v.) sei secoli a.C., ritiene che la vita umana sia soltanto illusione e che l'unico

reale sia il Tao, che sta qui a indicare la natura e l'armonia che in essa si rispecchia. A questo ordine e a questa armonia l'uomo deve adeguarsi. Il Taoismo accetta il concetto cinese di *Yin* e *Yang* (v.), i due principi che fanno muovere il cosmo.

Tao Te Ching Vedi *Lao Tse.*

Tarocchi
I tarocchi sono un mazzo di 78 carte particolari (56 Arcani minori e 22 Arcani maggiori), di origine incerta, utilizzate a scopi divinatori. Rientrano nella cartomanzia, ma hanno un significato più vasto delle normali carte solitamente usate dai sensitivi, in quanto i vari simboli esprimono significati profondi legati al destino del singolo consultante. Il metodo di consultazione è piuttosto complesso e si avvale, come nelle altre forme di cartomanzia, della collaborazione del consultante che deve alzare il mazzo e talora anche dare una disposizione alle carte. Secondo certi studiosi, i tarocchi verrebbero dall'Egitto e sarebbero giunti in Europa nel Medioevo attraverso il Marocco e l'Arabia. È una delle forme più complete e affascinanti di divinazione.

Il primo Arcano maggiore dei Tarocchi: Il Bagatto

Taumaturgo
Il termine deriva dal greco e indica una persona dotata di particolari capacità e forze, in grado addirittura di produrre miracoli specie in campo terapeutico.

Tavola smaraldina
L'antica «Tabula smaragdina» era attribuita a Ermete Trismegisto (v. *Ermetismo*), figura leggendaria dell'antico Egitto, ed è giunta a noi attraverso una traduzione latina risalente all'undicesimo secolo. In base alla tradizione, si tratta di un testo originariamente inciso su marmo verde, o su smeraldo artificiale; esso contiene insegnamenti esoterici e sacri, che possono essere così riassunti: «Come sopra così sotto». Tutto al mondo è polare, tutto è ciclico, ritmico e soggiace alla legge dell'equilibrio e dell'armonia.

Tavoli giranti
Nome dato in Francia nel secolo scorso ai tavolini che si muovevano nel corso delle sedute spiritiche e che servivano per comunicare coi trapassati. I Francesi usavano il termine *tables tournantes*. In genere vengono usati a questi scopi tavoli rotondi a tre zampe, non troppo pesanti, tali da potersi muovere facilmente; intorno al tavolo siedono alcune persone che posano le mani aperte sul piano del tavolo formando una «catena». Dopo un po' il tavolo comincia a scricchiolare e a muoversi, e dopo qualche tempo, a forza di battiti, avviene la comunicazione. Naturalmente, anche volendo escludere la frode, si discute tuttora se si tratti veramente di comunicazioni provenienti dagli spiriti o di movimenti provocati per psicocinesi dai presenti, che sarebbero in questo modo le cause involontarie del fenomeno.
Pare che il fenomeno del tavolino si sia presentato per la prima volta nel 1848, con *Kate Fox* (v.) a Hydesville nello Stato di New York. Insieme alla sorella Margaret, Kate era riuscita a mettersi in contatto con uno «spirito picchiatore» che infestava la casa in cui le sorelle abitavano coi genitori. A forza di colpi lo spirito aveva rivelato di sé cose che erano poi risultate esatte, dando

in questo modo inizio alle pratiche spiritiche e con esse alla ricerca psichica. Nell'Ottocento il fenomeno divenne di moda e lo si praticava nel convincimento di comunicare con gli spiriti. Se ne occuparono anche grandi scienziati, come *Charles Richet* (v.), premio Nobel per la fisiologia (1913), che ha lasciato ottime descrizioni delle sedute compiute. Con medium quali *D.D. Home, Florence Cook* e *Eusapia Paladino* (v.) durante le sedute si muovevano anche tavoli pesantissimi; qualche volta addirittura si ottennero levitazioni totali del tavolo.

Negli anni Settanta e Ottanta a Exeter in Inghilterra lo psicologo Kenneth Batcheldor ha portato avanti una lunga serie di esperimenti col tavolino, senza alcun coinvolgimento spiritico e con l'unico intendimento di produrre e studiare la psicocinesi, cioè l'azione della mente sulla materia. Batcheldor ha dimostrato coi sui esperimenti, che ha ripetutamente filmato coi raggi infrarossi, che chiunque, purché lo voglia veramente, è in grado di produrre psicocinesi, e che quindi non è necessario un medium per far ballare un tavolo. A giudizio di Batcheldor è la fede, intesa nel senso di fiducia nelle proprie possibilità, a mettere in movimento il meccanismo della psicocinesi.

Gli esperimenti di Batcheldor sono stati ripetuti in maniera indipendente da altri ricercatori, con buon successo.

Anche per chi non è molto esperto, il tavolino si presta facilmente alla sperimentazione: basta avere costanza, non pretendere troppo, riunirsi regolarmente, non cambiare il numero e la composizione del gruppo (da tre a sei persone vanno bene) e usare un tavolo di peso medio (5/6 kg per esempio).

Inoltre, diceva Batcheldor, è bene non partire con premesse spiritiche perché questo potrebbe spaventare i più impressionabili: il convincimento che tutto è prodotto dalla psiche umana consente di stare sereni e di sperimentare in condizioni ottimali.

Tecniche di rilassamento

Esercizi che portano a un rilassamento psico-fisico e che in questa nostra epoca caratterizzata dallo stress risultano molto importanti per il raggiungimento dell'armonia interiore. Tra le tecniche di rilassamento citiamo certi esercizi di *yoga* e *biofeedback*, il *training autogeno* (v.) e le varie tecniche di respirazione.

Telecinesi

Dal greco *tèle* = lontano e *kinèsis* = movimento. Si veda la voce *Psicocinesi.*

Telefonate dall'aldilà

Si tratta di una fenomenologia di cui si è avuta notizia solo di recente, soprattutto attraverso il libro di Rogo e Bayless *Telefonate dall'aldilà*, uscito nel 1982. Il modello di queste strane e inquietanti telefonate è sempre più o meno lo stesso: qualcuno riceve la telefonata di una persona di cui riconosce perfettamente la voce e che crede viva. Il colloquio — in genere breve — avviene normalmente, e solo in seguito risulta che chi telefonava era morto da poco tempo e anche da qualche giorno. Altre volte viene riconosciuta al telefono la voce di qualcuno di cui si sa con esattezza che è morto. Talora queste telefonate hanno un carattere tutelare. Il più delle volte però le «voci» telefoniche si limitano a farsi riconoscere e a dare un saluto.

Questa fenomenologia, relativamente rara, si riallaccia alla casistica paranormale legata agli strumenti tecnici: prima fra tutte la *psicofonia* (v.), ovvero la registrazione su nastro di «voci» di origine ignota. Può essere interpretata in chiave spiritica, ipotizzando un reale intervento dei trapassati, o in termini di psicocinesi, cioè di influsso della mente del vivente sulla materia, in questo caso sull'apparecchio telefonico. Il fenomeno merita interesse essendo stato riferito da persone attendibili e in termini analoghi un po' ovunque. Uno svantaggio è rappresentato dal fatto che questa casistica non consente riscontri e bisogna quindi fidarsi esclusivamente di chi riferisce il fatto. L'analogia delle «telefonate» ricevute da persone molto diverse e all'oscuro di questa fenomenologia porta a ritenere comunque che si tratti di un fenomeno reale, probabilmente quindi di un nuovo capitolo da aprire nella ricerca parapsicologica.

Telepatia

La telepatia è il più noto, diffuso e accettato tra i fenomeni di percezione extrasensoriale. Il termine fu coniato alla fine del secolo scorso dall'umanista e filosofo *F.W.H. Myers* (v.) uno dei fondatori della *Società per la Ricerca Psichica* (v.) di Londra, dalle parole greche *tèle* (= lontano) e *pathos* (= sentimento, emozione), e indica una comunicazione diretta da mente a mente, senza implicazioni dei sensi noti.

Tutti, prima o poi, facciamo esperienza di qualche fenomeno telepatico: pensiamo a una persona che non vediamo da tempo, e dopo poco questa persona ci telefona o ci viene a trovare. Si tratta già di un fenomeno telepatico. Si è notato che la telepatia si verifica con maggiore frequenza tra persone legate da affetto: la coppia telepatica per eccellenza è quella di madre-figlio/figlia. Ma anche tra il padre e i figli, i fidanzati, gli sposi, i gemelli monozigoti ecc. i contatti telepatici sono frequenti.

La telepatia è stata oggetto di molte ricerche ed esperimenti. Ricordiamo per primi quelli del ricercatore francese *René Warcollier* (v.) e quelli dello studioso sovietico *L.L. Vasiliev* (v.). Quest'ultimo, per dimostrare che la telepatia non dipendeva da una radiazione di tipo noto, usava isolare i suoi soggetti nella «gabbia di Faraday», che, come si sa bene, scherma le radiazioni conosciute. Per i suoi famosi esperimenti di telepatia, il prof. *Rhine* (v.) usava mazzi di carte composte di cinque simboli (croce, quadrato, stella, onda e cerchio) ripetuti cinque volte ognuno (25 carte in tutto): le cosiddette *Carte Zener* (v.), dal nome del suo collaboratore che le ideò.

Sperimentatore e soggetto — Rhine si serviva in genere dei suoi studenti — erano separati da uno schermo: lo sperimentatore sollevava una dopo l'altra le varie carte e cercava di trasmettere al soggetto il simbolo corrispondente. La valutazione statistica di migliaia e migliaia di esperimenti ha portato a dimostrare che la telepatia è una realtà.

La telepatia non conosce limiti spaziali: ne fanno testimonianza gli esperimenti compiuti negli anni Trenta tra Vienna ed Atene, quelli dell'astronauta *Edgar Mitchell* (v.) tra la luna e la terra, e quelli più recenti (1984) compiuti tra Mosca e la California dagli psicologi americani Russel Targ e Keith Harary e la sensitiva sovietica Juna Davitasvili (si veda la voce *Remote viewing*).

La telepatia si esplica compiutamente soprattutto a livello spontaneo come del resto anche gli altri fenomeni che fanno parte della percezione extrasensoriale (chiaroveggenza e precognizione). Si presta tuttavia molto bene anche alla sperimentazione di laboratorio (oggi nei laboratori più attrezzati le carte o le immagini vengono scelte dal cosiddetto «generatore di eventi casuali»), e — data la semplicità della tecnica sperimentale — anche a casalinghi esperimenti tra amici. Al di là dell'informazione che la telepatia può trasmettere, il significato più autentico di questo fenomeno è la dimostrazione della fondamentale unione, a livello profondo, di tutto e tutti, indipendentemente dalle barriere spaziali.

Telescrittura

Il termine è composto dalla parola «scrittura» col prefisso *tèle* (= lontano, in greco) e indica la scrittura di qualcosa che viene da lontano. È, in parole più semplici, la pratica del bicchierino e del cartellone che tutti conoscono e che funziona in questo modo: alcune persone si riuniscono intorno a un cartellone con scritte le lettere dell'alfabeto, qualche numero e qualche segno convenzionale; ognuno posa il dito sul bicchierino, il quale in genere dopo qualche minuto di concentrazione dei presenti comincia a muoversi andando da una lettera all'altra e formando parole e frasi.

C'è chi, con questa pratica, ritiene di mettersi in contatto con l'aldilà, e in effetti così potrebbe sembrare: il bicchierino, correndo sulle lettere, trasmette sovente messaggi che sembrano provenire dai trapassati. Poiché però il più delle volte i messaggi sono molto banali, risulta chiaro a tutti che

l'ispirazione deve essere diversa. In effetti la pratica del bicchierino (come quella del tavolino e anche la scrittura automatica) è dovuta a un *automatismo* (v.) che viene a crearsi tra le persone presenti e che per lo più mette in evidenza contenuti inconsci.
Il termine «telescrittura» fu coniato negli anni Quaranta dall'avvocato Salvatore Occhipinti di Milano, che per anni, insieme alla moglie, al figlio avvocato Luigi e alla nuora Ada si dedicò a questa pratica nell'intento di creare una comunicazione tra i viventi e il proprio inconscio, senza cioè alcuna motivazione spiritista.
Nel corso degli anni, gli Occhipinti hanno ottenuto pregevoli produzioni letterarie, scientifiche, mediche, che essi spiegano come contatto telepatico coi viventi, reso possibile dallo stato di grande attenzione, o piccola trance, che gli sperimentatori presentano mentre si dedicano alla telescrittura. Gli Occhipinti ritengono che chiunque possa ottenere i medesimi risultati, purché si applichi con diligenza e senza stancarsi, sperimentando sempre con le stesse persone e lo stesso cartellone, al fine di creare un perfetto automatismo.

Templari
Il Templare è il cavaliere dell'Ordine della Milizia del Tempio, fondato nel 1118 a Gerusalemme e scomparso nel 1314 con l'esecuzione del suo 22° Maestro. Il Templare è un soldato-monaco che protegge le vie che portano ai luoghi santi. Nell'Ordine dei Templari si riscontrano elementi esoterici, specie nel simbolismo della lotta contro il male. Attualmente esistono ancora i *Neo-Templari*, membri di un'organizzazione iniziatica che, a torto o a ragione, si considera seguace dell'antico Ordine del Tempio.

Tenhaeff Wilhelm Heinrich Carl (1894-1981)
Psicologo olandese, è stato il primo ad avere una cattedra di parapsicologia: quella di Utrecht, che gli fu assegnata nel 1953 dopo che già da vent'anni era libero docente della stessa materia presso quella università. Si occupò fin da giovanissimo di spiritismo e studiò a fondo numerosi sensitivi, prediligendo sempre il *metodo qualitativo* (v.). Il suo soggetto più famoso è stato senza dubbio *Gerard Croiset* (v.), col quale compì lunghe e memorabili esperienze.

W.H.C. Tenhaeff

Teocrazia
Si intende con questo termine un governo il cui potere è esercitato da una casta sacerdotale, oppure da un sovrano considerato rappresentante di Dio in terra. Un tipico esempio di teocrazia esisteva in Tibet fino all'invasione cinese del 1951: il Dalai Lama (v. *Lama*) era ed è considerato il capo religioso e politico della sua gente.

Teofania
Manifestazione visibile e sensibile della divinità sotto forma umana o anche come fenomeno naturale (fuoco, vento, temporale, tuono, ecc.). La teofania può essere di tipo mistico, quando la persona nell'estasi si eleva e ha la visione di Dio; oppure di tipo magico, quando la divinità si manifesta attraverso un medium e un supporto materiale (un elemento della natura, per esempio); o ancora di tipo diretto, quando Dio si manifesta senza intermediari a una persona, sia essa sveglia o immersa nel sonno.

Teosofia
Movimento fondato nell'Ottocento dalla medium e occultista russa *Elena P. Blavatsky* (v.), che ricevette da un gruppo di maestri orientali quella che chiamò la

«dottrina segreta», ovvero l'insegnamento che sta alla base di tutte le grandi religioni. In realtà la teosofia risente molto della religione induista, crede nel karma, nella reincarnazione e nella ruota delle esistenze fino alla liberazione finale.
Il movimento teosofico è diffuso ancor oggi, propugna l'unione di tutta l'umanità e il suo costante perfezionamento attraverso la conoscenza delle autentiche leggi della natura e dell'uomo e afferma la necessità di approfondirsi nello studio delle religioni. La Blavatsky fondò nel 1875 a New York la Società Teosofica, di cui in seguito trasferì in India la sede centrale. Le successe *Annie Besant* (v.), che contribuì ulteriormente alla diffusione del movimento teosofico.

Terzo occhio
Indica «l'occhio spirituale» e si intende con esso un organo sottile, corrispondente a un *chakra* (v.) delle dottrine indiane, situato sulla fronte tra le sopracciglia. Il terzo occhio consentirebbe di vedere tutto, ciò che è esterno come ciò che è interno: corrisponde in pratica all'intuizione.

Terzo orecchio
Indica simbolicamente la «*chiaroudienza*» (v.), ovvero la capacità di sentire ciò che comunemente non si sente: messaggi di trapassati, intuizioni supernaturali, voci degli angeli. Molti famosi medium e sensitivi sono stati dotati di questa particolare sensibilità acustica. Le voci per altro risuonerebbero non nella zona auricolare, ma nella mente o, secondo alcuni, nella zona del cuore. Anche il terzo orecchio può essere considerato una forma di intuizione.

Test
Deriva dal latino *testimonium* e indica un procedimento standard teso a identificare certi lati, aspetti e qualità della personalità. In parapsicologia vengono chiamati *test* gli esperimenti quantitativi di laboratorio: essi non sono tesi soltanto a rivelare le doti *psi* dei soggetti, ma anche a provare l'esistenza stessa della *psi* (v.).

Testamento Chaffin
Famoso caso di presunta apparizione di un defunto, che informa di una cosa di cui nessun vivente era a conoscenza. Il caso che è ritenuto da certi ricercatori a sostegno della sopravvivenza, avvenne nel 1921: James Chaffin, ricco possidente del North Carolina, era morto lasciando per testamento tutti i suoi beni a uno solo dei suoi 4 figli. Una notte apparve a uno dei figli diseredati e gli disse dove aveva nascosto un altro testamento, successivo al primo, in cui divideva i suoi beni fra tutti i figli. Il testamento fu trovato e l'eredità equamente spartita. La visione del figlio potrebbe anche essere stata dovuta a chiaroveggenza.

Theta
È l'ottava lettera dell'alfabeto greco e la lettera iniziale della parola *thanatos*, che significa morte. L'espressione «fenomeni theta» sta ad indicare tutta la vasta fenomenologia che appoggia l'ipotesi della *sopravvivenza* (v.).

Tiptologia
È uno dei modi attraverso cui vengono trasmessi i messaggi medianici. Il termine è stato coniato dal greco *typtein* = battere, e *lògos* = discorso, e significa quindi conversazione attraverso i battiti. I battiti sono quelli scanditi dal tavolino a tre gambe oppure quelli che sembrano scaturire dai mobili o dalle pareti. In genere «a» corrisponde a un colpo, «b» a due colpi, e così via, però si possono usare altri metodi. Il sistema viene convenzionalmente fatto risalire alle sorelle *Fox* (v.), che alla metà dell'Ottocento si servirono della tiptologia in un famoso caso di infestazione, dando così origine al movimento spiritico.

Titanic
Il Titanic, il grande transatlantico considerato inaffondabile e che invece nel suo viaggio inaugurale (aprile 1912) cozzò contro un iceberg e colò a picco, è legato a un famoso caso di precognizione. Quattordici anni prima dei fatti, lo scrittore Morgan Robertson aveva scritto un romanzo in cui parlava

della costruzione, del primo viaggio e del naufragio di una grande nave, il *Titan*, ritenuta inaffondabile grazie ai suoi compartimenti stagni, e che proprio per questo aveva un numero insufficiente di scialuppe di salvataggio. La tragedia del Titanic avvenne nello stesso identico modo di quella descritta nel romanzo di Robertson: la nave salpò il 10 aprile da Southampton diretta a New York e quattro giorni dopo, mentre navigava a piena velocità, urtò contro un iceberg che squarciò cinque compartimenti stagni: in meno di tre ore la nave affondò. Delle 2.207 persone che erano a bordo, solo 705 si salvarono in quanto il Titanic (come il Titan del romanzo) aveva un numero insufficiente di scialuppe di salvataggio. Tutto si svolse esattamente come Robertson nel 1898 aveva scritto: anche un'infinità di altri dati (velocità di crociera, misure della nave, numero dei passaggeri, nome del capitano, ecc.) coincidevano perfettamente. Per ulteriori notizie sulla *precognizione*, si veda la voce apposita.

Tocquet Robert (1898-1994)
Chimico e antropologo francese, esperto di prestidigitazione, si è occupato a fondo di fenomeni paranormali, in particolare quelli di tipo fisico. Ha avuto parte attiva nella fondazione dell'*Istituto Metapsichico Internazionale* di Parigi (v.) e, in molte delle ricerche ivi compiute, ha studiato a fondo la medianità, servendosi delle sue doti di prestigiatore per scoprire eventuali trucchi. Pur convinto della realtà dei fenomeni, non ha mai aderito all'ipotesi spiritica, nel convincimento che tutto sia prodotto dal medium e dalle sue ancora inesplorate capacità.
La sua opera più importante è *Les pouvoirs secrets de l'homme.*

Totem
Presso gli Indiani dell'America Settentrionale il totem è la raffigurazione dell'animale in cui la tribù si riconosce e di cui desidera far proprie le virtù. L'origine del culto del totem è tuttora incerta. Pare fuori dubbio che si tratti di una manifestazione religiosa, legata all'origine stessa della popolazione e celebrata con riti e banchetti rituali in cui veniva imbandita soltanto la carne dell'animale raffigurato nel totem: una sorta di comunione destinata a trasmettere le qualità dell'animale prescelto. Oltre che in America del Nord, dove il totemismo ha raggiunto la sua massima espressione anche artistica, ritroviamo il totem presso i popoli primitivi dell'Australia, dell'India, dell'Africa e dell'America centrale e meridionale.

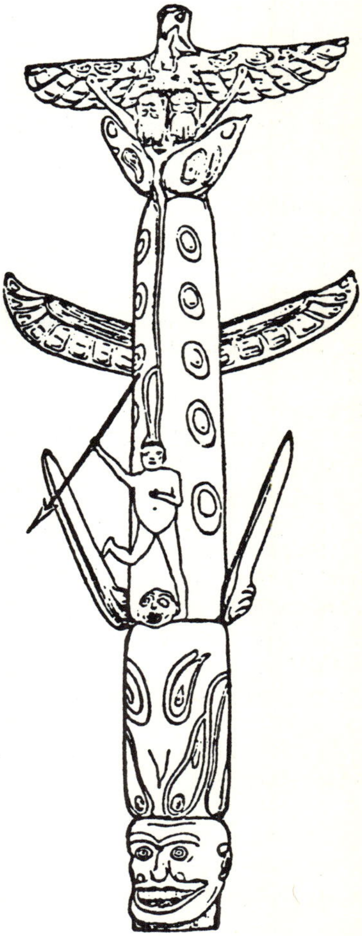

Totem

Trance
Termine inglese che indica lo stato psicofisico proprio dei medium durante le loro se-

dute. Sostanzialmente analoga al sonnambulismo e al sonno ipnotico, la trance è per lo più autoindotta dal medium mediante tecniche di concentrazione ed è simile a un sonno vero e proprio durante il quale il soggetto non avverte niente di quello che avviene intorno a lui e attraverso di lui. In questo stato si producono i fenomeni tipici della medianità e, secondo l'ipotesi spiritica, gli spiriti dei trapassati comunicano coi viventi servendosi del corpo del medium (trance a incorporazione). La trance può essere «grande», con perdita totale di coscienza, e «piccola», con uno stato di coscienza alterata: le manifestazioni del medium sono però sostanzialmente le stesse in entrambi i casi. Sebbene i medium vengano studiati da oltre un secolo, non sappiamo ancora con esattezza che cosa sia in realtà lo stato di trance.

Training autogeno
Metodo autosuggestivo di rilassamento messo a punto tra le due guerre dal neurologo berlinese J. Heinrich Schultz. Simile per molti aspetti allo yoga e all'autoipnosi, il training autogeno è oggi molto apprezzato e consente il controllo delle funzioni psicofisiche.

Transpersonale
Il termine è stato introdotto da *Stanislav Grof* (v.) per indicare esperienze straordinarie che trascendono i limiti dell'Io e la dimensione spazio-temporale. Esperienze quindi che rientrano nell'ambito del paranormale, della mistica, degli stati alterati di coscienza, e che vanno al di là dei confini della coscienza quotidiana.

Trascendenza
È la dimensione che trascende il mondo dei cinque sensi, dello *spazio-tempo* (v.), la dimensione del divino, di ciò che in termini filosofici e religiosi definiamo *aldilà* (v.). La *psicologia transpersonale* (v.) ritiene che l'uomo possa in vita farsi un'idea della trascendenza grazie ad esperienze che superano la realtà sensoriale e spazio-temporale. Si veda anche la voce *Esperienze di confine.*

Trasfigurazione (Fenomeni di)
Termine legato alla fenomenologia medianica: durante le sedute può capitare che il medium in trance assuma le sembianze delle entità che si manifestano attraverso di lui, arrivando talora non solo a ricordarle nei lineamenti del volto, ma anche nella figura e nel modo di gestire. La casistica medianica è piuttosto ricca di casi di questo genere, che tuttavia oggi sono molto rari: come molti altri fenomeni, anche quello della trasfigurazione è legato all'epoca d'oro della grande medianità (fine Ottocento, primi decenni del Novecento).

Trasmigrazione delle anime
Passaggio dell'anima da un corpo all'altro dopo la morte, a fini evolutivi. Si veda anche la voce *Reincarnazione.*

Trasmissione del pensiero Vedi *Telepatia.*

Trasmutazione
Termine proprio dell'*alchimia* (v.), con cui si intende il cambiamento di sostanza di un oggetto, o di un corpo, che abbandona la sua «natura vile» per assumerne una «nobile», grazie a operazioni alchemiche e/o spirituali e iniziatiche. La trasmutazione per eccellenza era l'antico sogno degli alchimisti, ovvero la trasformazione dei metalli in oro. Ma la vera trasmutazione è quella interiore, spirituale, di colui che pratica l'alchimia.

Trianon
Il caso del «Petit Trianon» è uno dei più famosi casi di *psicometria* (v.) di ambiente che si conoscano. Avvenne nel 1901 quando due signorine inglesi si recarono a Versailles in visita e vollero raggiungere il Petit Trianon. Avendo imboccato un sentiero che era loro parso una scorciatoia, si trovarono di fronte a personaggi vestiti come al tempo di Maria Antonietta, a costruzioni di foggia antica, a persone a cavallo. Il tutto era accompagnato da una strana atmosfera sognante, di cui le due signorine si resero conto solo in un secondo momento. In se

guito una delle due amiche tornò sul posto, incontrando ancora strani personaggi e notando situazioni diverse da quelle della volta precedente. Convinte di aver vissuto qualcosa di speciale, le due amiche tornarono altre volte a Versailles, ma non trovarono più niente di quanto avevano visto: anche l'architettura del giardino era diversa, diversi gli edifici, nessuna traccia dei personaggi. Studi condotti su antiche mappe di Versailles consentirono di rendersi conto che quella che era stata vista nelle due prime visite era la struttura settecentesca del giardino e i personaggi quelli del tempo di Maria Antonietta. La regina stessa fu individuata in una figura che le due amiche avevano visto su un prato. La strana vicenda, che fece discutere a lungo gli studiosi, fu narrata dalle protagoniste stesse nel loro libro *An Adventure* (1911). I fatti possono essere interpretati anche come *retrocognizione* (v.).

Trombe medianiche

Nelle sedute a *voce diretta* (v.), per rinforzare le voci che si facevano udire, venivano un tempo usate delle trombe, che erano delle specie di imbuti di cartone o alluminio nei quali le entità venivano invitate a parlare. Le trombe venivano sovente dipinte di vernice fosforescente, così che era possibile vederle fluttuare in aria, rette da mani invisibili: l'entità parlava all'estremità più stretta della tromba e la voce usciva dall'altra parte, debitamente amplificata. Oggi non esistono quasi più medium a voce diretta, così che l'uso delle trombe medianiche è stato abbandonato.

U

Ubaldi Pietro (1886-1972)
Insegnante di lingue, sensitivo, scrisse ispirato da «intelligenze esterne» opere dai contenuti nettamente superiori alla sua cultura: particolarmente originale e intensa è *La grande sintesi*, dove sono profuse conoscenze, anche scientifiche, in anticipo sui suoi tempi (l'opera è degli anni Trenta) e profondamente innovatrici. Questa opera fu seguita da altre minori (*Le Noùri*, *L'Ascesi mistica*). Nel vasto campo dei messaggi medianici, le opere di Ubaldi si distinguono per profondità, intuizione, originalità e spiritualità vera e sentita.

UFO
Sigla che sta per *unidentified flying objects* (in inglese appunto «oggetti volanti non identificati»). Si veda la voce *Oggetti volanti non identificati.*

Unio mystica
Si tratta di un'esperienza propria degli stati mistici, in cui il soggetto sperimenta l'unione col tutto (cioè con Dio). La meditazione favorisce il raggiungimento di questa esperienza, che lascia dopo di sé un ricordo e un'impronta incancellabili.

Unus mundus
Termine proprio dell'*alchimia* (v.), con cui si intende l'aspetto unitario di tutto ciò che è il superamento del dualismo spirito-materia. Il concetto è stato ripreso da *C.G. Jung* (v.): per lui l'unità di tutto ciò che è si manifesta occasionalmente nei fenomeni sincronistici (si veda la voce *Sincronicità*).

Uroboros
È il serpente che si morde la coda, simbolo di unità e immortalità, come il cerchio, che è senza inizio e senza fine. Tale simbologia si ritrova praticamente in tutti i tempi e presso tutti i popoli.

Vampirismo

Il termine deriva dai pipistrelli succhiatori di sangue e si riferisce a una tradizione di origine slava secondo cui certi trapassati continuerebbero a vivere nella loro tomba, da cui uscirebbero di notte per andare a succhiare il sangue dei viventi. Costoro morirebbero dopo poco tempo trasformandosi a loro volta in vampiri. Nel XVII e XVIII secolo vari casi di vampirismo finirono in tribunale, dove ne fu accertata la realtà. L'unico modo per liberarsi dei vampiri era, secondo la tradizione, quello di esumare il cadavere e di bruciarlo dopo averlo trafitto con un palo. Tuttora si ignora se il vampirismo sia frutto di superstizione popolare oppure se alla sua origine ci siano casi di morte apparente. Con vampirismo si intende, più semplicemente, anche il fenomeno per il quale certe persone sembrano «succhiare» energia fisica e psichica dal loro prossimo. Il fatto avviene, anche se non tutti se ne rendono conto, nelle sedute medianiche, dove i presenti forniscono l'energia necessaria alla produzione dei fenomeni. Anche nella vita normale però si possono presentare fenomeni di vampirismo: è stato infatti spesso riscontrato che il rapporto tra due persone può giovare fisicamente a una e deprimere notevolmente l'altra. È dovuta forse a questo motivo la voce popolare che sconsiglia di far dormire insieme una persona giovane e una anziana, in quanto quest'ultima assorbirebbe la vitalità della prima.

Vasiliev Leonid (1891-1966)

Biologo e fisiologo sovietico, docente all'Università di Leningrado, diede inizio negli anni Venti a studi sulla telepatia nell'intento di dimostrarne la natura fisica: si riteneva infatti che essa fosse il prodotto di un'energia fisica emanata dal cervello. Alle ricerche presero parte numerosi scienziati dell'Università di Leningrado: la realtà della telepatia fu dimostrata, non così la sua origine fisica. I percipienti infatti, pur chiusi in gabbie di Faraday che schermano ogni radiazione nota, continuavano ugualmente a ricevere i messaggi telepatici. Vasiliev rimase tuttavia convinto che la telepatia dovesse dipendere da qualche energia di tipo fisico non ancora conosciuta. La sua opera principale è *Esperimenti di suggestione mentale*, resa nota solo nel 1963 ma scritta molti anni prima, a conclusione della serie di esperimenti sulla telepatia.

Vegetarismo

Regime alimentare che rifiuta la carne in quanto proviene dal mondo animale, e si limita a ciò che deriva dal regno vegetale. Più che un regime alimentare in senso stretto, è una filosofia e una dottrina ascetica ed etica. Esistono varie forme di vegetarismo, a seconda degli alimenti che si consumano: c'è chi per esempio si limita alla sola frutta o ai soli vegetali crudi, e chi mangia invece frutta, verdura, legumi e graminacee. Certi vegetariani rifiutano la carne ma mangiano il pesce, o accettano i derivati del mondo animale: latte, latticini, uova e miele.

Veggente - Veggenza

Veggente è colui che possiede una sorta di doppia vista, che è cioè capace di vedere l'invisibile. Il termine è praticamente sinonimo di chiaroveggente. Si veda la voce *Chiaroveggenza*.

Vibrazione

In base a teorie parapsicologiche, esoteriche ed occultistiche, misteriose vibrazioni permeano tutto l'universo, emanate da tutto ciò che esiste. Da queste vibrazioni individui particolarmente sensibili sarebbero in grado di captare speciali informazioni. Anche gli esseri ultraterreni emanerebbero vibrazioni captabili dai medium e dai sensitivi: tale situazione sarebbe all'origine delle apparizioni e delle visioni. Stando alle affermazioni delle *entità* (v.), le vibrazioni dei viventi consentirebbero loro di prendere contatto col mondo materiale.

Vis medicatrix naturae
Deriva dal latino e significa «la forza risanante della natura», ovvero il «medico in noi»: il principio rigenerante capace di mettere in moto il meccanismo della guarigione. Medicine e interventi medici non farebbero che mettere in moto questo principio autorisanante.

Visione
Percezione spirituale, ma anche allucinazione oppure apparizione religiosa. Fenomeno di carattere soggettivo, che può riguardare sia il presente che il passato e il futuro e può avere interesse personale o anche collettivo e sociale. Si veda anche la voce *Chiaroveggenza.*

Voce diretta
È uno dei fenomeni più straordinari che possano prodursi nelle sedute medianiche: si tratta di voci indipendenti dal medium, che scaturiscono in vari punti della stanza, spesso in alto, e parlano coi presenti rispondendo alle loro domande e usando a volte anche lingue che il medium non conosce. Anche se non è mai risultato evidente, bisogna presumere che la voce diretta sia dovuta alla materializzazione di un organo vocale. Per rendere più udibili le voci dirette, venivano un tempo usate le cosiddette *trombe medianiche* (v.). Il fenomeno della voce diretta, che pare essere stato noto anche nell'antichità, è abbastanza raro: famosi medium a voce diretta sono stati gli americani *George Valiantine* e *Margery Crandon* (v.), che hanno prodotto voci in severissime condizioni di controllo, con la bocca fasciata e incerottata. Più di recente hanno prodotto voci dirette l'inglese *Leslie Flint* (v.) e in Italia il medium romano Demofilo Fidani, il quale ha sempre tenuto le sue sedute privatamente e non è quindi stato studiato con metodo da nessun ricercatore. Altri medium moderni a voce diretta non se ne conoscono.

Voodoo
Si intende con questo termine un insieme di riti e pratiche magiche e feticistiche originarie probabilmente dell'Africa e presenti anche in America del Sud. Si veda la voce *Feticismo.*

Warcollier René (1881-1962)
Ingegnere francese, ebbe parte attiva nella vita dell'*Istituto Metapsichico Internazionale* (v.) di Parigi, di cui per molti anni fu presidente. Famosi i suoi esperimenti di telepatia a lunga distanza, ampiamente riusciti. Si occupò anche dei fenomeni fisici della medianità, accettando come ipotesi di lavoro anche l'ipotesi spiritica. Numerose le sue opere e gli articoli pubblicati sulla *Revue Métapsychique*, di cui fu direttore.

Worth Patience
Caso famoso nella letteratura spiritica. Nel 1913 l'automatista americana Pearl L. Curran di St. Louis sperimentando con lo *ouija* (v.) ottenne messaggi firmati «Patience Worth», che di se stessa disse di essere stata una fanciulla inglese vissuta nel XVII secolo, emigrata in America col padre tessitore e lì uccisa dagli Indiani. Patience fornì una quantità di dati storico-geografici che la medium certamente non conosceva, e per dimostrare la propria indipendenza da Mrs. Curran le dettò varie opere in versi e in linguaggio antiquato (particolarmente interessante è *Telka*). Mrs Curran scriveva circa 3.500 parole in due ore, senza mai correggere né cancellare nulla, elemento caratteristico degli *automatismi* (v.). Il caso «Patience Worth» è uno dei più interessanti dell'intera *letteratura medianica* (v.), soprattutto a livello linguistico: nelle sue opere la Curran, che aveva una cultura molto modesta, non usò mai termini entrati e far parte della lingua inglese dopo il XVII secolo.

Xenoglossia

Il termine deriva dal greco *xènos* = straniero e *glôssa* = lingua, e significa quindi «parlare una lingua straniera sconosciuta». In parapsicologia si parla di xenoglossia quando un sensitivo in trance parla o scrive una lingua che in condizioni normali non conosce e che neppure i presenti conoscono. A volte la lingua in questione può venire espressa anche per *voce* o *scrittura diretta* (v.), cioè senza l'intervento diretto del medium. La xenoglossia è uno dei fenomeni più inquietanti della parapsicologia, che ne conosce molti esempi. Per non citarne che alcuni: nell'Ottocento la medium Laura Edmonds, figlia del presidente del Senato degli Stati Uniti, pur non conoscendo che l'inglese e un po' di francese imparato a scuola, si espresse in varie lingue tra cui alcune molto rare: dialetti indiani, greco e ungherese. Sempre negli USA, agli inizi del secolo la medium Mrs. Curran scrisse in poco più di 30 ore il poemetto *Telka* in perfetto inglese arcaico di tre secoli prima: i filologi l'hanno definito un «miracolo» linguistico. Il medium americano a voce diretta Valiantine produsse voci che parlavano anche giapponese e cinese, come fu controllato da esperti; e la medium Rosemary, inglese, parlò in egiziano col prof. H. Hulme, docente di egittologia a Oxford. E si potrebbero fare numerosi altri esempi. Il fenomeno della xenoglossia è uno di quelli che meglio avvalorano l'ipotesi spiritica, in quanto non sembra possibile che una persona possa scrivere e parlare una lingua sconosciuta senza essere sotto il controllo di una «entità». Si è però anche ipotizzato che il medium in trance possa captare per chiaroveggenza il contenuto di libri e dizionari, oppure per telepatia le conoscenze delle persone presenti o magari anche assenti. C'è anche chi ha proposto l'ipotesi della memoria nascosta: le frasi dette dal medium sarebbero ricordi dimenticati che riemergono nella trance. E infine si può pensare al *serbatoio cosmico* (v.), ovvero lo psichismo universale ipotizzato da *William James* (v.), in cui sarebbero contenuti tutti i ricordi e tutte le conoscenze dell'umanità. Non si può negare che l'ipotesi spiritica sia quella che più facilmente spiega i fatti: essa è per altro indimostrata e indimostrabile.

Y

Yin-Yang

Antico concetto della filosofia cinese, alla base del quale sta il principio di alternanza e di armonia. Tutto è alternanza in natura: giorno-notte, caldo-freddo, buio-luce, veglia-sonno, e così via. Tale alternanza riguarda sia la natura che l'essere umano e la sua vita.

Yin-Yang

Per individuare i poli di questa alternanza, i Cinesi coniarono i termini di Yin e Yang: Yin è sinonimo di inerzia, Yang di azione. Yin è terra, notte, tenebra, inverno, freddo, umido, interno, donna, riposo. Yang è cielo, luce, estate, caldo, secco, esterno, uomo, lavoro. Yin e Yang sono però espressioni di dualismo cosmico, perché il cinese vede in essi due aspetti di una medesima realtà naturale, generati e generabili continuamente uno dall'altro: la notte genera il giorno e viceversa, e lo stesso vale per l'inverno e l'estate. Anche gli organi umani svolgono funzioni Yin e Yang: sono Yang tutti gli organi-laboratorio (stomaco, intestino tenue e crasso, bile e vescica), e Yin gli organi-riserva (milza, cuore, polmoni, fegato, reni). Nel corpo umano le forze Yin e Yang devono essere in armonia e il ristabilimento dell'armonia perduta avviene attraverso la pratica dell'*agopuntura* (v.).
Simbolo di Yin e Yang è il disco diviso in due parti da una linea ondulata. In genere una parte è di colore bianco e l'altra di colore nero.

Il simbolo di Yin-Yang nelle mani di Lao-Tzu, contemporaneo di Confucio

Yoga

Il termine deriva dal sanscrito *yui* e significa legare, unire, congiungere: lo yoga è quindi un mezzo per congiungere l'anima umana individuale a quella divina universale, liberandola così dalla ruota delle esistenze. Lo yoga non è una religione o una filosofia, ma una disciplina di tipo empirico che coinvolge corpo, psiche e anima.
Le origini dello yoga sono antichissime, ma il suo codificatore è considerato Patanjali, vissuto nel II secolo a.C., autore dell'opera fondamentale *Yogasutra*.
Il fine ultimo dello yoga è di tipo mistico e

tende alla liberazione finale di chi lo pratica e alla sua unione con l'Assoluto. Esistono tuttavia vari gradi e livelli di yoga, validi in quanto tali. C'è il livello fisico, che tende alla salute del corpo e al suo perfetto dominio da parte del praticante: in Occidente è soprattutto questo livello che viene insegnato e ricercato. C'è lo yoga dell'amore, che porta a cercare la felicità suprema attraverso l'erotismo, e lo yoga magico che tende ai poteri paranormali e al dominio del mondo circostante.

Un esercizio di Hatha Yoga: la posizione dell'arco

Molte le tecniche e le scuole (Hatha-yoga, Mantra-yoga, Raja-yoga, Kundalini-yoga, ecc.), che in questa sede non è possibile descrivere adeguatamente. Basti ricordare che lo yoga tende al controllo psicofisico che ottiene attraverso la concentrazione e la meditazione, e all'unione con l'anima universale. Le varie tecniche non sono altro che gli aspetti di un sistema unitario che coinvolge l'uomo nella sua globalità fisica, psichica, mentale e spirituale.

Yogy

È colui che pratica e vive le varie tecniche yoga ed essendo giunto a un alto livello di spiritualizzazione e realizzazione può insegnare la via agli altri. Gli yogy dispongono in genere di capacità paranormali, cui per altro danno ben poco peso. *Yogyn* è il corrispondente femminile di yogy.

Zen
Termine giapponese che significa «meditazione» e indica sostanzialmente una pratica che consente di raggiungere l'unione col Tutto, al di là del carattere effimero delle cose terrene. Lo Zen ebbe inizio con l'illuminazione del Buddha, fu trasmesso per secoli individualmente finché fu introdotto in Cina, dove venne in contatto col Taoismo, e poi in Giappone. Scopo dello Zen è liberare l'uomo dalle convenzioni razionali e dall'emotività, e insegnargli a vedere la realtà vera, attraverso un'esperienza intuitiva diretta chiamata *buddhi*.
Gli stati meditativi raggiunti da chi pratica lo Zen sono tanto profondi da essere simili alla trance o all'ipnosi: in realtà la mente del meditante è sempre vigile e attiva, tesa al superamento di ciò che è illusorio per raggiungere la vera conoscenza.

Zener Si veda la voce *Carte Zener*.

Lo Zodiaco

Zodiaco
Termine usato in astrologia, indica la fascia celeste in cui sono contenute le dodici costellazioni (dette anche segni zodiacali). I segni zodiacali ancora oggi in uso devono la loro origine agli antichi Caldei e agli Egiziani, che fecero coincidere l'inizio dello Zodiaco con l'equinozio di primavera.

Zöllner Johan Carl Friedrich (1834-1882)
Professore di astronomia a Lipsia, il suo nome è legato agli inizi dello studio scientifico su medium e sensitivi. Si occupò in particolare di fenomeni fisici (materializzazioni e smaterializzazioni, scrittura diretta, penetrazione della materia, deviazione dell'ago della bussola, ecc.), che col medium Slade da lui studiato avvenivano anche in piena luce. La sua teoria della quarta dimensione, elaborata a spiegazione dei fenomeni osservati, è stata spesso ripresa, anche ai giorni nostri, da altri ricercatori. Per i suoi esperimenti fu spesso criticato dai colleghi, ma non mancò chi prese appassionatamente le sue difese.
Espose le sue esperienze nel libro *La fisica trascendentale*.

Zombi
Nella tradizione magica dell'isola di Haiti gli *zombi* sono persone di cui è stata constatata la morte, che sono state seppellite e che in seguito vengono ritrovate, in stato di demenza, presso qualche stregone locale che se ne serve come di schiavi. Si ritiene che la morte apparente sia prodotta da particolari veleni che paralizzano la persona, facendola sembrare morta; in realtà in seguito è possibile destarla e farla agire e lavorare, anche se il veleno ha ormai distrutto la sua intelligenza. Il fatto è previsto dal Codice Penale

della Repubblica di Haiti, nel quale si afferma che «sarà considerato tentato omicidio a tutti gli effetti l'uso di sostanze che senza causare la morte vera e propria producono un coma letargico più o meno prolungato. Se dopo l'assunzione di queste sostanze la persona viene sepolta, l'atto sarà considerato omicidio indipendentemente dalle conseguenze che ne seguiranno». Il fenomeno, riferito da persone e pubblicazioni pienamente attendibili, deve essere considerato reale e non frutto di superstizioni e credenze popolari.

Zügun Eleonora
Contadina rumena che a undici anni, nel 1925, cominciò a presentare vistosi fenomeni di *poltergeist* (apporti, movimenti di oggetti, ecc.), tanto che nel villaggio in cui viveva si pensò che fosse indemoniata. Per alcuni anni fu ospite a Vienna della contessa Wassilk, esperta di fenomeni paranormali, che la studiò e la fece studiare anche da altri ricercatori, tra cui *Harry Price* (v.) a Londra. Eleonora presentava soprattutto strani segni sulla pelle che apparivano rapidamente ed erano simili a stigmate, segni di frustate e morsi: la ragazzina attribuiva tutto al suo *dracu*, che a volte la puniva e altre volte la gratificava producendo per apporto oggetti a lei graditi. Uscendo dall'età puberale Eleonora perse i poteri. Si veda anche la voce *Dermografia.*

Bibliografia

Agrippa Enrico Cornelio: *La filosofia occulta o la magia*, Edizioni Mediterranee, Roma 1972.
AA.VV.: *Geni, Angeli e Demoni*, Edizioni Mediterranee, Roma 1994.
AA.VV.: *Parapsicologia e sopravvivenza*, Edizioni Mediterranee, Roma 1984.
AA.VV.: *La medianità*, Edizioni Mediterranee, Roma 1985.
AA.VV.: *I fenomeni paranormali*, Edizioni Mediterrane, Roma 1986.
Archarion-Helmond: *L'Alchimia dei Rosa+Croce d'Oro*, Edizioni Mediterranee, Roma 1994.
Arguelles Josè e Miriam: *Il grande libro dei Mandala*, Edizioni Mediterranee, Roma 1980.
Aurobindo: *Sintesi dello yoga*, Ubaldini 1969.
Bacci Marcello: *Il mistero delle voci dell'aldilà*, Edizioni Mediterranee, Roma 1985.
Bacci Marcello: *Terre tuttora inviolate*, Edizioni Mediterranee, Roma 1992.
Balducci Corrado: *La possessione diabolica*, Edizioni Mediterranee, Roma 1985.
Belline Marcel: *Il terzo orecchio*, Armenia 1983.
Bender Hans: *Telepatia, chiaroveggenza e psicocinesi*, Edizioni Mediterranee, Roma 1981.
Bender Hans: *Sesto senso*, Feltrinelli, 1975.
Bender Hans: *La realtà nascosta*, Edizioni Mediterranee, Roma 1991.
Bertholet Edouard: *La Reincarnazione*, Edizioni Mediterranee, Roma 1994.
Bozzano Ernesto: *La crisi della morte*, Armenia 1974.
Bozzano Ernesto: *Popoli primitivi e manifestazioni sopranormali*, Armenia 1974.
Bozzano Ernesto: *Gli animali hanno un'anima?*, Armenia 1975.
Bozzano Ernesto: *I morti ritornano?*, Siad 1977.
Bozzano Ernesto: *Musica trascendentale*, Edizioni Mediterranee, Roma 1982.
Brown Rosemary: *En communication avec l'au-delà*, Ed. J'ai lu, 1971.
Canseliet Eugène: *L'alchimia*, Edizioni Mediterranee, Roma 1985.
Cassoli Piero: *Il guaritore*, Armenia 1979.
Cassoli Piero: *Lettere a un parapsicologo*, C. Tedeschi Ed. 1970.
Cerchio Firenze 77: *Dai mondi invisibili* (1977), *Oltre l'illusione* (1978), *Per un mondo migliore* (1981), *Le grandi verità* (1982), *La voce dell'ignoto* (1983), *Oltre il silenzio* (1984), *Maestro perché?* (1985, a cura di P. Cimatti), *La fonte preziosa* (1987), *Dizionario del Cerchio Firenze 77* (1988), *Conosci te stesso?* (1990), tutti pubblicati dalle Edizioni Mediterranee, Roma.
Crookes William: *Ricerche sui fenomeni dello spiritualismo*, Libreria Lombarda 1932.
David-Neel Alexandra: *Mistici e maghi del Tibet*, Astrolabio 1965.
De Boni Gastone: *L'uomo alla conquista dell'anima*, Armenia 1977.
De Rochas Albert: *L'extériorisation de la sensibilité*, B. Chacornac, Paris 1909.
Dèttore Ugo: *La parapsicologia per chi non la conosce*, Siad 1980.
Dèttore Ugo: *Normalità e paranormalità*, Armenia 1977.
Dèttore Ugo: *L'uomo e l'ignoto* (enciclopedia), Armenia 1978.
De Martino Ernesto: *Sud e magia*, Feltrinelli 1971.
De Martino Ernesto: *Il mondo magico*, Boringhieri 1973.
Dionigi Areopagita: *Gerarchie celesti*, Tilopa 1981.
di Simone Giorgio: *Rapporto dalla dimensione X*, Edizioni Mediterranee, Roma 1973.

Duplessis Yvonne: *La percezione paranormale dei colori*, Astrolabio 1974.
Eggenstein K.: *Jakob Lorber*, Armenia 1979.
Eliade Mircea: *Lo sciamanismo e le tecniche dell'estasi*, Edizioni Mediterranee, Roma 1974.
Evola Julius: *Lo yoga della potenza* (1969), *Metafisica del sesso* (1969), *Il mistero del Graal* (1972), *La tradizione ermetica* (1971), *Maschera e volto dello spiritualismo contemporaneo, Rivolta contro il mondo moderno, Ricognizioni - uomini e problemi, Teoria dell'individuo assoluto, Fenomenologia dell'individuo assoluto, L'uomo come potenza,* tutti pubblicati dalle Edizioni Mediterranee, Roma.
Ferraro Alfredo: *Spiritismo*, Edizioni Mediterranee, Roma 1979.
Fidani E.: *Il medium esce dal mistero*, Reverdito 1986.
Frazer, G. James: *Il ramo d'oro*, Boringhieri 1965.
Fulcanelli: *Il mistero delle Cattedrali*, Edizioni Mediterranee, Roma 1973.
Fulcanelli: *Le dimore filosofali*, Edizioni Mediterranee, Roma 1973.
Fuller John: *Arigò*, Armenia 1976.
Gardner E.: *Le apparizioni delle fate*, Sirio, Trieste 1969.
Giorgi Giorgio: *Il prossimo futuro*, Armenia, 1980.
Giovetti Paola: *Qualcuno è tornato* (Armenia 1991), *Arte medianica* (Edizioni Mediterranee, Roma 1982), *Viaggi dell'anima* (Armenia 1989), *I guaritori di campagna* (Edizioni Mediterranee, Roma 1984), *H.P. Blavatsky* (Edizioni Mediterranee, Roma 1991), *Rudolf Steiner* (Edizioni Mediterranee, Roma 1992), *Angeli* (Edizioni Mediterranee, Roma 1993), *Il mondo dei misteri* (Edizioni Mediterranee, Roma 1994), *Findhorn* (Edizioni Mediterranee, Roma 1989).
Gopi Krishna: *Kundalini*, Scherz Verlag 1969.
Green Celia: *Esperienze di bilocazione*, Edizioni Mediterranee, Roma 1970.
Gurney, Myers, Podmore: *I fantasmi dei viventi*, Armenia 1979.
Il libro tibetano dei morti, Ubaldini 1977.
Iyengar B.K.S.: *Teoria e pratica dello yoga*, Edizioni Mediterranee, Roma 1984.
I King; *Il Libro dei Mutamenti*, Astrolabio 1950.
Inardi Massimo: *L'ignoto in noi*, Sugar 1967.
Inardi M. - Jannuzzo G.: *Parapsicologia e realtà contestata*, Sugar 1981.
Jaffé Aniela: *Sogni, profezie, apparizioni*, Edizioni Mediterranee, Roma 1987.
Jakobson N.O.: *Vita dopo la morte?*, Sugar 1975.
Jung Carl Gustav: *Ricordi, sogni, riflessioni*, Rizzoli 1979.
Jung Carl Gustav: *La sincronicità*, Boringhieri 1980.
Jürgenson Friedrich: *Dialoghi con l'aldilà*, Armenia 1977.
Judica Cordiglia: *I Ching*, Edizioni Mediterranee, Roma 1982.
Kant I.: *Sogni di un visionario*, Rizzoli 1982.
Kardec Allan: *Il libro degli spiriti, Il libro dei medium*, Edizioni Mediterranee, Roma 1972.
Koestler Arthur: *Le radici del caso*, Astrolabio 1972.
Kremmerz Giuliano: *La scienza dei magi*, Edizioni Mediterranee, Roma 1976.
Lao-Tse: *La regola celeste*, Sansoni 1954.
Lindsay J.: *Le origini dell'alchimia nell'Egitto Greco-Romano*, Edizioni Mediterranee, Roma 1985.
Lutyens Mary: *Krishnamurti*, Armenia 1979.
Marquès-Rivière J.: *Storia delle dottrine esoteriche*, Edizioni Mediterranee, Roma 1985.
Marquès-Rivière J.: *Amuleti, talismani e pantacoli*, Edizioni Mediterranee, Roma 1985.
Mackenzie Andrew: *Apparizioni e fantasmi*, Edizioni Mediterranee, Roma 1983.
McGregor Mathers S.L.: *Magia della cabala*, Edizioni Mediterranee, Roma 1984.
Mead G.R.S.: *La dottrina del corpo sottile*, Astrolabio 1969.
Mitchell Edgar: *Esplorazioni psichiche in USA*, MEB 1975.
Monroe Robert: *I miei viaggi fuori dal corpo*, MEB 1974.
Moody Raymond: *La vita oltre la vita*, Mondadori 1977.
Myers F.W.H.: *La personalità umana e la sua sopravvivenza*, Roma, Ed. del Gattopardo 1971.
Mylius Christine: *Traumjournal*, DVA, Stuttgart 1974.
Naegeli Hans: *Die Logurgie in den Philippinen*, Otto Reichl Verlag 1977.
Nestler Vincenzo: *La telepatia*, Edizioni Mediterranee, Roma 1982.

Occhipinti Luigi e Ada: *La telescrittura*, Armenia 1974.
Osis e Haraldsson: *Nel momento della morte*, Armenia 1978.
Pollack J.H.: *Croiset il veggente*, Bompiani 1973.
Paramahansa Yogananda: *Autobiografia di uno yogi*, Ubaldini 1971.
Piancastelli Corrado: *Il sorriso di Giano*, Edizioni Mediterranee, Roma 1991.
Patrian Carlo: *Nostradamus*, Edizioni Mediterranee, Roma 1978.
Raudive Konstantin: *Voci dall'aldilà*, Tedeschi 1973.
Regardie Israel: *La magia della Golden Dawn*, Edizioni Mediterranee, Roma 1984.
Rhine Louisa: *I canali occulti della mente*, Armenia 1972.
Rhine J.B.: *I poteri dello spirito*, Astrolabio 1948.
Ring Kenneth: *Life at death*, New York, Coward 1980.
Rogo Scott: *La mente fuori dal corpo*, Siad 1979.
Rogo S.-Bayless R.: *Telefonate dall'aldilà*, Siad 1980.
Roll William: *Il poltergeist*, Armenia 1978.
Ryzl Milan: *Parapsicologia* (1971), *Ipnosi ed ESP* (1972), *Come sviluppare le facoltà paranormali* (1977), Edizioni Mediterranee, Roma.
Sadhu Mouni: *La Rota magica dei tarocchi*, Edizioni Mediterranee, Roma 1986.
Selezione del Reader's Digest: *Viaggio nel mistero*, MI 1984.
Servadio Emilio: *Passi sulla via iniziatica*, Edizioni Mediterranee, Roma 1977.
Scholem Gershom: *La Cabala*, Edizioni Mediterranee, Roma 1982.
Stevenson Jan: *Reincarnazione, venti casi a sostegno*, Armenia 1975.
Stevenson Jan: *Bambini che ricordano vite precedenti*, Edizioni Mediterranee, Roma 1991.
Talamonti Leo: *Parapsicologia e misteri del mondo animale*, Rizzoli 1979.
Tenhaeff W.H.C.: *Kontakte mit dem Jenseits?*, Universitas Berlin 1975.
Tocquet Robert: *Les pouvoirs mysterieux de l'homme*, Parigi, Edition Psi International, 1978.
Turi Anna Maria: *La levitazione*, Edizioni Mediterranee, Roma 1971.
UR - Gruppo di: *Introduzione alla Magia*, Edizioni Mediterranee, Roma 1971.
Watson Lyall: *Supernatura*, Rizzoli 1974.
Wolman Benjamin: *L'universo della parapsicologia*, Armenia 1979.
Zorab George D.D.: *Home, il medium*, Armenia 1976.
Zorab George D.D.: *Katie King, donna o fantasma?*, Armenia 1980.

Corrado Piancastelli – PROPOSTE PER UNA PARAPSICOLOGIA ALTERNATIVA
Valter Pilloni – LA BILOCAZIONE
Jean Prieur – TESTIMONI DELL'INVISIBILE
Jean Prieur – GLI ANIMALI HANNO UN'ANIMA
Silvio Ravaldini – ERNESTO BOZZANO E LA RICERCA PSICHICA
Jane Roberts – DIALOGHI CON SETH
Jane Roberts – LE COMUNICAZIONI DI SETH
Jane Roberts – LA VOSTRA REALTÀ QUOTIDIANA
Jane Roberts – LA NATURA DELLA PSICHE
D. Scott Rogo – I NOSTRI POTERI PARANORMALI
Milan Ryzl – LA PARAPSICOLOGIA
Milan Ryzl – COME SVILUPPARE LE FACOLTÀ PARANORMALI
Milan Ryzl – LA PERCEZIONE EXTRASENSORIALE
Milan Ryzl – IPNOSI ED ESP
Milan Ryzl – MANUALE DI PARAPSICOLOGIA
Milan Ryzl – COME SVILUPPARE IL POTERE DELLA MENTE
Milan Ryzl – MORIRE… E POI?
Massimo Scaligero – TECNICHE DELLA CONCENTRAZIONE INTERIORE
Massimo Scaligero – GUARIRE CON IL PENSIERO
Massimo Scaligero – REINCARNAZIONE E KARMA
Massimo Scaligero – MEDITAZIONE E MIRACOLO
Massimo Scaligero – L'UOMO INTERIORE
Massimo Scaligero – KUNDALINI D'OCCIDENTE
Massimo Scaligero – ISIDE SOPHIA: LA DEA IGNOTA
Emilio Servadio – PASSI SULLA VIA INIZIATICA
Jean-Louis Siémons – LE NOSTRE VITE ANTERIORI
Jean-Louis Siémons – MORIRE PER RINASCERE
Ian Stevenson – BAMBINI CHE RICORDANO ALTRE VITE
Max Toth/Greg Nielsen – L'ENERGIA DELLA PIRAMIDE
Silvano Troncarelli – L'ANIMA RITROVATA
Anna Maria Turi – LA LEVITAZIONE
Anna Maria Turi – STIGMATE E STIGMATIZZATI
Pietro Ubaldi – CRISTO E LA SUA LEGGE
Pietro Ubaldi – LA GRANDE SINTESI
Pietro Ubaldi – LE NOURI
Pietro Ubaldi – ASCESI MISTICA
Pietro Ubaldi – LA NUOVA CIVILTÀ DEL TERZO MILLENNIO
Pietro Ubaldi – PROBLEMI DELL'AVVENIRE
Pietro Ubaldi – ASCENSIONI UMANE
Amadeus Voldben – DOPO NOSTRADAMUS
Amadeus Voldben – UN'ARTE DI VIVERE
Amadeus Voldben – IL PROTETTORE INVISIBILE
Amadeus Voldben – I PRODIGI DEL PENSIERO POSITIVO
Amadeus Voldben – IL DESTINO NELLA VITA DELL'UOMO
Amadeus Voldben – LA REINCARNAZIONE – *Verità antica e moderna*
Amadeus Voldben – LA POTENZA DEL CREDERE E LA GIOIA D'AMARE
Amadeus Voldben – LO SCOPO E IL SIGNIFICATO DELLA VITA
Amadeus Voldben –UNA LUCE NEL TUO DOLORE
Amadeus Voldben – GUIDA ALLA PADRONANZA DI SÉ
Stefan von Jankovich – VI RACCONTO LA MIA MORTE
Helen Wambach – RIVIVERE LE VITE PASSATE
Helen Wambach – VITA PRIMA DELLA VITA

Edizioni Mediterranee – Roma – Via Flaminia 158
Tel. 06/32.35.194 – Fax 32.23.540